JN093826

文部科学省後援

秘書検定

3級 集中講義

改訂新版

早稲田教育出版

まえがき

秘書検定はここ数年，年間延べ約16万人（1～3級）の方が受験しています。3級受験の多くは高校生ですが，目的は何なのでしょうか。一言でいえば，就職に際して「会社(職場)常識」と「社会性」を知り，身に付けるため，ということでしょう。それは，<秘書検定で秘書の仕事（秘書技能）を知れば，会社常識と社会性が分かり身に付けることができる>からです。

学生さんにとっては会社常識などは初めてのことでしょうし，社会での身の処し方（社会性）などは今までは気にすることはなかったことでしょう。しかし，これらのことは，これから社会人になるについての土台になることで，土台がなければ家が立たないくらいの重要なことなのです。

人は誰でも職に就かなければ生活ができません。その職に就くに当たって，会社の仕事に関して知識を持って飛び込むか，無知識で飛び込むかは大変な差が生じます。

会社は役割を持った人や役職者で構成されています。役職には序列があり，序列によって秩序が保たれています。秩序が保たれている一番の元は言葉遣いですが，言葉遣いの元はビジネスマナーです。これらのことをひっくるめたことがここでいう「会社常識」と「社会性」です。

＊

秘書検定3級は「初歩の会社常識」といえます。働く人なら誰にも言えることですが，特に就職を控えた学生さんにとって3級合格を目指すことは大切なことです。就職すればそこは職場社会です。上司の指示はどのように受ければよいのか，言葉遣いはどのようにするのかなどが，職場常識の宝庫である秘書検定を通して，あらかじめ身に付けておくことができるからです。

本書は，3級の秘書検定をじっくり，そしてきちんと学び，合格証を手にすることを目的にしています。が，しかし，ここで注意が必要です。それは，秘書検定3・2級は知識だけの試験ですが「秘書技能」は知識だけではなく，態度・振る舞い・話し方の調子など，体で覚える（体得）部分があり知識と連結しています。従って，知識を学びながらでもこのことを意識しないと秘書技能を生かすことはできません。今後の体得部分への挑戦を期待しています。

公益財団法人 実務技能検定協会　秘書検定部

この本の使い方

秘書の仕事は領域が広いため学ぶべき事柄も広範囲にわたりますが，本書では審査基準に設けられた範囲を確実にカバーし，内容もレベルも，級位に沿って編集しています。

3級では，秘書の職務についての一般的な知識と，平易な業務を行うのに必要とされる技能に関して出題されます。「初歩的な仕事ができる」能力を見るための，試験の出題範囲は，以下の理論領域と実技領域になります。詳細は，後述の「秘書技能審査基準　3級」を参照してください。

理論領域　Ⅰ 必要とされる資質，Ⅱ 職務知識，Ⅲ 一般知識

実技領域　Ⅳ マナー・接遇，Ⅴ 技能

●集中講義シリーズの特長——自分一人でも学習できる

本書は，次のような点に配慮して編集されています。

◆本文での解説はできるだけ平易な言葉を用いている。

◆難しい漢字には振り仮名を付けている。

◆難しい用語には「＊」マークを付け，そのページの下段に解説欄（「ワードCheck！」）を設けている。

◆秘書技能検定の試験範囲を十分にカバーし，個々の項目を詳しく解説しているので，独学でも無理なく学習を進めることができる。

◆学校で秘書の勉強をしている人にとっても，講義から得たものを補強する最適な参考書となるよう編集している。

●本書の学習の仕方——より効率的な学習をするために

次のような利用の仕方をすると，一層効果的に学習できます。

◆「CASE　STUDY」では最適な対処法を自分で考えてみる。提示された状況説明を読んだ後，すぐに解答・解説（「対処例」や「スタディ」）を読むのではなく，イラストをじっくり見ながら考え，まず自分なりの解答を出すようにする。その後，自分の答えと照らし合わせて解答・解説を読むと視覚効果も相まって記憶に残りやすくなる。

◆各Lessonの本文説明で重要な部分は箇条書きにしてあるので，注意して読むことが大切。ここからの出題が少なくない。また，自分で留意したいと思う箇所にマーカーを引くなどしておくと，読み返すときに，ポイントを絞った効率的な学習ができる。

◆言葉は知っていても意味を曖昧につかんでいることが多い。「＊」マークの用語

があれば，「ワードCheck！」で確認するほか，自分で不確かな用語は印を付けて調べるようにする。また，関連用語を列挙した箇所には用語の前に□マークが付いているので，理解したらそこにチェック印を入れておくとよい。

◆Lessonの本文を読み終えたら，「SELF　STUDY」の「POINT 出題 CHECK」と「CHALLENGE 実問題」で過去問題を研究する。

①「POINT 出題 CHECK」でどのような問題が出るかを把握する。

◎必要に応じて誤答を導くような選択肢の文言例を出して解説（「●次のような間違えやすい問題に注意しよう!!」）しているので要チェック。そうした文言で多くの人が誤答しているので注意したい。

◎ここでの過去問題は，「テーマ」や「ケース」別に分類し，全出題範囲をカバーしている。また，選択肢は理解しやすいように重要なものに絞って掲載しているので，問題の傾向がつかみやすくなっている。

◎ここでの過去問題にはすでに「○」，「×」が付けられているが，これは何度も目を通すときに，すぐに「○」，「×」を確認して記憶に残すためである。従って，最初は各選択肢がなぜ「×」，あるいは「○」なのかを考えてみることが重要。その後，解説を読んでその理由を理解するようにしたい。実力試しに解答を隠して，自分で選択肢に「○」，「×」を付けてみるのもよいが，不明な点があれば，該当する本文解説を読み直すことが大切である。

◎ここでの記述問題はよく出題されるものに絞ってあるので，実際に自分のノートなどに解答を書いてみるとよい。

②「CHALLENGE 実問題」では学習した効果を検証する。

◎難易度の★マークは，★の数が多いほど，難しい問題です。

◆巻末には模擬試験問題が掲載されているので，全学習が終了したら挑戦して実力を確認してみる。忘れていたところや弱点部分を自分でチェックして，再度本文部分を重点的に学習し直すとよい。

◆目　次◆

◆まえがき ……………………………1
◆この本の使い方 ……………………2

プロローグ　受験ガイド　7

◆秘書検定の受け方 ………………7
◆マークシート方式の答え方 ……9
◆解答の仕方の留意点 ………… 10
◆秘書技能審査基準 3級 ……… 15

第1章　必要とされる資質　17

SECTION 1　秘書の心構え ……………………………18

1　社会人としての自覚と心構え ……………18
●　SELF　STUDY ………………………………22
2　補佐役としての心構え ……………………25
●　SELF　STUDY ………………………………29
3　機密を守る …………………………………32
●　SELF　STUDY ………………………………35
4　仕事を処理する際の心得 …………………37
●　SELF　STUDY ………………………………39

SECTION 2　要求される資質 ……………………………42

1　秘書に求められる基本能力 ………………42
●　SELF　STUDY ………………………………45
2　要求される人柄と身だしなみ ……………48
●　SELF　STUDY ………………………………52

第2章　職務知識　55

SECTION 1　秘書の機能と役割 ……………………………56

1　秘書の機能とさまざまな役割 ……………56
●　SELF　STUDY ………………………………64
2　上司と秘書の関係 …………………………67
●　SELF　STUDY ………………………………71

SECTION 2　職務上の心得と仕事の進め方 …………73

1　職務上の心得 ………………………………73
●　SELF　STUDY ………………………………76
2　仕事の進め方の要領 ………………………78
●　SELF　STUDY ………………………………82

第3章　一般知識　85

SECTION 1　企業の基礎知識 ……………………………86

1　企業の形態と組織 ……………………………86

● SELF STUDY ……………………………93

2　さまざまな企業活動 ……………………………95

● SELF STUDY ……………………………104

SECTION 2　社会常識 ……………………………106

1　基本用語を身に付ける ……………………………106

● SELF STUDY ……………………………110

第4章　マナー・接遇　113

SECTION 1　職場での話し方（聞き方）……………114

1　人間関係と話し方 ……………………………114

● SELF STUDY ……………………………120

2　敬語と言葉遣いの基本 ……………………………122

● SELF STUDY ……………………………129

3　話し方・聞き方の応用 ……………………………132

● SELF STUDY ……………………………141

SECTION 2　電話応対 ……………………………144

1　電話のマナーと応対の基本 ……………………………144

● SELF STUDY ……………………………149

SECTION 3　接遇 ……………………………151

1　接遇の基本 ……………………………151

● SELF STUDY ……………………………156

2　接遇の要領とマナー ……………………………158

● SELF STUDY ……………………………167

SECTION 4　交際 ……………………………170

1　慶事と弔事への対応 ……………………………170

● SELF STUDY ……………………………176

2　贈答の習わしと食事のマナー ……………………………178

● SELF STUDY ……………………………183

第5章　技能　185

SECTION 1　会議 ……………………………186

1　会議と秘書の業務 ……………………186
●　SELF STUDY ……………………193

SECTION 2　文書の作成 ……………………………195

1　社内文書 ……………………195
●　SELF STUDY ……………………200
2　社外文書 ……………………202
●　SELF STUDY ……………………207
3　メモの取り方・グラフの作り方 ……………………209
●　SELF STUDY ……………………213

SECTION 3　文書の取り扱い ……………………………215

1　受信・発信業務と関連知識 ……………………215
●　SELF STUDY ……………………219
2　郵便の知識 ……………………221
●　SELF STUDY ……………………227

SECTION 4　資料管理 ……………………………230

1　ファイリングと各種資料管理 ……………………230
●　SELF STUDY ……………………241

SECTION 5　日程管理・オフィス管理 ……………………………244

1　日程管理とオフィス管理 ……………………244
●　SELF STUDY ……………………253

エピローグ　模擬試験　257

SECTION 1　仕上げ 1 ……………………………258
SECTION 2　仕上げ 2 ……………………………276

受験ガイド

◆1．秘書検定の受け方

1．秘書検定の範囲

試験は「理論領域」と「実技領域」に分けられます。理論領域には「Ⅰ必要とされる資質」「Ⅱ職務知識」「Ⅲ一般知識」が，実技領域には「Ⅳマナー・接遇」「Ⅴ技能」が含まれています。

2．合格基準

理論領域・実技領域とも，それぞれの得点60％以上の場合に合格となります。どちらか一方が60％未満のときは不合格となります。

3．試験方法

3級は筆記試験だけです。問題の約90％がマークシート方式で，五つの選択肢から一つだけ選ぶ択一問題になっています。残りは記述式で，試験時間は110分です。

4．受験資格

学歴・年齢その他の制限はなく，誰でも自由に受験することができます。

5．試験実施日

原則として，毎年2月，6月，11月に実施されます。

6．申込受付期間

試験日のほぼ2カ月前から1カ月前までが受付期間となります。検定協会所定の「受験願書」が付いている「秘書検定案内」で確認してください。

7．受験申込方法

(1) 個人申込の場合

以下の2種類の申込方法があります。

①インターネットで申し込む

パソコン，タブレット，スマートフォンで以下のアドレスにアクセスし，コンビニエンスストア，またはクレジットカードで受験料を支払う。

URL　https://jitsumu-kentei.jp/

②郵送で申し込む

現金書留で，願書と受験料を検定協会へ郵送する。

（願書は検定協会より取り寄せる）

(2) 団体申込の場合

学校などを単位としてまとめて申し込みをする場合は，検定協会所定の「団体申込用受験願書」が必要です。「受験願書」に必要事項を記入し，受験料を添えて必ず学校等の担当者に申し込んでください。

8．その他

試験会場，受験料，合否通知，合格証の発行等，また全国のテストセンターで実施のコンピューターを使用して秘書検定（3級・2級）を受験するCBT試験については秘書検定のホームページをご覧ください。不明の点があれば，下記へお問い合わせください。

公益財団法人 実務技能検定協会　秘書技能検定部
〒169-0075　東京都新宿区高田馬場一丁目4番15号
電話03（3200）6675　FAX03（3204）6758

◆2. マークシート方式の答え方

1. マークシート方式とは

マークシート方式とは，問題に対する解答を幾つかある選択肢の中から選び，その番号を解答用紙にマークする方式のことです。「秘書検定」の場合は，「適当と思われるもの」，または「不適当と思われるもの」を五つの選択肢の中から一つだけ選ぶ方式です。解答用紙は，コンピューターでマークされた番号の正誤を光学的に読み取って採点していきます。従って，マークするときは枠からはみ出さないように正確に塗りつぶさなければなりません。

2. HBの黒鉛筆と高性能の消しゴムを持っていく

解答用紙にマークする鉛筆は，「HBの黒鉛筆」に限定されているので指定以外の鉛筆は使用しないように注意します。間違って塗りつぶした箇所を消す場合はきれいに消し去ることが大切です。高性能の「消しゴム」を用意しましょう。

3. 順番ずれがないように注意する

採点するのは機械なので，人間が採点するような融通性は全くありません。解答を1問ずつずらしてマークするようなミスをしないように注意します。

4. 易しい問題から処理していく

試験時間は110分で，設問は35問（内記述式問題4問）なので，1問当たり約3分強となりますが，記述式問題もあるので，選択肢の問題は3分弱とみておけばよいでしょう。問題を読んで解答に迷ったら，迷った選択肢に印を付けておき，易しい問題から先に処理してしまうようにします。

5. 最後の3分間は見直す時間にする

マーク漏れがないかどうか，最後の3分間は最終チェックの時間にします。マークしなければ確実に失点しますが，迷った選択肢もどれかにマークすれば得点の可能性があります。マーク漏れがないようにしましょう。

6. 解答用紙は折ったり汚したりしない

解答用紙を折ったり汚したりすると，コンピューターが誤認してしまうことがあるので注意します。消しゴムのくずが解答用紙に付かないように手できれいに払いのけておくようにします。

◆3. 解答の仕方の留意点

3級，2級の検定試験では，マークシート方式が約90％，記述式が10％になっています。具体的には，「必要とされる資質」，「職務知識」から各5問，「一般知識」から3問，「マナー・接遇」から10問，「技能」から8問の計31問がマークシート方式となっています。記述式は，「マナー・接遇」から 2問，「技能」から2問の計4問です。従って，3級，2級では五つの選択肢から一つの正解を選ぶマークシート方式をいかに制するかが合否の鍵となります。

1. マークシート方式の攻略法

マークシート方式は，必ず五つの選択肢の中に正解が一つあるということですが，逆に言えば，正解は一つしかないということです。このことを頭に置いて以下のことに留意します。

(1) 選択肢を読み，ある項目が正答であると確信した場合。

残りの四つの選択肢を再度検討し，適当なものに「○」，不適当なものに「×」を付けていきます。設問が「適当と思われるものを一つ選びなさい」であれば，残りが全て「×」になるはずです。設問が「不適当と思われるものを一つ選びなさい」であれば，残りは全て「○」になるはずです。そうなれば，選んだ選択肢は正答だということになります。

もし，設問が「不適当と思われるものを一つ選びなさい」で「○」とはならない選択肢が残った場合は，最初に選んだ選択肢は必ずしも正答とはいえなくなります。その場合は，もう一度設問をよく読み，どちらかをふるい落とすヒントを捜します。そのほか，後述する「選択肢の落とし穴」に引っかかっていないか検証します。

(2) 選択肢を読み，これだという項目がない場合。

問題を読み直し，選択肢を消去法で消していって正答を導きます。これは，知らない用語などが選択肢に出てきた場合に有効です。例えば，用語と訳語の組み合わせで不適当なものを選ぶケースをみてみましょう。

1）ビジター　＝　協力者
2）サポーター　＝　支援者
3）リポーター　＝　報告者
4）マネジャー　＝　管理者
5）アドバイザー　＝　助言者

まず用語と訳語が合っていると思えるものから「○」を付けていきます。例えば，2）サポーターは，「サッカーのサポーター」などから「○」だと推測がつきます。また，3）リポーターは「テレビ番組のリポーター」などから，4）マネジャーは「芸能人のマネジャー」などから，そして5）アドバイザーは「アドバイスをする」という言葉などから「○」だと推測できます。そうすると，残った1）ビジターが「×」だと推定できます。

このように，確実でなくても見当が付くものから消していくと，選択肢が少なくなるので正答を導きやすくなります。

2. 選択肢の落とし穴に注意する

多くはそのことに対して知識があるかどうかを素直に問う問題ですが，中には正答に思えるような表現を用いて受験者を迷わせる問題もあります。受験者が早合点したり，うっかり見過ごしたりすることで不正解に導くことが真の目的ではなく，そのような設問で「早合点したり，勝手な解釈をしたり，見過ごしてしまうこと」がないかどうか，「必要とされる資質」を問うているといえます。特に以下のような問題に注意しましょう。

(1) 一般的には評価されることも，「不適当」とされるものがある。

例えば，秘書にふさわしい人柄や性格に関する問題で，「何事も人に頼らず，最後まで一人でやり抜く性格」という選択肢があった場合，このような人物は通常はよい評価を得るので「○」にしたいところですが，「秘書としての人物像」としては不適当の「×」になります。それは，協調性やチームワークを求められる秘書の仕事には向かない性格だからです。「人の意見に左右されず，どのようなときにも自分の信念は曲げない人」なども同様ですが，「秘書とはどのような仕事をし，それにふさわしい性格や人物像とはどのようなものか」を理解していれば，このタイプの問題には引っかからないはずです。

(2)「適当」の文章の後半に「不適当」を忍ばせている選択肢がある。

文章の前半で授業や本で学んだことを述べて，後半にさりげなく不適当な言葉を忍ばせている選択肢もあります。例えば，「開封した郵便物は急ぎのもの，重要なものを上にして渡し，速達や書留は開封しないで渡している」という項目は，一見正しいようですが，「速達」は私信以外は開封して渡すことになっているので不適当になります。このように，思わぬところに落とし穴が隠されているので，途中まで読んで早合点しないように，くれぐれも注意しましょう。

(3) 程度によって「適当」になったり，「不適当」になったりする。

例えば，上司を理解するというテーマで出題される場合，「上司を知る」ということが程度の問題で適当になったり，不適当になったりします。「上司をよく補佐するために，上司の基本的なことは知っておくようにしている」は適当ですが「上司をよく補佐するために，上司のことは詳細に知るように心がけている」は不適当になります。つまり，「上司の基本的な情報を知るのはよい」が，「詳細に知ろうとするのは上司のプライバシーに深く立ち入ることになってよくない」というわけです。

また，「上司が書いた原稿の清書をする」ケースでは，「原稿に誤字があったときは，上司に確認してから直している」も，「原稿に明らかな誤字があったときは，いちいち上司に確認しないで直している」も同じように適当になります。原理原則を言えば，誤字があった場合は勝手に直さずに上司に確認するのが正解です。しかし，「陽春の侯」と書いてあれば，「侯」を「候」に直したり，「斎藤」を「斉藤」と誤記していたので訂正したなどの場合は，上司に確認したり報告したりするほどのことではないので，「……いちいち上司に確認しないで直している」は適当になるのです。逆に，そうしたことを「報告して確認する」のは不適当になります。それは，誤字だと分かっていることをわざわざ報告するのは，上司を煩（わずら）わせることになるからです。

これらの「程度」をどこで判断するかというと，「上司を知る」では「基本的なこと」と「詳細に」であり，「原稿の清書」では「『明らかな』誤字」です。こうした言葉も見落とさないで考える習慣をつけるようにしましょう。

(4) 不適当な選択肢が二つあった場合は最も不適当なものを選ぶ。

受験生がよく迷うのは，不適当なものを選ぶとき選択肢に二つ不適当と思われるものがある場合です。例えば，次のような問題です。

> 秘書Aがいつもの時刻に出社すると，上司はすでに出社していて忙しそうに調べものをしていた。このような場合，Aは上司にどのように対応すればよいか。次の中から<u>不適当</u>と思われるものを一つ選びなさい。

当然，選択肢は五つあるのですが，ここでは問題をはっきりするために二つで考えてみます。

①あいさつしながら上司のところへ行き，いつも一番で行っている日程の確認はいつするかと尋ねる。

②邪魔になるといけないので，何も言わず，静かにお茶だけを机の上に置いてくる。

上司は忙しそうにしているのだから本来は，「すぐにお茶を持って行き，あいさつをして，何か手伝えることはないかと尋ねる」のがよい対応と考えられます。

①は，上司が忙しくしているのに，手伝おうかと気遣いの言葉もかけずに自分の仕事の日程の確認をするなど，あまりよい態度とはいえません。

②では，上司の邪魔をしないようにと配慮してお茶だけを置いているわけですが，「何も言わず」ということは「あいさつもしない」ということになります。①も不適当ですが，上司にあいさつをしなかったということで，②はもっと不適当ということになり，この場合の正答は②になります。

このように不適当なものを選ぶ場合に，迷う選択肢があれば最も不適当なものを選びます。

また，「適当なものを選ぶ」場合も同様です。例えば，「来客のお茶を下げるときに手を滑らせて茶わんを倒した」という設定で，謝り方として適当なものを選ぶ場合に，①「失礼いたしました」，②「申し訳ございませんでした」の選択肢があれば，より適切なものを選ぶようにします。①も不適当ではありませんが，謝り方としては②の方がより丁寧な言葉になるのでこちらが正答になります。

3. イージーミスをしない

よく読めば分かったのにと，後で悔やむような単純ミスをしないように気を付けます。

(1)「適当と思われるものを一つ選びなさい」と「不適当と思われるものを一つ選びなさい」に注意する。

設問は「適当と思われるものを一つ選びなさい」と「不適当と思われるものを一つ選びなさい」の二つですが，不適当なものを選択する問題が続いたときに「適当と思われるものを一つ選びなさい」の設問が出てきても，「不適当」に慣れてしまっているので，無意識にそちらを選んでしまうというミスを犯しがちです。しかもその場合は当然不適当な選択肢が四つもあるので，すぐに「目当てのもの」が見つかり，後の選択肢を見ないでマークしてしまうのです。こうしたミスは結構多いので，十分な注意が必要です。

(2) 問題をよく読み，キーワードを見落とさない。

設問には「会議が始まる直前」とか「退社時刻が過ぎたので」などの状況設定や，先述した「詳細に」とか「明らかな」などのちょっとした言葉が書かれており，それらが正解を得るための鍵になることが多いものです。従って，問題文をよく読み，キーワードを見落とさないようにしなければなりません。

例えば，「会議が始まる直前」と設定されている場合，「F氏に取り次ぐように電話があったので，席に着いていたF氏に小声で取り次いだ」という選択肢は適当でしょうか，それとも不適当でしょうか。「会議中」であれば，小声でも口頭ではなくメモで取り次がなくてはなりませんが，「会議前」であれば口頭で取り次いでも何ら問題ないことになります。

このように，会議中と会議直前とでは正解が異なるので，問題をよく読み，正誤を左右する言葉をうっかり見落とさないように注意することが大切です。

4. 最後の見直しは記入漏れのチェックのみ

問題は3分弱を目安に解けば十分ですが，平易な問題はできれば2分程度で解くようにし，非常に迷う問題以外はその場で確定していきます。問題用紙に書いておいて，後でまとめてマークしようなどと考えてはいけません。マークシートへの転記ミスの原因になります。解いた問題は見直さないことを前提にして1問ずつ確定していきます。最後の見直しは，記入漏れがないかどうかの確認だけにしましょう。

5. 記述式問題への対応

記述式問題は「マナー・接遇」と「技能」から各2問ずつ出題されますが，特に次の点に留意します。

(1) 誤字に注意し，用語を正しく使う。

漢字の間違いや送り仮名の付け方に注意します。

(2) 簡潔で分かりやすい文章を書く。

できるだけ簡潔に，誰が読んでも分かるように書きます。

(3) 丁寧に読みやすく書く。

文字は丁寧に，きれいに書くようにします。読みやすさが重視されるので，殴(なぐ)り書きや崩(くず)し書きは厳禁(げんきん)です。また，返信はがきの問題で，「御出席」や「御（出席）」，「御芳（名）」，「行」などを消す場合は，「~~御出席~~」のように2本線できれいに消すようにします。

(4) 記入漏れに注意する。

グラフの記述では，「タイトル」や「調査時点の日付」など，書き込むべき要素に漏れはないか，問題文にあるデータとよく照合します。

(5) 時間配分に注意する。

記述式の問題で一番時間を要するのは，グラフの作成です。事前に作成してみて，実際にどれくらいかかるのか，所要時間を計っておくことが大切です。

(6) 定規などの用意について。

グラフ作成の問題には「定規を使わずに書いてよい」と記してあります。問題が，グラフの書き方が分かっていればよいからですが，定規を使った方が書きやすければ，定規を使っても構いません。

秘書技能審査基準

● 3級 ●

程　度	領　域		内　容
初歩的な秘書的業務の理解ができ，基本的な業務を行うのに必要な知識，技能を持っている。	**Ⅰ必要とされる資質**	(1) 秘書的な仕事を行うについて備えるべき要件	①初歩的な秘書的業務を処理する能力がある。 ②判断力，記憶力，表現力，行動力がある。 ③機密を守れる，機転が利くなどの資質を備えている。
		(2) 要求される人柄	①身だしなみを心得，良識がある。 ②誠実，明朗，素直などの資質を備えている。
	Ⅱ職務知識	(1) 秘書的な仕事の機能	①秘書的な仕事の機能を知っている。 ②上司の機能と秘書的な仕事の機能の関連を知っている。
	Ⅲ一般知識	(1) 社会常識	①社会常識を備え，時事問題について知識がある。
		(2) 経営に関する知識	①経営に関する初歩的な知識がある。
	Ⅳマナー・接遇	(1) 人間関係	①人間関係について初歩的な知識がある。
		(2) マナー	①ビジネスマナー，一般的なマナーを心得ている。
		(3) 話し方，接遇	①一般的な敬語，接遇用語が使える。 ②簡単な短い報告，説明ができる。 ③真意を捉える聞き方が，初歩的なレベルでできる。 ④注意，忠告が受けられる。
		(4) 交際の業務	①慶事，弔事に伴う庶務，情報収集と簡単な処理ができる。 ②贈答のマナーを一般的に知っている。

程　度	領　域		内　容
	Ⅴ技　能	(1) 会議	①会議に関する知識，および進行，手順について初歩的な知識がある。 ②会議について，初歩的な計画，準備，事後処理ができる。
		(2) 文書の作成	①簡単な社内文書が作成できる。 ②簡単な折れ線，棒などのグラフを書くことができる。
		(3) 文書の取り扱い	①送付方法，受発信事務について初歩的な知識がある。 ②秘扱い文書の取り扱いについて初歩的な知識がある。
		(4) ファイリング	①簡単なファイルの作成，整理，保管ができる。
		(5) 資料管理	①名刺，業務上必要な資料類の簡単な整理，保管ができる。 ②要求された簡単な社内外の情報収集ができ，簡単な整理，保管ができる。
		(6) スケジュール管理	①上司の簡単なスケジュール管理ができる。
		(7) 環境，事務用品の整備	①オフィスの簡単な整備，管理，および事務用品の簡単な整備，管理ができる。

第1章

必要とされる資質

SECTION 1 秘書の心構え

SECTION 2 要求される資質

SECTION 1

秘書の心構え

Lesson 1 社会人としての自覚と心構え

劇場の前で心配して待っているだろうな……

帰りたいけど帰れない?!

▶秘書Aは友人と観劇の約束をしていて，定時に退社しないと開演時刻に間に合いません。しかし，この後予定がないはずの上司は，定時を過ぎても帰らないので，Aとしても退社しにくい……という状況です。Aはどのように対処したらよいのでしょうか。

対処例 

定時は過ぎたのだから，上司に観劇の開演時刻のことを話して，帰ることの了承を求めればよいでしょう。

スタディ

秘書としては，上司が退社するまで勤務するのが望ましいのですが，定時まで働いたので退社することに何も問題はありません。しかし，まだ上司が残っているので，退社理由を話して了承を得るというのが，秘書としての望ましい対処法といえます。

社会人，職業人としての基本資質

秘書の仕事を担当する場合も，秘書であることを意識する前に社会人，職業人としての自覚を持つことが重要であり，社会人として，職業人としてのマナーやルールを身に付けておく必要があります。

また，組織で仕事をする場合に心得ておかなければならないのは，「仕事は自分一人で完結するものではなく，多くの人の仕事とつながっている」ということです。

例えば，秘書であれば，上司や上司と関係する取引先，上司の上役，上司の関連部署の社員，先輩秘書や同僚，後輩秘書などが関わって仕事が進められていきます。このように，組織での仕事は数多くの人と深く結び付いているので，ある人の仕事が遅れたりすれば，関係する仕事全体に支障を来してしまいます。職業人としては，仕事の遅れやミスをなくし，人に迷惑をかけないように心がけることが大切です。

このほか，社会人，職業人として，次のような基本的な資質が求められます。

マナーを守る心や礼儀正しい態度

ビジネスの場では年齢や価値観が違う人など，さまざまな人と接することになります。以下の基本的なマナーを守るようにしましょう。

◆あいさつやお辞儀を欠かすことなく，誰に対しても礼儀正しく接する。

◆丁寧な言葉遣いをし，適切な敬語を使う。

◆上下関係をわきまえ，折り目正しい態度で接する。

仕事を遂行する責任感

指示された仕事は，「最後まで責任を持って遂行＊1）する」という職業人としての強い意志を持つことが大切です。また，仕事には「期限」や「予算」といった制約条件があるので，その条件を満たして達成する責任があります。

このほか，次のようなことも要求されます。

◆指示を守り，忠実に遂行する。

◆ミスのない正確な仕事をする。

◆丁寧さ，美しさなど一定の品質を保つ。

チームワークを大切にする協調性

組織の中での仕事は，ほとんどがチームワークによって成り立っています。秘書の仕事も例外ではありません。上司，先輩，同僚，後輩，その他の関係者と協力して仕事を進めていくためにはチームワークが大切になります。そのために求められるのが協調性です。もちろん，「気が合わない人」や「嫌いな人」がいる場合もあるでしょう。しかし，仕事上は感情的なことは表に出さないようにし，気持ちよく仕事を進めていかなければなりません。そのためには，相手を尊重する心や思いやる心を持たなければなりません。

経営者的発想とコスト意識

経営者だけでなく，全社員に経費節減，無駄の排除など経営者的発想が求められます。特に，仕事をする際は常にコスト＊2）を意識するようにしましょう。

コストの中でも大きな比率を占めるのが人件費です。仕事に時間がかかる人は，要領よくてきぱきと仕事をする人に比べコストがかかっていることになります。

＊1）遂行＝成し遂げること。「任務を遂行する」などと使う。
＊2）コスト＝費用のこと。

例えば，同じ仕事をAさんは半日で仕上げることができたのに，Bさんは1日要したとすれば，Bさんはaさんの2倍のコストがかかったことになります（給料が同じ場合）。1日でも終わらず，残業をすればさらにコストは大きくなります。

コスト意識を持ち，常に次のようなことを心がけるようにしましょう。

◆早く仕事を覚え，手際よくできるように習熟する。

◆手が空いたときは，忙しい人の手伝いをしたり，次の仕事がスムーズにできるように準備しておく。

出社から退社までの日常のマナー

出社してから退社するまで，日常的な節目節目での守るべきマナーを心得ておきましょう。

●出社時，退社時のあいさつ

秘書は，上司より早く出社するように心がけ，出社したら，後輩など先に来ていた人に明るくあいさつします。上司が先に来ていた場合は，上司の席の近くまで行って，あいさつするのがよいでしょう。

上司が退社するまで秘書がいることが望ましいのですが，定刻に退社する場合は，手伝う仕事がないか上司に声をかけ，なければ退社してよいか伺いを立てます。退社するときは上司にあいさつをし，残っている人がいれば，その人たちにも「お先に失礼します」などとあいさつをして帰るようにします。

●遅刻する場合の対処の仕方

家庭の事情などで遅刻をする場合は，定刻前に電話連絡しておき，出社したらまず上司に遅刻したことをわび，事情を簡単に説明します。次いで，遅刻で迷惑をかけた人にもわびを入れ事情を手短に話します。

●外出する場合は上司の許可を得る

30分ほど外出してもよろしいでしょうか？

外出する場合は，原則として上司の許可を得なければなりません。その際，おおよその帰社時刻を告げて行きます。上司不在の場合は，上司の代行者か秘書課長，あるいは先輩などに告げて出かけるようにします。

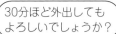

また郵便局や文具店など，他の人も用事を頼む可能性があるところに出かける場合は，声かけをしていくようにします。

外出先から帰ったら，「ただ今戻りました」などと上司にあいさつをして，戻ったことを知らせます。

仕事の手伝いを頼む場合は上司の許可を得る

一人では仕事が終わらないときなど，手伝いを頼む場合がありますが，その際には，手伝ってもらってよいか必ず上司の許可を得るようにします。勝手に手が空いている人に交渉（こうしょう）して，手伝ってもらうようなことをしてはいけません。

上司の指示を優先する

上司の指示は絶対です。先輩や同僚の手伝いをしているとき，上司の指示があれば，それを優先しなければなりません。

自己管理

健康管理，時間管理，金銭管理などの自己管理は，職業人としての基本的な心得です。

健康管理

体調を崩して遅刻したり休んだりすると，上司をはじめ関係者に迷惑をかけることになります。十分な睡眠，三度の食事，適度な運動など規則正しい生活を心がけ，万全の状態で仕事ができるようにします。

時間管理

ビジネスにおいては，まさに「時は金なり」です。自分の仕事の計画を立てる際も，30分単位などの大ざっぱな時間管理ではなく，5分単位，10分単位など，小刻みな時間管理をすることが大切です。

金銭管理

仕事で金銭を扱うときも，自分のお金を使う以上に大切に扱うよう心がけます。また，預かったお金は，厳格に管理しなければなりません。

自己啓発

現状に満足することなく，常に能力を高めるように努力していくことが大切です。まず，いかに仕事に関して知らないかということを自覚することです。その上で，身近で手が届くところから学んでいくようにし，さらに次のようなステップで進めていくとよいでしょう。

- ◆**自分の仕事をある程度マスターした後は，関連の業務を理解していく。**
- ◆**会社の各部署の業務と上司の仕事との関連性を学ぶ。**
- ◆**先輩などの指導を得て，より高度な仕事に取り組む。**

SELF STUDY

過去問題を研究し理解を深めよう！

POINT 出題 CHECK

用件の伝言に関する問題や上司の指示を優先する問題など，職業人としての常識を備えているかどうかを問う問題が出される。また，出社時，退社時，外出時，昼休み中，上司が帰社したときなど，各シーンごとに職業人としてどうあるべきかを整理しておくとよい。

●次のような間違えやすい問題に注意しよう!!

- ●上司が忙しくしている→**×邪魔をしてはいけないのでそっとしておくのがよい（職業人として，また秘書としてすべきこともある）**
- ●先輩を見習う→**×よいことだ（何でも見習えばよいわけではない）**

用件の伝言

外出する上司から，「Y氏から電話がかかってくるので用件を聞いておくように」と指示された。

○　①用件をメモに書いて上司の机の上に置き，上司が戻ったら電話があったことを伝えた。

×　②用件を聞いておき，上司が戻ったらすぐに上司のところに行き，口頭で伝えた。

①のように，電話などで用件を聞くときは，メモを取るのが基本である。メモは上司の机の上に置いておけばすぐ分かるが，用件を聞くように指示されたのだから，電話で用件を聞いたことを報告しなければならない。②メモをしないで口頭で伝えるのは基本ができていないので不適当。

上司の指示優先

同僚Bの手伝いをしていたら，上司から取引先への届け物を指示された。

○　①書類を預かり，Bに事情を話して書類を届けた。

×　②Bの仕事を手伝っていることを話し，どちらを優先するか尋ねた。

①上司の指示は最優先なので，Bの手伝いを中断して，上司の指示を遂行することになる。そのとき，Bには事情を説明するのがマナーである。②手が空いていたからBの手伝いをしたのであり，本来の仕事は上司の補佐である。どちらを優先するかは明らかで，上司に尋ねることではない。

出社時

○　①出社したら上司が忙しくしていたので，あいさつした後，遅くなったことをわび，何か手伝うことはないか尋ねた。

×　②先輩を見習うように言われているので，出社の時刻は先輩に合わせるようにしている。

①上司がどんなに忙しくしていてもあいさつは欠かせない。②先輩より早く来なければいけない。

退社時

○　①終業時刻になったら仕事の指示者に進み具合を報告し，この後どうするか尋ねた。

×　②終業時刻に課長が来て上司（部長）と打ち合わせを始めたので，先に退社する事情を書いたメモを上司の机の上に置いて退社した。

②秘書が上司より先に退社するときは，上司に許可を得る必要がある。打ち合わせの相手は課長なのだから，上司に直接口頭で確認できる。あいさつもしないでメモを置いて帰るのは失礼であり，また後のことを考えない退社の仕方となる。

外出時

○　①混雑する外出先のときは，なるべく混雑の少ない時間を選んで出かけるようにする。

×　②上司が忙しく仕事をしているときは，断らずに外出して，帰ってきてから断らなかったことを謝る。

②勤務時間中に席を空けるときは，上司の承認を得たり，周囲の人に告げて出かけるのが職業人としての常識である。このことは事前にしておくことであり，後で断らなかったことを謝っても意味がない。

上司の帰社時

×　①上司が外出先から帰ってきたので，「ご苦労さまでした」とあいさつをして，お茶を出した。

×　②外出から帰ってくると，予定より早く出張から戻った上司が忙しそうにしていたので，邪魔にならないように黙っていた。

①「ご苦労さま」は上位の者が下位の者に対して使う言葉。②上司が出張から帰ってきたのに黙っているのは職業人として失格である。「お疲れさまでした」などとあいさつし，忙しそうにしているのだから「何か手伝うことはないか」と気遣わなければいけない。

CHALLENGE 実問題

1 難易度 ★★☆☆☆

新人のAとUは配属されたそれぞれの部署で，先輩に付いて秘書の見習いをしている。次は，早く秘書として一人前になるためにはどのようなことに気を付けたらよいか，二人で話し合ったことである。中から不適当と思われるものを一つ選びなさい。

1）自分たちはお互いに遠慮のない話し方をしているが，先輩たちは違うようなので見習うようにしよう。
2）先輩たちのような丁寧な態度振る舞いを身に付けるには，普段から気を付けないといけないのではないか。
3）先輩たちは忙しい合間に職場の環境整備に気を配っているが，自分たちはまず仕事を覚えることに専念しようか。
4）先輩たちは個人的な悩みがあったとしても，それを顔に出さず明るく生き生きと仕事をしているようなので見習うようにしよう。
5）先輩たちは自分の仕事を行いながらも，上司を気遣うことを第一に考えているようなので，自分たちも同じにしないといけないのではないか。

2 難易度 ★★☆☆☆

秘書Aが昼休みに自席で携帯電話のメールを見ていると，そばに来た上司から「例のことはどうなったか」と仕事のことを聞かれた。このような場合，Aは上司にどのように対応するのがよいか。次の中から適当と思われるものを一つ選びなさい。

1）すぐに立ち，上司席のところまで行こうかと尋ねるのがよい。
2）すぐに携帯電話を置いて立ち，手を体の前で重ねて答えるのがよい。
3）座ったままでよいが，携帯電話を置いて上司の方を向いて答えるのがよい。
4）気が付かなくてすまないと謝り，椅子を上司の方に向けて答えるのがよい。
5）会社で決められた休憩時間中なので，昼休みが終わったら報告に行くと言うのがよい。

【解答・解説】1＝3）職場の環境整備は皆が働きやすいように，また，来客などによい印象を持ってもらうために必要なことで，特に新人が率先して気を配ることでもある。従って，自分たちはまず仕事を覚えることに専念しようなどは不適当ということになる。
2＝2）昼休み中でも上司がそばに来て仕事のことを聞いてきたのだから，すぐに立ちきちんとした態度で答えないといけない。従って，2）の対応が適当ということである。

Lesson 2 補佐役としての心構え

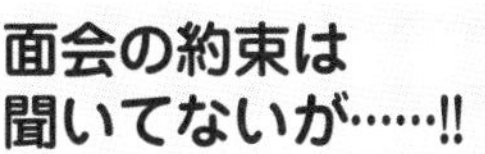

▶ 秘書Aの上司が会議中，「F部長と面談の約束をしてある」と取引先のK氏が来訪しました。Aはこのことについて何も聞いていません。このような場合，Aは取引先のK氏に対してどのように対応すればよいのでしょうか。

対処例 ○△×?…

「申し訳ない」と言って少し待ってもらい，上司に来訪者のことをメモで知らせて指示を得るようにします。

スタディ !!

約束を上司がAに知らせなかったのは，こちらの手違いなので，Aはまず K氏にわびを言わなければなりません。その後，待ってもらうように頼み，会議中の上司に連絡を取って指示を得るようにします。

上司の陰の力に徹する

秘書の仕事は，上司が本来の仕事に専念できるように，上司の周辺雑務を処理することです。常に「上司あっての秘書」であることを自覚し，上司の仕事がスムーズに運ぶように，上司の補佐役として働くことを心がけなければなりません。また，秘書の仕事は裏方の仕事であり，努力の割には周囲から評価されない地味（じみ）で目立たないものです。むしろ，目立たないように，出過ぎないように心がけながら，上司の補佐に徹（てっ）していくことが，秘書の本来の在り方なのです。そして，その秘書がいなくなったとき初めて，上司がその秘書の果たした役割の重要性を知る……というのが秘書の理想的な姿といえましょう。そうした姿を目標に，上司の陰の力に徹することに誇りを持ち，仕事に取り組みたいものです。

人間関係のパイプ役になる

秘書は，上司と関係者とをスムーズに結ぶパイプ役としての役割を果たさなければなりません。上司が関係者と常に良好な関係を維持し，仕事を円滑に進められるように取り計らっていくのが秘書の役目です。いわば，秘書は上司と関係者の間に立つ人間関係の潤滑油*1)といえましょう。

秘書は，上司が関係する社外の人は当然のこと，社内の関係部署の社員とも良好な人間関係を築いておく必要があります。

●社外の人とのパイプ役

秘書がパイプ役になる社外の人には，上司が関係する「お客さま」，「取引先」，「業界関係者」，「報道機関」などがあります。また，上司の友人・知人のほか，上司の関係者から紹介を受けた人も上司を訪ねて来ます。秘書は，そうした人たちの誰に対しても，公平で誠実な態度で接し，上司とのよき人間関係を維持していくように努めなければなりません。

中には，身勝手な人や苦情を言ってくる人もいます。秘書は，そのような場合でも，冷静になって誠実に対応することが求められます。そうした秘書の地道な努力の積み重ねによって，良好な人間関係が形成されていくことを心得ておく必要があります。

●社内の人とのパイプ役

社内の関係部署の人たちと積極的にコミュニケーションを図ることも大切なことです。上司が必要とする資料やさまざまな情報をスムーズに入手するためだけでなく，いろいろな形で協力を得なければならないことが少なくないからです。

そのためには，仕事以外のことでも親しく話すなど，積極的に交流を図るようにしなければなりません。

また，先輩や同僚，後輩との人間関係も重要です。急ぎの仕事や仕事が重なったときなど，頼りになるのが先輩や同僚，後輩たちです。いざというときに手助けが得られるように，相手が困っているときはいつでも進んで手伝いをするよう心がけましょう。

＊1）潤滑油＝機械がスムーズに動くために用いる石油などの油のこと。そのことから「物事を円滑に運ぶための仲立ちとなるもの」の意味に使われる。

上司の意向に沿って仕事をする

上司が気持ちよく仕事を進められるように補佐するのが秘書の仕事です。仕事の仕方も，上司の意向に沿って進めることが大切で，自分流のやり方をしたり，新しい上司に対して，前の上司の仕事の仕方を押し通すようなことをしてはいけません。

上司が代わったときは，その上司の前任秘書に仕事の仕方を聞いたり，新しい上司に，仕事のやり方はこれでよいかと確認するなど，今補佐している上司の意向を確かめながら，仕事の仕方も上司に合わせていくことが必要です。

また，上司の意向に沿った仕事をするためには，上司のことをよく知り，人間性を理解していくことが大切ですが，必要以上に上司のプライバシーに立ち入ったりしてはいけません。秘書が知るべき範囲は，あくまでも，仕事を補佐する上で必要な情報に限られます。

上司の身の回りの世話や私的事務の補佐

秘書の仕事には，上司の仕事上の雑務の補佐だけでなく，身の回りの世話や上司の私的事務の処理も含まれます。秘書が仕事以外のことまで引き受けるのは，それらのことに上司が関わっていると，本来の業務に専念できなくなるからです。

●身の回りの世話

車の手配やお茶や食事の世話など，上司が快適に仕事ができるように日常的な気配りが求められます。嗜好品（しこうひん）など上司の好みを知り，天候や上司の体調などを考慮して，熱いお茶やコーヒー，冷たい飲み物などをタイムリーに用意することも秘書の役目です。

また，秘書は上司の健康管理に気を配らなければなりません。上司の主治医の連絡先などは手帳などに控えておき，上司に持病がある場合は，何かあったときにどのように手配すればよいか心得ておくようにします。

●私的事務の補佐

上司には，直接現在の仕事には関係しなくても，交流を続けている多くの知人や友人がいます。そうした人たちに関する結婚式や葬儀，パーティーや会合に際しての事務を補佐したりするのも秘書の業務です。また，上司の家族への連絡といった私的な用事も，上司を補佐する大切な仕事です。そうした私的事務を上司に頼まれたら，仕事に関する補佐と同様に快く引き受けるようにします。

秘書としての立場をわきまえる

秘書の本来の業務は，あくまでも上司の周辺雑務を補佐することであり，上司の指示に従って仕事をするのが基本です。上司の指示がないのに，勝手に判断して行動したりしてはいけません。気を利かせたつもりで，上司が出張中に世話になった相手に礼状を出したり，取引先との用談内容を上司に尋ねるといったようなことは秘書としての立場を心得ていない行為です。

また，「（顔色がよくないようなので）早退されてはいかがでしょうか」など，上司に指示するような言い方や仕事に立ち入るような発言は慎（つつし）まなければなりません。「早退されてはいかがでしょうか」は，言葉は丁寧ですが，「早退したらどうか」ということになり，上司に指示していることになります。さらに，早退するかどうかは，仕事の都合を考えて上司が決めることで，秘書が口出しすることではありません。上司のことを気遣（きづか）うつもりであっても，そうした行為は秘書の立場をわきまえていないということになります。

上司のミスに対する対応

人間は誰でもミスをするものです。上司も人間ですからミスをしますが，秘書としてはその状況に応じて適切な対応をしなければいけません。

上司が作成した文書などで誤字脱字があったら，上司に確認して訂正するのが基本です。ただし，固有名詞の誤記など確認するまでもない明白なミスは，秘書が処理して済ませます。

また，上司の勘違いによる指示ミスなどに対しては，「～ではありませんか」とミスを指摘するような言い方をするのではなく，「私の聞き違いではないかと思うので，確認させていただきたいのですが……」などと前置きしてから尋ねる配慮（はいりょ）が大切です。

上司のミスに対しての基本対応は以下のようになります。

◆自分勝手な判断で処理しない。

◆上司に確認し，指示に従う。

◆ミスを指摘するような口調ではなく，あくまでも「自分の聞き違いではないかと思うので確認したい」という謙虚な態度で聞く。

SELF STUDY

過去問題を研究し
理解を深めよう！

POINT 出題 CHECK

関係者との間に立つパイプ役としての自覚ができているかどうか，上司の意向を確認して仕事をしようとしているかどうかなどが問われる問題が中心で，基本的な考え方を理解していれば難しい問題ではない。上司の身の回りの世話や私的な用事に関しては，「職務上のことと同じように補佐すること」や「立ち入り過ぎてはいけないこと」を理解しているかが問われる。

●次のような間違えやすい問題に注意しよう !!

●よりよく補佐できるように上司を知る→×そのためには，詳しく知ることはよいことだ（限度を超えてはいけない）

✻ パイプ役としての自覚

× ①上司の言い方を覚えておき，伝言を頼まれたときなど，なるべく同じ言い方で伝えるのがよい。

× ②来訪した上司の部下に対して，上司は2時30分に戻る予定なので，そのころ直接確認した方がよいのではないかと言う。

①間に立って伝言を伝えるときは，両者を立てる言い方をすることが重要。上司と同じ言い方では，指示するような言い方になる。秘書がそうした言い方をすべきではない。②上司と関係者の間を取り持つのが秘書の役目である。自分の仕事を相手に押し付けるようなことをしてはいけない。

✻ 上司の意向に沿う

○ ①秘書は上司の話し方や表情からも気持ちを酌み取って，仕事をしなければならない。

× ②課長から「来週金曜日に部長と取引先を訪問したいが都合はどうか」と聞かれたとき，「部長はその日，同窓会の旅行のため休みを取る予定なので，他の日にしてもらうことはできないか」と尋ねる。

②部長は同窓会の旅行のために休むつもりでいるが，取引先の訪問があるのなら，それを優先させるかもしれない。上司の意向を確認しないで，勝手に判断して「他の日にできないか」と言うのは不適当である。

✻ 身の回りの世話・私的事務

○ ①上司が上着を腕に抱えて帰ってきたので上着を預かり，「お飲み物は冷たいものにいたしましょうか」と尋ねた。

× ②上司をよりよく補佐できるように，上司の私的なことも詳しく知るようにしている。

○ ③上司から指示された仕事は，上司の私用であっても，他の仕事と同じように行っている。

②上司のことを知っておくというのは，仕事上よりよく補佐するためにである。私的なことは仕事に関係することをある程度知っておくということで，詳しくとなると，私的なことに立ち入るようになり，補佐の限度を超えることになるので不適当である。

✻ 秘書の立場をわきまえる

○ ①上司には，できるだけ改まった口調と言葉遣いで話をするようにしている。

× ②上司が出張中，取引先の部長から，「取引上のことで相談したい」と面談の申し込みがあったとき，「どのような相談なのか，聞かせてもらえないか」と言った。

× ③留守中に専務から，至急来てもらいたいと伝えるように言われていたとき，帰って来た上司に，「すぐ専務室にいらっしゃっていただけませんでしょうか」と伝えた。

②取引上のことで相談したいというのが用件なのだから，それで十分に秘書としての仕事ができる。その内容を聞かせてもらいたいというのは，秘書としての立場を越える仕事の仕方になる。③この言い方だと上司に，すぐ専務室に行くように指示していることになる。「専務から，すぐにおいでいただきたいとのことですが，どのようにご返事いたしましょうか」など，伺いを立てるような言い方をしなければいけない。

✻ 上司のミスへの対処

○ ①上司が作成した書類に誤字などがあったときは，一応上司に確かめてから直さないといけない。

○ ②上司の指示内容に誤りがあったと思われるときは，自分が聞き違えたかもしれないがと言って，改めて確認をする。

①誤字だと思っていても，そうでない場合や，上司が意図的にそのように書いている場合もあるので，確認するのが基本。例＝一所懸命と一生懸命（本来は一所懸命が正しい），古希と古稀など（「こき」と読み70歳の祝いのこと。もともと「稀」だったが，常用漢字にないため「希」が使われている）。

CHALLENGE 実問題

1 難易度 ★★★☆☆

次は秘書Aが，上司への気遣いとして行ったことである。中から不適当と思われるものを一つ選びなさい。

1）外出しようとしていた上司に，「午後は雨の予報なので傘を用意しようか」と言った。
2）上司が社内会議に行くとき資料が多く落としそうだったので，紙の手提げ袋を差し出した。
3）外出から戻った上司が疲れた様子だったので，「いつもの緑茶ではなく他の物にしようか」と言った。
4）出勤してきた上司が家で飲み忘れたと言って薬を出したので，「今飲んでも差し支えないか」と尋ねた。
5）お昼になっても上司が仕事に没頭していて時間を忘れているようだったので，「昼食の時間になったが」と声をかけた。

2 難易度 ★★★★☆

次は秘書Aが，日ごろ心がけていることである。中から不適当と思われるものを一つ選びなさい。

1）上司から仕事を指示されたときは，できるだけ期限前に仕上げるように努力している。
2）上司から注意を受けたときは，言い分があってもその場では言わないようにしている。
3）上司から「君はどう思うか」と聞かれたときは，感じたことを素直に話すようにしている。
4）上司宛ての電話を取り次ぐときは，相手の会社名と名前をメモして上司に渡すようにしている。
5）上司が不在中の来客の用件は，報告のためにできるだけ詳しく書き留めておくようにしている。

【解答・解説】1＝4）上司の薬だから飲み方は分かっているはずである。従って，今飲んでも差し支えないかなどの心配は余計なので不適当。このような場合は，水を持ってこようかなどと言うのが上司への気遣いである。
2＝4）上司へ電話を取り次ぐときメモして渡すのは，例えば，面談中なら来客へ配慮してのこと。上司だけなら配慮する相手がいないのだから，口頭でよい。従って，メモして渡すようにしているなどは不適当ということである。

Lesson 3 機密を守る

転勤になるっ
ていううわさ
だけど……
部長の電話の話の内容か
ら知ってはいるけど……

うわさはうすうす知っているが……

▶ 人事部長の秘書Aは仲のよい他部署の同僚Bから，「私の上司が転勤になるといううわさを聞いた。Aは人事部にいるのだから知っているのではないか。教えてもらいたい」と言われました。Aは上司が話しているのを耳にしているので，うすうすは知っています。このような場合，AはBにどのように言うのがよいのでしょうか。

対処例

「自分は部長秘書で，人事部にいても仕事が違うのだから，そういうことは知る機会がないので分からない」と言えばよいでしょう。

スタディ

Aは仕事柄，上司の話から知ったのですが，人事は機密（きみつ）事項なので絶対に漏（も）らしてはいけません。このような場合，「知る立場にない」ときっぱり否定することが大切です。知っていることを少しでも匂（にお）わせる言い方をすれば，Bに不信感を与えてしまいます。

機密を守る重要性を理解する

企業には守るべき機密があります。例えば，現在研究開発中の製品の情報や企画中の内容などです。外部に漏れると，競争企業に先手を打たれるなどして，その会社にとっては大きな痛手になってしまいます。また，機密情報が漏れると，会社に影響を与えるだけでなく，株価の変動など社会全体に大きな影響をもたらすことになります。秘書は仕事柄，機密事項に触れる機会が多いので，機密保持には特に注意を払わなければなりません。機密を守り切ることが，「信頼のおける秘書」という評価につながっていきます。

機密事項とは

一般に公表されていない重要事項は，全て機密事項と考えた方がよいでしょう。商品開発情報のほか，人事異動や組織変更なども取引先などに少なからぬ影響を与えるので，口外することは厳禁＊1）です。また，上司の行動や面談相手，上司の入院なども重要な情報になるので，軽々しく口にしてはいけません。

企業に関する機密事項

企業に関する機密事項には以下のようなものがあります。

◆企画・研究・開発に関する情報。

◆新製品に関する情報。

◆会社の合併情報や業務提携情報，新会社設立に関する情報。

◆組織変更情報や人事異動の情報。

上司の動向に関する機密事項

上司の行動も機密に当たる場合があるので，社外の人に口外してはいけません。例えば，出張先の面談相手が新会社設立に向けての重要人物だったり，ゴルフの相手が業務提携する相手の会社の鍵となる人物だったりということがよくあります。ライバル企業や報道機関にとって，上司の出張先や面談相手を知ることは，企業活動の方向性を推測するよいヒントになるのです。

次のようなことは機密と考え，漏らしてはならないことです。

◆出張先や外出先および面談の相手。

◆会合やその参加メンバー。

上司のプライベート事項

秘書は職務柄，上司のプライベート情報を知る立場にあります。それは立場上知り得たことで，本来は個人の秘密情報です。従って，秘書はその個人情報を守る責務があります。「上司の友人だ」と言っているから上司と親しいのだろうと勝手に判断して，うっかり上司の個人情報を話してしまった……というようなことがないように十分気を付けましょう。

次のようなことは社内でも関係者以外に口外してはいけません。

◆家族に関する情報。

◆入院に関する情報や持病など病気に関する情報。

◆交友関係の情報や個人的な行動に関する情報。

◆自宅の住所，電話番号，携帯電話番号，E-メールアドレス＊2）などの個人情報。

＊1）厳禁＝厳しく禁じられていること。
＊2）E-メールアドレス＝電子メールを受け取る住所のこと。

機密事項を守るには

機密を守るためには，守るための基本的な心得がありますが，秘書として心得ておくべきことをしっかり押さえ，それに従って行動することがポイントになります。また，絶対に機密を漏らさないという強固(きょうこ)な意志を持つことが重要で，相手が誰であっても機密を守るという姿勢を崩(くず)してはいけません。

機密を守るための基本的な心得

機密だからこそ聞きたくなるのが人情です。機密を人に聞かれたときは，知っていても，「知る立場にないので知らない」とはっきり相手に示します。「知っているが，立場上言えない」などと言うのは，人間関係を悪くしたり，相手の知りたいという気持ちをあおることになってよくありません。

また，次のような「秘」扱い文書の扱いやコンピューターで作成した「秘」扱いデータの扱いなども心得ておきましょう。

- **◆重要な文書を扱っている際に，少しでも離席するときは，机の上の文書を裏返しにするか引き出しに片付けるようにする。**
- **◆機密文書は保管から廃棄まで責任を持って厳重に管理する。**
- **◆文書類は裸で持ち歩かないようにする。**
- **◆機密文書をコンピューター画面に表示するときは，周囲に注意する。画面を出したまま離席しない。**
- **◆文書・磁気データは，原則として社外に持ち出さない。**
- **◆重要文書類を社外に持ち出す場合は，細心の注意を払う。書類かばんは必ず手で持ち，電車の網棚などに置かない。**

機密を守る強固な意志を持つ

機密を守るには，口が堅いことが一番です。他部署の上役や世話になった先輩，大の親友などに聞かれると，「少しならよいのではないか」と思いがちですが，相手が誰であっても（どのような関係でも），「絶対に口外しない」という強い意志を持たなければなりません。以下のような勝手な判断でうっかり機密を漏らすことのないようくれぐれも注意しなければなりません。

- **◆地位の高い上役だから話してもよいのではないか。**
- **◆口が堅い先輩だから「絶対人に話さない」と約束すればよいのではないか。**
- **◆うわさになっているので，「自分から聞いたと言わないこと」を条件に，「核心に触れない程度なら」話してもよいのではないか。**
- **◆会社に何の関係もない人だから，話しても差し支えないのではないか。**

SELF STUDY  過去問題を研究し理解を深めよう！

POINT 出題 CHECK

機密保持のための心がけに関する問題や上司に関することで漏らしてはいけないことを問う問題が多い。また，「機密を守るために，人間関係を狭(せば)めてもよいかどうか」を問う問題もしばしば出題される。

機密保持の心掛け

○　①ほんのわずかの間でも席を離れるときは，机の上の書類などは引き出しにしまうか，裏返しに伏せるようにする。

×　②仕事に関連して知った秘密事項は，同僚はもちろん，上司にも話してはいけない。

①「ほんのわずか」という言葉に惑わされないように。②仕事に関連した秘密とは会社の秘密であるから上司に話していけない理由はない。

上司のプライベート事項

○　①上司の出張先は知らない人には口外してはいけない。

×　②上司の肩書は知らない人には口外してはいけない。

×　③主立った来客には，上司の持病を知らせておく。

①出張先は基本的に口外してはいけない。②肩書とは，上司の社内における役職，また，社外で属している団体の役職などのことである。口外しても上司の行動や動静が分かるようなものではないので構わない。③社外の人に上司の持病を言うことは，余計なことを推測されかねないので，口外してはいけない。

機密保持と交友関係

×　①機密事項に接する機会があるので，それを漏らさないためにも社内の交友関係はあまり広げない。

①機密を漏らさないということは，機密を知っていても話さないということである。相手がどのような関係の人であろうと，話さなければよいのである。従って，機密を漏らさないために社内の交友関係を広げないというのは不適当である。

CHALLENGE 実問題

1 難易度 ★★☆☆☆

山田部長秘書Aは他部署を訪問した帰りの取引先のY氏から，「今度山田部長が異動するそうだね」と話しかけられた。Y氏はAの上司を訪ねてくることもあるので，Aもよく知っている。上司の異動は先のことで，まだ公表されていない。このような場合，AはY氏にどのように対応するのがよいか。次の中から適当と思われるものを一つ選びなさい。

1)「自分は聞いていないので，分からない」と言う。
2)「そろそろ異動の時期だから」と言って言葉を濁す。
3)「異動のことなら人事課で尋ねてはどうか」と言う。
4)「その話はどこで聞いたのか」と尋ね，それによって答える。
5)「特に聞いていないが，そのような動きもあるようだ」と言う。

2 難易度 ★★★☆☆

次は秘書Aが先輩から教えられた，上司について社外の人にむやみに口外してはいけないことである。中から<u>不適当</u>と思われるものを一つ選びなさい。

1) 在否
2) 肩書
3) 出張先
4) 健康状態
5) 出退社時間

【解答・解説】1＝1）人事のことは，公表前は秘密にするのが原則である。従って，よく知っているY氏から尋ねられたとしても，1）のように言うのが適当な対応ということである。
2＝2）むやみに口外してはいけないのは，知られると差し支えが出るような仕事のことや個人的なこと。肩書とは地位，身分，役職などのことで，普通は誰に知られても差し支えるようなことではないので不適当ということである。

Lesson 4 仕事を処理する際の心得

**1時までに
間に合わない!!**

秘書Aは上司から，「1時からの会議に使うので，この資料をパソコンで作成してほしい」と書類を渡されました。しかし量が多く，A一人では1時までにできそうにありません。Aはこの事態にどのように対処すればよいのでしょうか。

対処例 ○△×?…

上司に1時までには無理なことを話して，誰かに手伝ってもらってよいか尋ねるようにします。

スタディ !!

指定時間までに仕上げるのは分量的に無理だということがはっきりしています。指定時間までに完了させるには，誰かに手伝ってもらうことになりますが，その際，勝手に頼まず上司の了解を得て行うようにします。

仕事に対する基本的な心構え

上司から指示された仕事は，上司の意向に沿って忠実に行うようにします。早くできるからと自己流のやり方で処理したり，前の上司と同じやり方でよいだろうと勝手に判断してはいけません。必ず上司の指示に従って進めるようにし，仕事の途中で不明な点が出てきた場合も，自分の判断で処理せず，指示した上司に確認します。

また，仕事を指示されたら，仕上げの期限を確認し，必ず期限内に仕事を完了させます。長期間かかる仕事のときは途中で上司に経過報告をします。指定された期日より早く仕上がったら，期限を待たずすぐ報告するようにします。

指示を受けるときの心得

上司から仕事を頼まれたとき，指示の受け方のポイントを押さえていないと，不正確な仕上がりになったり，見当違いな仕事をしたりすることになりかねません。上司の指示を正確に理解し，依頼された仕事を確実に実行するためには，以下の点に留意することが大切です。

◆仕事の指示を受けるときは，メモ用紙と筆記具を用意し，必ずメモを取る。

◆指示内容は最後まで正確に聞く。

◆疑問点はその都度聞くのではなく，指示が終わってから最後にまとめて聞く。話が長くなりそうな場合には，一段落したところで質問するとよい。

◆指示が終わったら，要点を復唱して再確認する。

仕事が重なったときの対応

上司から指示された仕事を進めているときに，さらに別な仕事を指示されることも少なくありません。そのようなときは，仕事の緊急性，重要性などを考慮して，処理する順番を決めてから計画的に進めるようにします。しかし，急ぎの仕事を進めているときに，さらに急ぎの仕事を指示された場合には，どちらを優先すべきか判断に迷うことがあります。そのような場合は，上司に判断を仰ぐのが原則です。仕事が重なって一人では判断がつかない場合の対処の仕方をまとめると以下のようになります。

◆現在進めている仕事の進行具合を上司に報告し，新しく指示された仕事とどちらを優先するか，優先順位を上司に判断してもらう。

◆一度に複数の仕事を指示されたら，その優先順位を上司に指示してもらう。

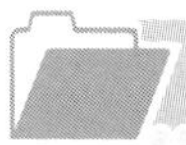

期日に間に合わないときの対応

急ぎの仕事を指示されたとき，一人では期限に間に合わないと判断したら，上司にそれに要する時間，人数などを話し，手伝いを頼んでよいか了承を得ます。

また，引き受けた仕事の進行状況から，期限までにできそうもないと判断したら，できるだけ早く上司に現在の状況と今後の見通しを報告し，指示を仰ぐようにします。このケースで最悪なのは，期限直前になって上司に報告することです。その段階では上司も手の打ちようがないからです。甘い見通しを立てず，厳しいと感じたらできるだけ早く上司に相談しなければなりません。

SELF STUDY

過去問題を研究し
理解を深めよう！

POINT 出題 CHECK

上司の指示の受け方，仕事が重なったときの優先順位，期限に間に合わない場合の対処の仕方に関する問題がよく出題されるが，他部署の上役から指示されたときの対処の仕方や指示後に変更が多い上司への対応など，角度を変えた問題も出題されている。

仕事に対する心構え

○　①上司からの指示を待って仕事をするだけでなく，しておいた方がよさそうな仕事は，自分からしておく。

○　②丁寧さは多少欠いても，締め切り日時に合わせた処理をする。

○　③仕事を指示されたときは,仕上げの期限の確認を忘れないようにしている。

①上司の指示を受けて仕事をするのが基本だが，全て指示を受けなければ仕事ができないようでは困る。しておいた方がよいと思われる仕事は，上司の指示を待たずに処理することも必要なことである。②仕事には丁寧さが求められるが，締め切り日時に間に合わなければ仕事の意味がない。締め切りに間に合わせるためであれば，丁寧さが多少欠けても仕方がないことである。③仕事には必ず期限がある。それを確認しないと計画的な仕事の仕方ができない。それほど急がない仕事の場合，上司が期限を言わないこともあるが，おおよそでも期限を聞いておかないと，「あの仕事はできたか」と突然催促され，困惑してしまうことになりかねない。

指示の受け方

○　①他部署の上司から仕事を頼まれたときは，自分の上司に了解を得てから行う。

×　②上司の指示がよく分からないときは，上司に尋ねず自分で考えて処理する。

①他部署の上司や上司の上役に仕事を頼まれたときは，いったん引き受けて，すぐ上司に報告して判断を仰ぐのがよい。②秘書は上司を補佐することが仕事なのだから，仕事の多くは上司の指示に従って行うことになる。その指示がよく分からないのなら，上司に確かめなければ上司が求めている仕事はできない。

✻ 指示内容の変更

上司は仕事の指示をした後，内容を変更することがよくある。このような上司への対応として考えたことである。

○ ①指示されたことに取りかかるとき，今から始めるが指示通りに進めてよいか確認する。

× ②指示されたときに，変更可能な期限を伝え，それ以降だと出来上がりは遅くなると伝えておく。

○ ③指示通り進めるが，変更があると支障が出そうなところまできたら，変更はないか確認する。

②上司が指示後に内容の変更をするのは，その後に状況が変わったからで，上司の方にもそれなりの理由がある。内容を変更するには，労力や時間がかかるが，それをするのが仕事であり，それに対応できなければ秘書としての意味もない。従って，「変更するなら出来上がりが遅くなる」などと上司に対して言うのは不適当である。

✻ 仕事の優先順位

× ①仕事が立て込んでいるときは，早く処理するために，引き受けた順に処理する。

○ ②仕事が立て込んでいるときは，処理する優先順位を上司に付けてもらう。

①仕事に優先順位を付けて取りかかるのは基本である。引き受けた順ではなく，急ぎの仕事から先に処理するようにしなければならない。また，引き受けた順に処理することと早く処理することとは関係がないことである。②優先順位が分からないときは，上司に判断を仰ぐことになる。

✻ 期限に間に合わないときの対応

× ①仕事が期限内に終わりそうもないときには，家に持ち帰って処理してでも間に合わせる。

○ ②上司から指示された仕事が期限までにできそうにないときは，事情を話して指示を仰ぐようにしている。

①仕事は勤務時間に行うものである。期限に間に合わないような場合は，事前に上司に申し出て指示を得るのが仕事の仕方の原則である。自分の判断で仕事を家に持ち帰るのは不適当である。②期限までに仕事が仕上げられそうもないときには，早めに上司に相談して指示を得なければならない。期限が延ばせる場合は，延ばしてもらうように頼むことになるが，期限が延ばせない場合は，残業するか，先輩などに手伝ってもらうことになる。いずれにしても，それは上司が指示することである。

CHALLENGE 実問題

1 難易度 ★★☆☆☆

秘書Aは上司から,「明日の午後1時までに,パソコンで清書しておいてもらいたい」と原稿を渡された。現在午後3時。2時間もあれば出来そうである。このような場合,Aはどのように対処するのがよいか。次の中から不適当と思われるものを一つ選びなさい。

1) 今している仕事を早く終わらせて清書に取りかかり,残ったら明日朝一番の仕事にする。
2) 明日の朝,いつも出社後すぐにしていることが終わったら取りかかり,午前中に終わらせる。
3) 時間的には明日でも間に合うが,予定外の仕事が入るかもしれないので,入力までは今日中に終わらせる。
4) 今している仕事が急ぐものでなければ中断して取りかかり,出来るところまでやって残ったら明日に回す。
5) 明日の午後1時までということだが,早めに必要と言われても困らないようすぐに始め,なるべく今日中に終わらせる。

2 難易度 ★★★★☆

営業部長秘書Aは,上司から部長会議の資料をメンバーに届けるよう指示された。配布の途中で広報部長から,「営業部に置いてもらいたい」と分厚いN社の製品カタログを差し出された。このような場合,Aはどのように対応するのがよいか。次の中から不適当と思われるものを一つ選びなさい。

1) 広報部長に,この資料を配り終えてからまた来るのでよいかと尋ねる。
2) 広報部長に,今資料を配布中だが先に営業部に持ち帰った方がよいかと尋ねる。
3) 製品カタログは受け取って先に営業部に持ち帰り,その後資料の配布を続ける。
4) 製品カタログを受け取り,広報部の同僚にひとまず預けて資料の配布を続ける。
5) 広報部長に,後で取りに来るので広報部長秘書に預けておいてもよいかと尋ねる。

【解答・解説】1=2) 予定外の仕事が入っても対処できるように余裕を持って取りかかるのが,このような場合の仕事の仕方。2) はぎりぎりの時間になるかもしれないので不適当ということである。
2=2) 分厚いカタログを抱えながらでは資料配布もしづらいから,一時的に誰かに預けるか,いったん営業部に持ち帰るかになる。持ち帰るならばAが判断すればよく,広報部長に尋ねるなどは不適当ということである。

要求される資質

Lesson 1 秘書に求められる基本能力

CASE STUDY
あなたならどうする?

契約の件で,
至急お尋ねしたいのですが……
取り次がないように言われているけど……

電話は取り次ぐなとのことだが……

▶秘書Aの上司は来客と面談中で，まだ1時間ほどかかることになっています。上司からは，「よほどのことがない限り，電話は取り次がないように」と言われています。そこへ上司あてに取引先のK氏から電話があり，「先日の契約の件で，至急尋ねたいことがある」ということです。このような場合，Aはどのように対処したらよいのでしょうか。

対処例 ○△×?…

電話はいったん切り，「取引先から契約の件で，至急尋ねたいことがあると電話が入ったが，どうするか」とメモで上司の指示を仰ぎます。

スタディ !!

上司の意向と取引先の用件とどちらを優先するか判断させるという問題です。このケースでは，契約という重要性と急ぎという緊急性を考慮(こうりょ)し，取り次いで上司の判断を仰ぐのが適切な処理でしょう。

求められる四つの基本能力

上司を補佐する秘書の仕事は広範囲に及ぶために，さまざまな能力が求められますが，特に基本となるのは，「判断力」「記憶力」「表現力」「行動力」の四つの能力です。これらの能力をよく理解し，どのような場面でどのように発揮(はっき)すればよいのかを心得ておくことが大切です。

また，それぞれの能力は状況に応じて適切に使っていく必要があります。記憶力に頼り過ぎると失敗しますし，過剰な表現力は不快感を起こさせます。また，行動力も場合によっては出過ぎた行為になってしまいます。秘書という立場を自覚して，いかにそれらの能力を組み合わせ，コントロールしながら適切に発揮していくかが重要になります。

判断力

上司が仕事の指示を出す場合，通常は仕事のアウトラインを指示する程度で，事細かに指示するようなことはありません。秘書は，上司が指示した内容を理解し，どのように進めていくか判断していかなければなりません。特に，どの部分を先に進めた方がいいのかという作業の優先順位の判断は重要です。手順の判断を間違うと，やり直しをすることになったり，二度手間になったり，無駄な待ち時間ができたりして，仕事の効率は著しく悪くなります。

また，日常業務では上司の指示を受けることなく，秘書の判断で仕事を処理していかなければなりません。どの仕事を優先するか，押さえておくべき仕事のキーポイントは何か，どの段階で上司に報告すべきか……など，秘書は仕事の内容や状況に応じて適切に判断していかなければなりません。

以下の点を押さえ，的確に仕事を進めていきましょう。

◆状況に応じて，どのようにすれば上司や関係者の利益につながるかを考え，その都度適切な判断・対応ができるよう努める。

◆仕事の緊急性・重要性を考慮し，仕事の優先順位を判断する。

◆仕事の能率がよくないときは，作業手順にムダ（無駄），ムリ（無理），ムラ（不ぞろい）はないか，何が問題なのかを判断し仕事の効率を高める努力をする。

記憶力

記憶力が優れていると，来客とのコミュニケーションもスムーズになり，好ましい人間関係を築くことができるようになります。上司も秘書の記憶力を頼りにしています。「先日来た記者はどこの新聞社の誰だったかな」などと上司は突然聞いてきたりします。そのようなときに，的確に答えられると上司の仕事の能率も上がります。

しかし，記憶力を過信していると，思わぬ失敗をしてしまいます。記憶力だけに頼らず，必ずメモを取る習慣も身に付けておきましょう。

秘書として，以下のことは基本として押さえておきます。

◆来客の顔と名前が一致してすぐ出てくるように，それぞれの来客の特徴を意識して覚えておくようにする。

◆仕事に関する上司の指示や取引先からの伝達事項などは，正確を期するために，記憶力に頼らず必ずメモを取るのが原則。

●表現力

来客を笑顔で迎えたり，すまないという気持ちを表情や態度に表して誠意のある謝罪をするなど，人と接することの多い秘書は，状況に応じて意思や感情を適切に表現する能力が求められます。

また，秘書は上司と関係者の間に立って，仕事の用件やそれぞれの意思を伝達する役割があります。それらを正確に分かりやすく伝えるためには，文章力や言葉遣いなど適切な表現技術も要求されます。

以下のことを押さえておきましょう。

◆正しい敬語を用い，感じのよい言葉遣いを心がける。

◆適切な接遇用語を用い，感じのよい表情や態度を身に付ける。

◆ビジネスの場にふさわしい用語や表現法をマスターする。

◆伝言を頼まれたときは，「誰が」「いつまでに」「何を」「どのように」などポイントを押さえて正確に分かりやすく表現するテクニックをマスターする。

◆電話の応対では，間違えやすい数字や場所，固有名詞の表現法，氏名などの正確な表記の伝え方を心得ておく。

◆文書作成では，美しく読みやすい文字が書けるように練習しておく。

●行動力

上司の補佐役となって動くことを求められる秘書は，機敏さやフットワークの軽さ*1)がなければ務まりません。来客に対する気配りや心遣いも，ぎこちない動作やテンポのない動きの中ではどこか間が抜けたものになります。手際のよい洗練された動きがあってこそ，そうした接遇も気持ちよく爽快に感じられるものです。また，行動力とは，機敏な行動や動作だけを意味するものではありません。上司の指示があればすぐに行動に移して，電話をかけたり，日程調整をしたり，会場の手配をしたりと，迅速*2)に要領よく仕事を進めていく能力も行動力です。

秘書としては，以下のことを留意しておきます。

◆きびきびとした動作，リズム感のある動作を心がける。

◆指示された仕事は，時間的余裕があっても，てきぱきと処理していく。

◆ビジネス的であり，かつ活動しやすい装いを心がける。

＊1）フットワークの軽さ＝フットワークは足さばきのこと。すぐ行動する身の軽さ。
＊2）迅速＝人の行動などが一瞬も止まることなく進行する様子。

SELF STUDY

過去問題を研究し
理解を深めよう！

POINT 出題 CHECK

「判断力」では，状況設定された中で「どうすべきか，すべきでないか」の判断が問われるので，まず，状況をよく理解することが重要。「記憶力」では「記憶力を過信せずメモを取る」を押さえておく。「行動力」に関しては，すぐ行動を起こすかどうかがポイントになる。

行動力・判断力 ①

昨夜，上司（部長）がタクシーに忘れたコートがEタクシー会社に保管されていることが分かった。上司は会議中である。

○　①課長に事情を話して，すぐ受け取りに行く。

○　②上司の机上に，コートの保管場所が分かったので今から受け取りに行く，と書いたメモを置いて取りに行く。

×　③会議が終わったら上司にEタクシーに保管してあると伝え，どうするかと尋ねる。

①②秘書としてはすぐに動く行動力が必要である。③上司のコートの保管先が分かったのであるから，この場合はすぐに取りに行くというのが秘書としての行動ということになる。会議が終わった後，上司にどうするかと尋ねても，取りに行かなければならないことに変わりはないので，尋ねるのは不適当である。秘書としての判断力が問われる。

行動力・判断力 ②

上司が外出中，取引先のT氏から電話があった。上司から頼まれていた資料ができたとのことである。T氏の会社は近くにある。

○　①T氏に，上司は外出中なのですぐに取りに行くと言って，受け取ってきておく。

×　②T氏に，上司は留守と言って，取りに行くのは上司と自分のどちらがよいか尋ねる。

①手が空いていればすぐに取りに行くのがよい。そうでなければ，「後で連絡する」などと言い，上司が戻ったときに指示を受ければよい。②取引先のT氏にとっては，誰が取りに来るかなどは関係ないことである。

❋ 行動力・判断力 ③

来訪した取引先T氏から預かっていた傘を，T氏が帰るときに返しそびれてしまった。

○　①すぐT氏の秘書に電話し，T氏の傘を預かっていることを伝え，どのようにしたらよいかを聞いてもらう。

×　②すぐT氏の秘書に電話し，傘のことは伏せ，T氏が帰社したらすぐ電話をくれるように伝えてもらう。

①こういう場合は，忘れてしまわないようにすぐに行動を起こすことが大切。②秘書に傘のことを伏せる必要はないし，わざわざT氏から電話をもらいたいと伝言するようなことではない。

❋ 判断力 ①

同僚と急ぎの仕事をしていて昼食に出るのが遅くなった。そのため遅く戻ったが，2人ともいなくなるのは困ると先輩に注意された。そのとき2人で話したことである。

○　①2人で昼食に出ることと，戻りが昼食時間を過ぎることの了承を得ればよかった。

×　②急ぐ仕事であっても昼食の時間になったのだからいったんやめて，昼食に出ればよかった。

②昼食の時間だからと仕事をやめて食事に出れば，急ぎの仕事は間に合わなくなる。食事と急ぐ仕事とどちらを優先すべきか，判断力が問われる。

❋ 判断力 ②

上司が出張中に不意の来客があった。上司の友人だという。

○　①友人ということなので，用件や連絡先などを尋ねて，上司が出社する日を教える。

×　②用件や連絡先などを尋ねて，「ファクスで上司に伝えておく」と言う。

①友人かどうかは上司でないと分からない。用件，連絡先などを尋ね，上司の出社日を教えればよい。②急ぎの用件でないので上司に連絡する必要はない。

CHALLENGE 実問題

1　難易度 ★★★☆☆

秘書Aの上司が外出中，取引先のL氏から電話があった。「上司から頼まれていた資料が出来上がった」とのことである。L氏の会社はAの会社の近くにある。次はそのときAがL氏に，「上司は外出中なので戻ったら伝える」と言った後の対応である。中から不適当と思われるものを一つ選びなさい。

1）受け取りの方法は決まっていたかと尋ねる。
2）こちらから取りに行ってもよいかと尋ねる。
3）受け取りについて後で連絡させてもらうと言う。
4）取りに行くとしたら何時ごろがよいかと尋ねる。
5）受け取りは上司が戻るまで待った方がよいかと尋ねる。

2　難易度 ★★★★☆

秘書Aの上司（部長）が外出中，取引先のS部長が，上司に仕事のことで話があると不意に訪ねてきた。上司は社外の会議に出席していて1時間後に戻る予定である。このような場合，AはS部長にどのように対応するのがよいか。次の中から不適当と思われるものを一つ選びなさい。

1）「伝言でよければ聞いておき，戻ったら伝えるがどうか」と尋ねる。
2）「戻るのは1時間後の予定だが，どのようにすればよいか」と尋ねる。
3）「社外の会議に出席しているが，急ぐなら連絡してみようか」と尋ねる。
4）「戻り次第こちらからS部長に電話をするが，それでよいか」と尋ねる。
5）「課長が在席しているので，代わりに話を聞くということではどうか」と尋ねる。

【解答・解説】1＝5）この場合，Aが資料を取りに行くか，上司が戻るのを待って指示に従うかになる。どうするかはAが上司との間で決めること。L氏に上司が戻るまで待った方がよいかと尋ねるなどは不適当ということである。
2＝3）相手は取引先の部長だから，社外の会議に出席しているなどと外出の理由を言うものではない。また，不意に訪ねてきた場合，外出していると言えば相手はそれなりに対応する。この状況で急ぐなら連絡しようかと尋ねるなどは不適当ということである。

Lesson 2 要求される人柄と身だしなみ

○○レストラン
☎○×○-○×○×-○×○×
あのレストランの電話番号をお尋ねになるはずだわ……

気を利かせるとは？

▶秘書Aの上司は取引先のK氏と電話で話しています。話の内容から，上司がよく利用しているレストランの電話番号が必要になりそうです。このようなとき，Aはどのように気を利かせたらよいのでしょうか。

対処例

指示があったらすぐに電話番号を知らせることができるように，準備をしておきましょう。

スタディ

耳に入ってくる話から必要なことを察し，それに対して準備をして，聞かれたらすぐに答えられるようにしておくぐらいが，気を利かせた対応ということになります。すぐにメモして上司の机に持っていくなどは，気の利かせ過ぎでよくありません。

望まれる人柄や性格

上司の補佐役として多くの人に接する秘書は，自分が与える印象が会社や上司の評価に影響を及ぼすということを心得ておかなければなりません。応対する秘書の人柄（ひとがら）によって，会社や上司のイメージはよくも悪くもなります。

人柄とは，人としての品格のことです。秘書は，誰に対しても謙虚で，親しみをもって接し，関係者から「爽（さわ）やかで感じのよい人」「親切で信頼できる人」と評価され，好印象を持たれるようにならなければなりません。そのためには，自分が持っている人柄や性格のよい面を磨（みが）き，欠点を克服（こくふく）していくよう努力していかなければなりません。また，いつも向上心を持ち，自ら教養を高めていこうとする心がけが大切です。人の品格は，天性のものではなく，日々積み重ねられた良識や身だしなみ，教養の高さによって形成されていくものだからです。現状に甘んじることなく，絶えず努力して「秘書として望まれる理想的な人物像」に近づくようにしたいものです。

秘書に望まれる人柄や性格としては，以下のようなものが挙げられます。

◆何事に対しても誠実である。
◆いつも明るく，快活である。
◆人と親しく接し，協調性がある。
◆誰に対しても謙虚で，慎み深い。
◆素直で，ミスや過ちを犯したらきちんとわびることができる。
◆情緒が安定していて，非常事態に直面しても平常心を保てる。
◆誰に対しても気遣いや心配りができ，よく気が利く。
◆機転＊1）が利き，行動が機敏かつ冷静である。
◆責任感が強い。口も堅く，秘密厳守を心得ている。
◆向上意欲があり，何事にも勉強熱心である。

ふさわしい身だしなみ

身だしなみとは，身の回りについての心がけのことで，人に不快な印象を与えないように，髪や衣服などの身なりを整えるとともに，礼儀作法を身に付けて言葉や態度をきちんとすることです。

秘書としては，「人に不快な印象を与えないように」という消極的な態度ではなく，誰に対してもよいイメージを与えて会社や上司の評価を上げようと努める姿勢が求められます。そのためには，身なりだけでなく，言葉遣いや態度にも気を配り，常に洗練された身だしなみを心がける必要があります。

●ビジネスの場にふさわしい身なりを心がける

人の身なりは，接する人の第一印象を決める重要な要素です。「身なりで人を判断してはいけない」とはよく言われることですが（もちろん秘書は関係者を身なりで判断してはいけません），多くの人は，身なりで判断しがちです。秘書はそのことを心得ておかねばなりません。

相手に好感を与える身なりでポイントとなるのは，清潔感や爽やかさを感じさせる，ビジネスの場にふさわしい服装や髪形，化粧です。上司の補佐役として機敏な行動が要求される秘書としては，これらに加え，機能的な要素を考慮して身

＊1）機転＝何かあったとき，すぐに事態に対処できるなど，機敏に心が働くこと。「機転が利く」などと使う。

なりを整えることが大切です。服装や髪形，化粧だけでなく，アクセサリーや靴などもこれらのことを心得て選ぶようにしましょう。

秘書は上司の関係者など地位の高い人との接触が多いことから，よく，「接する相手の地位に合わせた服装にすべき」とか「他の社員と区別するために少し華やかな方がよい」などと心得違いな考え方をする人がいますが，上司の陰の力となって働くのが秘書の仕事です。華やかではなく，むしろ目立たない服装こそ秘書にふさわしい服装といえましょう。

また，このほか，「会社のイメージに調和した服装をする」という点にも注意を払う必要があります。具体的には，配属先の直属の長である秘書課長や先輩秘書などにアドバイスしてもらうようにします。

秘書としてふさわしい身なりをするために，以下のポイントを押さえておきましょう。

◆服装……………清潔で，自分に合った活動しやすいものを選ぶ。

◆化粧……………ナチュラルメイクを心がける。ビジネスの場なのでノーメイクは不適切。

◆マニキュア………健康な爪の色に見せる程度にする。できるだけ控えめな色が好ましい。

◆アクセサリー……仕事の妨げになる大きさのものは避ける。いくつも着けるようなことは控える。

◆髪形……………お辞儀をしたとき髪が顔を覆わないように整える。長い髪は後ろにまとめる。

◆靴………………活動しやすい，中ヒール程度の高さのものが適切。

●ビジネスに不向きな装い

秘書は，どんなに流行していてもビジネスの場にふさわしくない服装や装飾品は避けるようにしなければなりません。また，カジュアルなものやスポーティーなものは避けるようにします。

以下は避けたい装いの一例です。

◆Tシャツやジーンズ，セーターなどカジュアルな服装。

◆短過ぎるミニスカートなど職場にふさわしくない服装や機能的でない服装。

◆ハイヒールやサンダル，ロングブーツなど活動的でないものやカジュアルな履物。

◆大ぶりのイヤリングや派手なネックレスなどのアクセサリー類。

●洗練された身のこなしや状況に応じた適切な態度を心得る

秘書は，誰に対しても笑顔で親しみやすく接することが第一ですが，礼儀正しさ，謙虚な態度を忘れてはいけません。親しみやすさも度を越すと，社外の人にはなおさらですが，社内の人であっても，相手に「なれなれし過ぎて無礼だ」と感じさせることもあります。礼節をわきまえ，相手の立場を意識しながら一定の節度を保つよう心がけることが大切です。

来客の接遇(せつぐう)*1) に際しては，洗練された身のこなしが自然にできるように，状況に応じたさまざまな動作をしっかり身に付けておく必要があります。乱暴な動作やぎこちないしぐさは，来客に不快感や不安感を与え，会社のイメージを悪くしてしまいます。来客の中には，感じの悪い人や高圧的な人がいますが，そうした相手にも，冷静で友好的な態度で接するようにします。そうすることによって，相手も次第に好意的な態度を取るようになっていきます。

また，来客がいないからと気を抜いてだらしない態度を取ってはいけません。どこで誰が見ているか分かりませんし，そうした気の緩(ゆる)みがミスを招いたりします。ビジネスの場では，適度な緊張感をもってきびきびした態度で仕事を処理していくことが望まれます。

●苦情や注意を受けたときの態度

秘書が特に心得ておかなければならないのが，来客や取引先から苦情を受けたときの態度です。こちらの落ち度に対しては謝(あやま)り，誠意ある態度で事後処理をしていかなければなりません。

また，上司や先輩秘書から仕事上のミスに対して注意を受けたときは，素直にわび，きちんと反省する態度を示すようにしなければなりません。

●相手を尊重した言葉遣い

秘書は言葉遣いにも注意を払わなければなりません。適切な敬語や接遇用語を使うのは当然のことですが，常に相手の立場に立って，分かりやすく正確に話すように心がけましょう。相手が不明な点を聞き返したり，よく分かっていないようなときは，面倒(めんどう)がらずに理解できるように説明しなければなりません。

また，相手の依頼を断る場合や反対意見を述べなければならない場合は，相手を傷つけないように，言葉を選んで話すよう心がけます。

*1) 接遇＝相手に満足を提供する行動。単なる接待・応接にとどまらず，好ましい人間関係を築くために，相手に最良のサービスを提供して，最大の満足を得てもらうこと。

SELF STUDY

過去問題を研究し
理解を深めよう！

POINT 出題 CHECK

秘書にふさわしい人柄や性格を問う問題では，一般的にはよいとされる性格などもマイナスになる場合があるので注意したい。（例）責任感があり，任された仕事は最後まで一人でやり遂げようとする（秘書は協調性やチームワークが大切)。身だしなみについては，服装やアクセサリーに関する問題が多く，態度については，注意を受けたときの態度や注意に対する考え方が問われる。

●次のような間違えやすい問題に注意しよう !!

- **責任感が強く……→×責任感があることはよいことだ（上記の（例）にあるように，この後に秘書に向かない性質が書かれている場合がある）**
- **率直（そっちょく）である→×率直なことはよいことだ（秘書は率直に言ってはいけないことが多い。率直と素直（すなお）とは意味が異なることに注意）**

✻ 人柄や性格

秘書に適した性格や人柄はどれか。

○　①仕事が立て込んでいても要領よくてきぱきと処理していく人。
×　②同僚にも仕事以外のことは話題にしない，公私のけじめがはっきりしている人。
×　③仕事は意欲を分かってもらうために，自分のやり方で積極的に進める人。
○　④機転が利き，どのようなことにも積極的に取り組む人。
○　⑤いつも冷静沈着で，どのような場合でも判断は客観的である。
○　⑥謙虚で世話好きであるが，差し出がましいことは一切しない。

①「要領がよい」には，表面だけはよく見せかけるが，実際は手抜きをするのがうまいという意味もあるが，秘書検定では，無駄がなく手際がよいという意味で使う。②仕事以外のことを話題にしないような人は人間関係もよくならず，秘書としては不適当。③秘書は，自分のやり方ではなく上司の指示や意向に沿って仕事をしなければならない。④機転が利く人や気遣いがある人，気が利く人が秘書の人柄として求められる。⑤主観的ではなく，常に客観的な判断ができる人が秘書としてふさわしい。⑥「差し出がましい」とは，でしゃばって口を出すことである。世話好きでありながらそういうことをしない人は秘書に適しているといえよう。

身なり

× ①上品に見えるように，小ぶりのものをいくつも着けている。

× ②爪はマニキュアをした方がよいが，その色は口紅に合わせるのがよい。

○ ③履物も含めて服装は，働きやすさで選ぶのがよいが，おしゃれの要素も取り入れるのがよい。

× ④洋服は，上着の脱ぎ着が楽なスーツがよいが，柄のある生地は避けた方がよい。

①アクセサリーは全体を引き立たせるためのポイントとして着けるもの。小ぶりであってもたくさん着けては品がなくなる。②マニキュアは爪の色を健康的に引き立たせる程度の控えめな色がよい。口紅と同色にすると派手になってしまう。③おしゃれのセンスも大切である。④柄のある生地を避ける理由はない。

注意を受けたときの態度

上司があまり仕事を指示しないので，日常的な仕事以外はしないようにしていたら，先輩に，「秘書の仕事はそういうものではない」と注意を受けた。

○ ①先輩にどういう仕事の進め方をしているのかを尋ね，その中から自分のできるものを取り入れてみるのがよい。

× ②上司から指示されたことは，きちんとやっているのだから，今まで通りでよい。

②先輩に注意されたのだから，今まで通りでよいと考えてはいけない。注意に対しては，謙虚に反省し，どのようにしたらよいか自ら考えることが大切である。

注意を受けたときのわび方

○ ①「申し訳ございませんでした。今後は気を付けます」

× ②「分かりました。これからは十分に気を付けます」

× ③「一生懸命やったのですが，申し訳ございませんでした」

①ミスを指摘されたり注意を受けたら，まず「申し訳ございませんでした」と謝らなければならない。②「分かりました」は，わびの言葉ではない。③わびるときに言い訳は不要である。

言葉遣い

○ ①上司だけでなく，同僚や他部署の人にも丁寧な言葉を使うようにする。

× ②率直さを大切に考え，自分の思ったことをその場ではっきり言える。

②率直とは，飾り気がなく思ったことをそのまま言うことである。秘書は，相手に配慮した言い方をしなければならない。

CHALLENGE 実問題

1 難易度 ★★★☆☆

次は秘書Aが，他部署の秘書について感じていることである。中から秘書の人柄として不適当と思われるものを一つ選びなさい。

1）B ―― 口が堅く面倒見がよいので，同僚や後輩などから頼りにされる人である。
2）C ―― 同僚とも仕事以外のことは話さない，公私がはっきりしている人である。
3）D ―― 仕事が立て込んでいても要領よくてきぱきと処理する，行動的な人である。
4）E ―― 服装や持ち物に流行をさりげなく取り入れている，センスのよい人である。
5）F ―― 指示された仕事は多少無理をしてでもその期日を守る，責任感のある人である。

2 難易度 ★★★★★

新人秘書Aは先輩から，秘書の身だしなみについて次のような注意を受けた。中から不適当と思われるものを一つ選びなさい。

1）洋服の色や形は，他の社員や職場の雰囲気とずれないようにすること。
2）服飾に気を使うことは大切だが，立ち居振る舞いなどにも注意すること。
3）洋服は，上着の着脱が楽にできるスーツがよいが，柄のある生地のものは避けた方がよい。
4）客に与える印象は感じのよさが大切なので，髪形や化粧などにも気を使うことが必要である。
5）服装は，靴を含めて動きやすさで選ぶのがよいが，おしゃれの要素を取り入れることも大事である。

【解答・解説】1＝2）公私がはっきりしているとは，会社での仕事と個人に関することの区別ができることだからよい。が，同僚と仕事以外の話をすることによって，お互いに意思疎通ができ仕事がしやすくなることもある。従って，仕事以外のことは話さないなどは不適当ということである。
2＝3）秘書の仕事には来客応対などがあるのでスーツが適している。また，こまごましたことで動くことがあるので，脱いだり着たりが楽にできるものがよい。生地，柄はビジネスの場に適していればよく，柄があるものは避けた方がよいということはない。

第2章

職務知識

SECTION 1 秘書の機能と役割

SECTION 2 職務上の心得と仕事の進め方

SECTION 1

秘書の機能と役割

Lesson 1 秘書の機能とさまざまな役割

自宅の電話番号
を教えてほしい
のですが……
上司の知人ということだけど……

客に上司の電話番号を聞かれて……

▶秘書Aの上司が外出中，上司の知人と名乗る不意の来客がありました。上司は外出中で今日は戻ってこないと伝えると，「上司の自宅の電話番号を教えてもらいたい」と言います。このような場合，Aはどのように対応したらよいのでしょうか。

対処例 ○△×?…

その客に，「こちらから連絡させてもらいたい」と言って，「連絡先といつ連絡したらよいか」を尋ねるようにすればよいでしょう。

スタディ

上司の知人と名乗っても，事実かどうか上司にしか分からないのですから，こちらから連絡させてもらうと言うのが一般的な応対になります。上司に確認しないと電話番号を教えることはできないので，この場合は一般的な対応をすることになります。

秘書の機能と役割の関係

秘書は，秘書の果たす機能と役割の関係についてしっかり把握しておく必要があります。機能とは「働き」とか「作用」という意味で，企業における秘書の機能は，「上司を補佐する」ということです。では，役割は何かというと，機能に基づいて行う「上司の身の回りの世話」，「日程管理」，「来客接遇」，「電話応対」などの仕事のまとまり……と理解すればよいでしょう。そして，「上司の身の回りの世話」という役割の中に，「お茶や食事の手配」，「上司の健康状態への配慮」など，細かい個々の仕事が含(ふく)まれることになります。

秘書の役割としての業務にはどのようなものがあるか，まず全体を把握しておく必要があります。

秘書の業務は，大きく定型業務と非定型業務の二つに分けることができます。

定型業務は，日常的に行う型にはまった業務なので，あまり判断に迷わずに進めていくことができます。

非定型業務は，緊急事態に対処する業務や予定外の業務などを指し，その都度上司の指示に従って対処することになります。

定型業務

定型業務には，①上司の身の回りの世話，②日程管理，③来客接遇，④電話応対，⑤会議･会合，⑥交際，⑦出張事務，⑧文書事務，⑨経理事務，⑩環境整備，⑪情報管理などがあります。

①上司の身の回りの世話

上司が仕事に専念できるように，秘書は上司の身の回りの雑務を引き受けることになります。上司の私的用事でも同様の意味から快く引き受け，他の業務と区別せずに処理します。

- **◆車の手配（上司の出社・退社時や外出時の送り迎えについては運転手とよく打ち合わせておくようにする）。**
- **◆お茶や食事の手配。**
- **◆嗜好品（しこうひん）・常備品の購入。**
- **◆上司の健康状態への配慮（常備薬の購入，定期健診の予約など）。**
- **◆上司の私的交際に関する事務（同窓会，趣味の会の連絡事務など）。**

②日程管理

上司の仕事がスムーズに運ぶように行動予定を管理します。二重予約や予約漏れがないようにチェックしたり，日程変更があれば調整したりしなければなりません。また，上司の体調や意向を尊重し，スケジュールがハードにならないように日程を組むのも秘書の腕の見せどころです。

- **◆面会予約客の取り次ぎ。**
- **◆予定表の作成記入。**
- **◆予定の変更に伴う調整。**
- **◆上司への確認。**
- **◆関係先への連絡。**

③来客接遇

来客接遇は，上司と関係者のよい関係を構築するための重要な仕事です。来客が最大の満足を得られるように，心を込めて接遇に当たります。

◆来客の受付・取り次ぎ・案内。

◆来客接待（茶菓，食事のサービスなど）。

◆上司不在中の来客応対。

◆来客の見送り。

④電話応対

電話はビジネスに欠かせない道具ですが，声だけが頼りであるため，相互に聞き違いなどを起こしがちです。上司と関係者の間に立って情報のやりとりをする秘書としては，間違いがないように情報を受け取ったり，正確に伝達したりしなければなりません。

◆上司にかかってくる電話の応対。

◆上司がかける電話の取り次ぎ。

◆上司不在中の電話応対と報告（電話があったことや伝言を報告する）。

◆問い合わせへの応対（関係者からの各種問い合わせに対する応答）。

⑤会議・会合

会議には，上司がメンバーになっている会議と，上司が主催する会議があります。上司が主催する会議に関する秘書の業務としては，事前の準備，会議直前や会議中の仕事，後片付けなどがあります。

◆会議開催の通知状の作成や送付（社内などの会議は電子メールや電話・ファクスでの通知になる場合が多い）。

◆会議に必要な資料の作成や配布。

◆会場の手配と準備（会場が社内の場合，ホテルの会議室など社外の場合がある）。

◆参加者の受付と資料配布。

◆茶菓・食事の手配と接待。

◆議事録の作成（秘書が担当しない場合は手配する）。

⑥交際

上司は交際範囲が広いため，多くの関係者の慶事や弔事などに関わることになります。秘書は，そうした上司の負担をできるだけ和らげるために，慶事や弔事に関する知識を持ち，適切な対応をしていかなければなりません。また，中元や歳暮など贈答に関する手配なども秘書の業務です。

◆冠婚葬祭に関する事務（告別式など上司の代理で出席する場合もある）。

◆中元・歳暮などの贈答品手配や事務。

⑦出張事務

国内外を問わず，上司が出張することは少なくありません。秘書は，上司が持参する資料や書類を用意したりするほか，宿泊施設や交通機関の手配をしたり，旅程表の作成などをしなければなりません。また，出発前の旅費等の仮払いや帰った後の精算等の経理事務も秘書の仕事です。

◆資料や書類などの準備（長期にわたる場合や量が多い場合は宿泊先などに送付）。

◆宿泊先や交通機関の手配。

◆旅程表の作成。

◆関係先との連絡・調整。

◆旅費関係の経理事務。

⑧文書事務

文書の受信・発信事務だけでなく，社内文書や社外文書の作成も秘書の仕事になります。目的に応じた文書を作成できるように，文書作成のノウハウをマスターしておく必要があります。

◆社内文書・社外文書の作成や清書。

◆文書の受信・発信事務。

◆文書や資料の整理と保管。

⑨経理事務

取引先の接待や会合など，日常的に上司が活動する際の経費の仮払いや精算事務も秘書の仕事です。預かった金銭を紛失したり，伝票に記入する金額を間違えたりしないように，金銭管理には十分注意を払います。

◆経費の仮払いと精算，および諸伝票の作成。

◆上司が加入している社外の団体の会費の支払いと各種催事への参加手続き。

⑩環境整備

上司や来客が快適に過ごせるように，秘書は上司の執務室や応接室を適切に管理します。

◆上司の執務室や応接室の清掃，整理整頓。

◆照明・換気・温度の調節，騒音防止への配慮。

◆備品・事務用品の整備と補充。

⑪情報管理

新聞やテレビなどマスコミへの対応のほか，上司が求める情報を収集します。

◆社内外からの情報収集と社内外への情報伝達。

◆資料の整理。

◆マスコミへの対応。

非定型業務

非定型業務には，①予定外の来客，②上司の急な出張，③上司の急病，④上司の交通事故，⑤災害，⑥盗難，⑦不法侵入，⑧その他，予定外の仕事などがあります。

①予定外の来客

社会的地位の高い上司のところには，予約なしの来客も少なくありません。予約がないからと勝手に断ったりせず，状況に応じて適切に対応します。

◆**来客に緊急度を確認する。**

◆**上司に取り次ぎ，面会するかどうかの判断を仰ぐ。上司が不在の場合は，不在を告げ，代理の者でよいか，改めてこちらから連絡するか，来客の意向を聞く。**

◆**予約なしの来客も，予約客と同じように感じのよい応対をする。**

②上司の急な出張

ビジネスの社会では，さまざまな要因で状況は常に変化しています。上司を補佐する秘書としては，いつ急な出張があっても対応できるようにしておかなければなりません。

◆**出張が決まったら，その間に入れていた予約をキャンセルして，改めてスケジュールを組み直す。**

◆**通常の出張業務を手際よく行う。**

◆**留守中の上司への用件は，緊急度・重要度などを考慮し，状況に応じた適切な処理をする。**

③上司の急病

上司が急に病気で倒れたり，入院したりしたときは，上司の代行者や秘書課長などと相談して適切な処理をしなければなりません。

◆**業務中に急病になったら上司の主治医や家族に連絡する（場合によっては応急手当てや救急車の手配をする）。**

◆**家族から急病の知らせを受けたら，上司の代行者や秘書課長に連絡する。**

◆**スケジュールの調整。上司の代行者などと相談し，上司の当面の予定をキャンセルする。**

④上司の交通事故

上司の交通事故の連絡を受けたら，事故の軽重に応じて適切に処理します。

◆**会社の担当部署にすぐ連絡する。事故の程度によっては家族に連絡する。**

◆**軽い事故なら運転手に任せる。**

◆**大事故なら顧問弁護士に連絡する。上司の代行者などと上司の日程調整を相談する。**

⑤災害

地震や火事，洪水などの災害にあったら，人命第一で行動します。状況を冷静に把握して，来客を安全な場所へ誘導するようにします。事前に災害時の対応マニュアルなどをよく読んでおき，どのように対処すればよいか確認しておくことが大切です。

- **◆来客優先の避難誘導をする。**
- **◆人命第一を心がける。**
- **◆上司（不在の場合は代行者）の指示に従って，貴重品などを持ち出す。**

⑥盗難

盗難にあったら，騒がずに上司や担当者に相談して指示に従います。

- **◆上司，総務部の担当者に連絡する。**
- **◆被害の確認をする。**
- **◆指示があれば，警察に通報する。**

⑦不法侵入

寄付の強要や嫌がらせなど，招かれざる客が押し寄せてくることがあります。そのようなときにも慌（あわ）てずに，緊急マニュアルなどに従って適切な対応をするようにします。

- **◆強引なセールスに対して適切に対処する。**
- **◆不意の陳情者（ちんじょうしゃ）に対して適切に対処する。**
- **◆脅迫（きょうはく）・暴力行為などがあった場合は，上司あるいは代行者の指示を受けるなどして警備室や警察へ通報する。**

⑧その他，予定外の仕事

定型業務の他にも，秘書は上司が指示するさまざまな仕事を処理していかなければなりません。ときには難しい仕事を指示される場合もあるでしょうが，上司の指示に従って，前向きに取り組まなければなりません。

- **◆上司が指示する予定外の仕事にも進んで取り組む。**
- **◆交通事情で上司の到着が遅れるとの連絡があれば，速やかに関係者へ連絡し，遅れることに対してわびを入れ，事情を説明する。**
- **◆苦情などに対しては，誠意をもって対処する。こちらに非があるときは，素直に謝る。**

秘書の種類

秘書は，組織の中の所属によって，あるいは上司の職種によって，さらにその担当任務によって幾つかの種類に分類することができます。

所属による分類

秘書がどこに所属しているかによって，以下のように分類することができます。

◆個人付き秘書。

秘書はどの部門にも所属せず，特定の個人の専属秘書になる。命令系統が一つなので仕事の範囲がはっきりする。欧米の企業に多い。

◆秘書課秘書。

トップマネジメント＊1）を担当する秘書。秘書課に所属し，秘書一人で複数の上司を補佐したり，チームで複数の上司を補佐する。実際には，秘書課に所属していても特定の上司を専属で担当するケースが多い。直属の上司は秘書課長になる。

◆兼務秘書。

ミドルマネジメント＊2）を担当する秘書。上司が統括する部門に所属し，部門内の業務をしながら，上司の補佐役も兼務する。

◆チーム付き秘書。

プロジェクトチーム＊3）や研究部門などの集団を担当する秘書。チーム活動をスムーズに行うためのサポート役なので，チームの責任者など特定の個人を補佐するのではなくチーム全体を補佐する。

上司の職種による分類

秘書は，企業だけでなく多くの分野で活躍しています。以下は，上司の職業別に分類した秘書のタイプの一例です。

◆公務員関係の秘書。

役職の高い公務員を補佐する秘書としては次のようなものがある。

●大臣や政府高官の秘書官。

●部局長，部課長を補佐する秘書。

●都道府県知事を補佐する秘書。

●国会議員秘書（公設秘書と私設秘書がある）。

＊1）トップマネジメント＝企業の経営者層のことで，会長，社長，副社長，専務，常務などをいう。
＊2）ミドルマネジメント＝部長，課長，支店長，工場長など中間管理職をいう。
＊3）プロジェクトチーム＝新規事業の開発や問題解決のために，必要な人材を各部門から選抜して結成した組織のこと。目的を達すれば解散する。

◆自由業や専門職の秘書。

特定の専門的職業者を補佐する秘書。これらの業種は専門的役割を担っているので，秘書にも専門的知識が求められる。専門職の秘書としては，次のようなものが挙げられる。

●弁護士秘書。

●病院の秘書。

●公認会計士や税理士などの秘書。

●作家やタレントの秘書。

◆外資系企業や大使館の秘書。

外資系企業の上級管理職や大使館に所属する秘書で，その企業や大使館の母国語または英語などの語学力，海外事情に詳しいなどの能力が求められることが多い。

●企業の日本支店長秘書。

●外交官秘書。

担当任務による分類

上司に対する補佐の仕方で以下の二つに大別されます。

◆直接補佐型秘書。

上司のブレーンとして専門知識や見識を持ち，さまざまな角度からアドバイスをしたり意見を述べたりする。また，上司に代わって関係者と面談するなど，一定の範囲内で上司の業務を代行する代行権を有している。「参謀(さんぼう)*1) 型秘書」とも呼ばれ，上司に対しても大きな影響力がある。

◆間接補佐型秘書。

上司の周辺雑務を処理したり身の回りの世話などをして間接的に上司を補佐する。「副官(ふくかん)*2) 型秘書」とも呼ぶ。

秘書検定で対象となる秘書

秘書検定で対象としている秘書は，間接補佐型の秘書です。また，所属による分類では，企業の秘書課や秘書室に所属してトップマネジメントを補佐する「秘書課秘書」，または，ミドルマネジメントを補佐する「兼務秘書」を対象としています。

*1）参謀＝事業や計画などに関する相談を受けたり，助言したりする人。
*2）副官＝司令官を助けて事務の整理などをする士官のこと。

SELF STUDY

過去問題を研究し
理解を深めよう！

POINT 出題 CHECK

試験の対象は，秘書業務全般にわたることになるが，日程管理，来客接遇，電話応対，出張事務，不意の来客への対応などに関する出題が多い。それぞれの業務に対して，秘書がやるべきことの基本を理解していれば解ける問題が多い。問題を解くポイントの一つは，「秘書が知る必要のないことを聞く」など職務範囲を超える不適切な選択肢を見つけだすことである。

日程管理

上司に電話で「出張が延びることになった」と言われて尋ねたことである。

○　①予定されているスケジュールはどのように変更するか。

×　②出張が延びた理由は何か。

○　③帰社予定の日時はいつか。

①出張が延びたのだから，その間に入っている予定をどのように変更するか，上司の意向を聞く必要がある。②出張が延びた理由を秘書が知る必要はないし，聞くことは上司の仕事に立ち入ることになるので不適当。③スケジュール変更による日程調整をするためにも，帰社日時を知らなければならない。

来客接遇

上司から「明日の昼ごろ，取引先のM部長が来訪することになった」と言われて尋ねたことである。

○　①面談の所要時間はどれくらいか。

×　②どのような用件か。

○　③昼食の用意は必要か。

①秘書は日程管理をする必要上，面談に要する時間を把握しておかねばならない。②どのような用件で来るのか，秘書が知る必要はない。③明日の昼ごろとのことなので，食事はどのようにするか気を配るのも秘書の役割である。

電話応対

内線電話を取ると「部長につないでもらいたい」ということである。声の調子からT部長らしい。

× ①「おそらくT部長からだと思いますが」と言って取り次ぐ。

○ ②T部長だと思っても，相手がT部長であることを確かめてから取り次ぐ。

①上司へ取り次ぐ電話を誰からか確認しないで取り次ぐようなことをしてはいけない。②推測はついても必ず確認して取り次ぐ。

出張事務

上司から「明後日から出張することになった」と言われて尋ねたことである。

○ ①同行者はいるのか。

× ②身の回り品として何を持っていくのか。

①秘書は，宿泊施設や交通機関を手配するのに同行者の有無を知る必要がある。②この場合の身の回り品とは，上司が出張先で必要な衣類，履物，小物類である。これらのものは，上司自身が勝手のよいものを準備して持っていく。秘書が気を回すことではない。

環境整備

客が帰った後で行ったことである。

○ ①A氏が帰った後，応接セットの椅子に座り癖がついていたので，手で払って直した。

× ②E氏が帰った後，たばこの灰が落ちていたので，上司にE氏のときは気を付けてもらいたいと頼んだ。

②たばこの灰が落ちていたのは，E氏の不注意か，E氏はそのようなことを気にしない人ということになるが，相手は客であり注意などできないことである。それを上司に，E氏のときは注意してもらいたいなど秘書の言うべきことではない。

予定外の来客

上司の出張中，見知らぬ来客から，封をしてある封筒を渡された。「これを上司に渡してもらいたい」と言われて尋ねたことである。

○ ①上司に伝えることはないか。

× ②上司とはどのような関係か。

①相手の氏名や連絡先を聞くほか，何か伝言がないかと聞くことは，秘書がすべきことである。②秘書にとっては見知らぬ客でも，上司は知っているのだろう。秘書は封筒を預かる上で必要なことを聞けばよく，上司とどのような関係かを聞いても意味がないし，知る必要もない。

スタディガイド
領域：理論編
領域：実技編
テスト

CHALLENGE 実問題

1 難易度 ★★★☆☆

秘書Aは上司から，得意先P社のH部長に面会の約束を取り付けるよう指示された。課長が同行するとのことである。次はAが，先方の担当者に電話して伝えたりしたことである。中から不適当と思われるものを一つ選びなさい。

1）上司が面会したいと言っていることを伝えた。
2）面会の目的（用件）を伝えた。
3）希望の日時を伝えてから，先方の都合を確認した。
4）そのとき課長が同行することを伝えた。
5）面会日時を復唱し，よろしくお願いすると言った。

2 難易度 ★★★☆☆

次は秘書Aが，上司のスケジュール管理で配慮していることである。中から不適当と思われるものを一つ選びなさい。

1）翌日の予定は，なるべく前日に確認しておくようにしている。
2）上司が何も言わずに外出するときは，何時ごろ戻るかを確認している。
3）外出先から帰社が遅れると連絡があったときは，次の予定を知らせている。
4）予定が立て込んでいる日は，口頭で伝えるだけでなくその日の予定表を渡している。
5）会議や面談の終了時間が予定より遅れているときは，メモでそのことを知らせている。

【解答・解説】1＝3）この場合の面会はこちらからのお願いだから，日時は相手の都合に合わせるのが基本。それを，得意先に対して，希望の日時を伝えてから都合を確認するなどは不適当ということになる。
2＝5）スケジュール管理での配慮とは予定がスムーズに進むためにすることだから，次の予定などに差し支えなければ，会議や面談が長引いても問題ないことになる。従って，終了時間が予定より遅れているだけのことをメモで知らせるなどは不適当ということである。

Lesson 2 上司と秘書の関係

私の予定表では2時になっているけど……
3時よね！

予定は2時に間違いないが……

▶秘書Aは上司から，「今日のM商事訪問は3時よね」と聞かれました。Aの手元の予定表では「2時」となっています。このような場合，Aは上司にどのように対応すればよいのでしょうか。

対処例 ○△×?…

「私の予定表では2時となっているが，3時かもしれないのですぐに確かめる」と言えばよいでしょう。

スタディ !!

秘書の予定表が基になるので，自分の予定表が2時になっていればそれを言うのは構いません。ただし，Aは秘書です。上司の言う3時を否定する言い方ではなく，2時が確実であっても確かめてみると言うのが秘書としての適切な対応になります。

上司と秘書の「機能と役割」の違い

上司と秘書はそれぞれ違った機能を有し，その機能に基づいてさまざまな役割を担っています。秘書は，上司と秘書の機能の違い，役割の違いを正確に理解しておく必要があります。

●上司の機能と役割

秘書が補佐する上司は，企業の経営者層や経営管理を行う役職者です。そして企業は，社会に物やサービスを提供することによって，より多くの利益を追求していくという目的を持っています。

企業経営に携(たずさ)わる上司は，この企業の目的を実現するために，さまざまな意思決定を行うなど，適切な経営管理をしていかなければなりません。上司の機能は，

「経営管理を遂行し，経営陣を側面から支える」ということになります。またその役割は，経営計画を策定＊1）したり，管理する組織の指揮＊2）・命令を実行して，「利潤＊3）の追求を実現する」という企業の期待に応えていくことです。

上司はその役割を果たすために，取引先との面談，会議への出席，出張，決裁書類への押印＊4），部下への指示など個々の仕事を遂行していくことになります。

●秘書の機能と役割

上司は企業の期待に応えるために，多くの重要な仕事を処理していくことになりますが，その上司にもさまざまな周辺雑務があります。上司が自分の雑務に関わっていると本来の業務に専念できなくなるので，上司の周辺雑務を担う秘書が必要とされるようになったのです。このことから分かるように，上司に仕える秘書の機能は「上司を補佐する」ということです。

そして秘書の役割は，上司の身の回りの世話，日程管理，電話応対，来客接遇など上司の周辺雑務を適切に処理して，上司の期待に応えていくことです。

●上司と秘書の仕事上の関係

上司が本来の業務に専念できるように，上司の周辺雑務を代行して上司を補佐するのが秘書の基本的な機能です。従って，取引先との面談や会議への出席，決裁書類への押印など，上司本来の仕事を秘書が代行するなどということはありません。秘書は，上司のために面談の予約をしたり，上司が効率よく行動できるように日程管理をしたり，上司が関係者と好ましい人間関係を築くための接遇をするなど，あくまでも裏方に徹し，上司の周辺雑務の仕事に専念しなければなりません。上司と秘書の機能や役割の違いをよく認識し，秘書としての立場を忘れないようにして上司を補佐していくことが大切です。

また，秘書課に所属し，直属の上司として秘書課長がいても，まずは秘書として就いた上司の指示・命令に従わなくてはいけません。

秘書の機能・役割・個々の仕事の関係

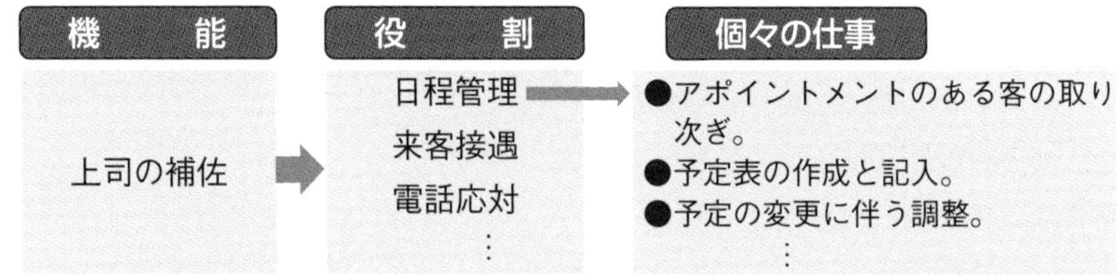

＊1）策定＝政策などを考えて決定すること。
＊2）指揮＝役割に応じた働きをさせるように，全体を把握しながら指示すること。
＊3）利潤＝利益，もうけのことで，利潤追求は企業の最大の目的である。
＊4）押印＝印鑑を押すこと。

秘書の職務範囲を心得る

秘書は，秘書の機能や役割をよく心得ておき，自分の職務範囲を超えて上司の職務範囲に踏み込まないようにしなければなりません。

●職務の範囲と範囲外を知る

秘書は，秘書としての職責を果たすために必要なことと，関与してはならないことの区別をはっきりと心得ておかなければなりません。

例えば，上司が「ちょっと出かけてくる」と言って部屋を出ようとしたときに，行き先を聞くようなことはしてはいけないことです。上司は隠密（おんみつ）*1）に人と会うつもりかもしれないからです。もちろん言っても差し支えない相手かもしれませんが，それでもいちいち秘書に言う必要はないのです。必要とあれば上司は秘書に行き先を告げるはずです。このような場合，秘書が聞かなければならないのは，上司の帰社時間です。なぜなら，上司の日程管理は秘書の仕事であり，上司の上役や取引先から問い合わせがあったときに何時ごろ戻るか答える必要があるからです。秘書としては，行き先を聞かなくても，帰社時間さえ承知していれば，「上司は外出しているが，○時○分ごろには戻る予定だ」と話すことで自分の職責を果たすことができます。また，上司に用事がある関係者も，上司が何時に戻るかは知りたくても，行き先まで知る必要はありません。ちなみに，上司の行き先は社外の人には言ってはいけないことです。

以上のようなことを理解し，秘書は「自分の職務範囲」とそれを超えて「関与してはならないこと」を心得ておく必要があります。

●勝手な判断で職務範囲を超えない

自分では気を利かせたつもりでも，それが職務範囲を超えた行為になることがよくあります。例えば，「上司が出張中，上司宛てに贈り物が届いたので先方に電話で礼を言った」り，「取引先への同行を頼んできた上司の部下に，その日は上司が休みを取る予定だから別の日にするよう頼んだ」りすることです。その贈り物は受け取ってよいものかどうか上司でないと分かりません。仮に受け取ってよいものであっても，上司の代わりに秘書が電話で礼を言うのは失礼に当たることです。また，取引先の訪問が決まったら，上司は休みよりもそちらを優先するかもしれません。いずれにしても，これらは秘書が判断するのではなく，上司が判断して，秘書に指示することです。職務範囲を超えるような行為は慎まなければなりません。

*1）隠密＝人に知られないように，ひそかに行うこと。

上司を理解し，良好な関係を築く

上司と秘書の人間関係で，基礎となるのは尊敬と信頼です。ビジネス上での豊富な知識や経験があるというだけでなく，人生でもさまざまな経験を積んできた上司は，それなりの誇りと自信を持っています。秘書は尊敬をもって上司に接するようにしなければいけません。また，仕事をスムーズに進めていくためには，秘書は上司から信頼されていなければなりません。信頼が薄いと，上司は秘書に任せた仕事を何度もチェックしなければならなくなります。そうなると，仕事がはかどらないだけでなく，上司を煩(わずら)わせることになってしまいます。

上司の信頼を得る

上司の信頼を得るには，指示された仕事を期限内に正確に仕上げて上司の期待に応えるなど，日ごろから実績を積み重ねていかなければなりません。上司の身の回りの世話では気遣いや気配りを心がけ，仕事は上司の意向に沿って忠実に遂行するなど，日々の努力が評価につながるのです。

上司との間に良好な関係を築くためには，次のようなことにも留意します。

- ◆**あくまでも仕事を中心とした関係を心がける。**
- ◆**上司の人間性や考え方を理解するように努める。**
- ◆**上司の私的行動を探ったり，私事に深く立ち入らないようにする。**
- ◆**上司の職務範囲に踏み込まない。**
- ◆**上司の個人情報やプライベート事項を他言しない。**
- ◆**職務上知った企業機密を漏らさない。**

上司に関する基本的なことを知る

上司を理解するためには，上司に関する基本的なことを把握しておくことが大切です。以下は，秘書が上司について把握しておくべき項目です。

◆**仕事関係。**

主な仕事内容や職務権限。関係する社外の所属団体や上司の役職。親しくしている取引先の関係者。親しくしている知人，友人などを含む上司の人脈。

◆**生活環境。**

住所や自宅の電話番号，携帯電話番号。利用駅。家族構成。

◆**人物特性。**

性格や人柄。趣味や好きなスポーツ。生活信条。食事や飲み物の好み。持病を含む健康状態。

SELF STUDY

過去問題を研究し
理解を深めよう！

POINT 出題 CHECK

秘書の職務範囲を超える行為について問う出題が圧倒的に多い。上司が判断して秘書に指示すべきことを，秘書が勝手に解釈して職務範囲外の行為をするケースや秘書が関与すべきでないことに口を出すケースなどがよく出題される。また，上司をよりよく補佐するために，秘書が上司について知っておくべき項目に関しては，基本を押さえておけばそれほど難しくはない。

❋職務範囲を超える

上司が外出中，「臨時部長会を明日開くので上司の予定を教えてほしい」と部長会の担当者に言われた。

× ①「今のところ何も予定が入っていないので，そちらの決めた時刻に従う」と言う。

× ②「臨時部長会を開く理由は何か」と尋ね，それによって上司の明日の予定を話す。

①上司が外出中に予定を入れるかもしれない。秘書が勝手に判断して決めてはいけない。②臨時部長会を開く理由を秘書が聞くべきことではない。

❋上司を知る

上司をよりよく補佐するために知っておいた方がよいこと。

○ ①嗜好品（酒・たばこなど）について。

× ②加入している保険について。

○ ③かかりつけの医者と持病。

× ④過去にあった社内のうわさ。

○ ⑤気心の通じている社内の人。

②上司が加入している保険について知っても上司をよりよく補佐することはできない。④過去のうわさを知ったところで，補佐するための何の役にも立たない。

CHALLENGE 実問題

1 難易度 ★★☆☆☆

部長秘書Aが内線電話を取ると本部長からで，「部長はすぐ私のところに来られるだろうか」と尋ねられた。部長は自席で書類に目を通している。このような場合，Aはどのように応答するのがよいか。次の中から不適当と思われるものを一つ選びなさい。

1）「確認いたしますので，お待ちいただけますか」
2）「はい，すぐに伺えますので少々お待ちくださいませ」
3）「少々お待ちくださいませ。すぐに聞いてまいります」
4）「部長にお伝えいたしますので，少々お待ち願えますか」
5）「部長は席にいらっしゃいますので，ただ今代わります」

2 難易度 ★★★★☆

秘書Aの上司（部長）は，「私用で外出する。3時ごろに戻る」と言って出かけている。次はそのときのAの対応である。中から不適当と思われるものを一つ選びなさい。

1）上司の家族からの電話に，「3時ごろ戻る予定だが，戻ってから折り返すのでよいか」と尋ねた。
2）上司に聞きたいことがあると言ってきた課長に，「3時ごろ戻るので戻ったら知らせる」と言った。
3）上司に相談事があると言ってきた他部署の部長に，「私用で3時ごろまで外出している。戻ったら連絡する」と言った。
4）上司に尋ねたいことがあるという取引先からの電話に，「上司は外出している。課長ならいるがどうするか」と尋ねた。
5）業界団体から，次回の会議の後に懇親会を行うことになったが出席できるかとの電話に，「返事はいつまでにすればよいか」と聞いておいた。

【解答・解説】1＝2）本部長は上司の都合を尋ねているのである。たとえ自席にいたとしても，すぐに上司が行けるかどうかは聞いてみないと分からない。それを，上司に尋ねずにすぐに伺えると返事をするなどは不適当ということである。
2＝3）他部署の部長が上司に相談事があるというのだから，戻る時間と戻ったら連絡すると言えばよいこと。それを「私用で」と仕事には関係のない理由をわざわざ言ったのが不適当ということである。

SECTION 2

職務上の心得と仕事の進め方

Lesson 1 職務上の心得

CASE STUDY
あなたならどうする？

机の上の書類は片付けた方がいいのかしら……

机の上に広げられたままの書類……

▶秘書Aの上司は，書類に目を通していたところ，急に常務から呼び出され，出て行きました。机の上には目を通しかけの書類が広げられたままです。上司は15分後に取引先へ外出する予定になっているので，戻ってきても書類を読む時間はありません。このような場合，Aはどのように対処すればよいのでしょうか。

対処例 ○△×?…

書類はそのままにしておき，上司が戻ってきたときに時間がないようだったら，「片付けましょうか」と尋ねるようにすればよいでしょう。

スタディ !!

この場合，戻ってきて書類を読む時間はないにしても，戻ってくることは分かっています。戻ってきてから，どのようにするのか尋ねても遅くはありません。仕事中の上司の机の上は，指示がない限り，そのままにしておくのが原則です。

職務遂行上の心構え

秘書が職務範囲を超える行為をしてはいけないことは，前のSECTION 1で述べましたが，それ以外にも職務を遂行する上での心構えがあります。

●定型業務は自分の判断で進める

日常的に行う定型業務は，事前に上司と相談してどのように進めるか決めておくので，その都度上司の指示を受けたり，許可を求める必要はありません。決まり切っている日常業務に関して，いちいち上司に伺いを立てれば，上司を煩わせることになります。また，何でも上司の指示を待って行うようでは，秘書としてよい補佐をしているとはいえません。しておいた方がよいと思ったら，進んで仕事を処理するようにしなければいけません。しかし，判断に迷った場合は上司に判断を求めるようにします。

また，定型業務でも次のようなケースは秘書が勝手に判断してはいけないことです。

◆上司に面会の申し込みがあったとき。

◆日程変更によるスケジュール調整。

●非定型業務は上司の指示や判断を求める

予約のない来客があったときは，「上司が予約客と面談中」とか「上司が忙しくしている」などの理由があっても，秘書が勝手に判断して，断ったりしてはいけません。必ず上司に取り次いで，どのようにするか判断を仰ぐようにします。このほか，緊急事態に直面したときは，上司に報告し指示を受けます。

●上司不在時（連絡が取れない場合）の対応

出張や外出などで上司が不在のとき，上司の判断が必要な場合は，上司の代行者（通常は上司のすぐ下の役職者）か秘書課長に相談して指示を受けます。

●仕事を軽視したり，後回しにしたりしない

雑務だからといって，いいかげんな気持ちで処理したり，手を抜いたりしてはいけません。コピーを取ってホチキス（ステープラ）でとじる仕事でも，仕事を軽視している人はコピーをゆがんで取ったり，とじた紙の端がふぞろいだったりします。つまり，仕事が雑なのです。そうした姿勢で仕事をしていると，何をやっても満足な仕事はできません。

また，嫌な仕事や自信がない仕事を後回しにしてはいけません。仕事は手順に沿って進めていくのが基本。仕事の優先順位は，緊急性や重要性を考慮して決めなければなりません。仕事の好き嫌いで優先順位を決めるようでは仕事に取り組む姿勢が問われます。

●憶測に基づいて仕事を進めない

憶測とは，想像に基づくいいかげんな推測のことです。上司の指示や意向を確認することなく，漠然（ばくぜん）と「こういうことだろう」と推測しながら仕事を進めていくと，上司の意図したこととずれたり，見当違いな結果を招きかねません。憶測ではなく，正確な指示や意図を確認して仕事に取りかかるようにしなければいけません。

職務上の基本的な心得

秘書業務をスムーズに遂行していくためには，以下のような職務上の心得を身に付けておくことが大切です。

●会社や上司の評価を落とすようなことはしない

意図して会社や上司のイメージを悪くするようなことを言わなくても，ついうっかり話してしまうことがあるので注意しましょう。例えば，取引先を訪問している上司を電話口に呼び出してもらうとき，「事故が発生したので至急連絡を取りたい」などと言うことです。事故が発生したことは，会社にとって信用を落とすことで，外部に出したくない情報です。上司を呼び出すときに，わざわざそうしたことを言わなくても「急用ができたので」と言えば済むことです。

●相手に自分の仕事を押し付けない

秘書として自分がすべきことを，相手に押し付けるようなことをしてはいけません。例えば，上司の留守中に受けた取引先からの電話の伝言に対して，「複雑な内容なので直接上司に話してほしい」と依頼するとか，上司の出張中，社内の関係部署から「秘」扱い文書を手渡されたとき「上司は明日帰社するから，明日改めて持参してほしい」と頼むことなどです。どのような複雑な内容でも，上司への伝言を聞いて伝えるのは秘書の役目です。また，「秘」扱い文書でも上司が不在時は，秘書が預からなければなりません。

●面談中の上司への伝言は，メモでする

上司が取引先の来客と面談しているときに，上司あてに入った緊急電話などの取り次ぎは，口頭ではなくメモで行います。小声であっても口頭でしてはいけません。話が中断されるだけでなく，来客に聞かれたら困る場合もあるからです。応接室に入るときは「失礼します」とあいさつして入りますが，渡すときは黙って差し出します。上司から指示を受けたら，「かしこまりました」と返事をします。この際，復唱は不要です。

面談中だけでなく，電話中，会議中の伝言や取り次ぎはメモで行うようにします。また，上司だけでなく面談中の来客への電話の取り次ぎも同じことです。

●上司の出張先や外出先は外部の人に話さない

上司が不在中に，不意の客が訪ねてきたり，電話があったりしますが，その際，上司の行き先を告げてはいけません。上司の行き先は機密事項と心得，外部の人には軽々しく話さないようにします。「急いで連絡を取りたい」とか「直接話したい」といった相手の要望に応じて，うっかり行き先やその電話番号を教えてしまわないように気を付けましょう。

SELF STUDY

過去問題を研究し
理解を深めよう！

POINT 出題 CHECK

職務上の心得は，電話応対や来客接遇などそれぞれの分野でも出題されるが，ここでは，その分野に入らない基本的な心得が出題される。

✻ 自分の仕事を押し付ける

上司の外出中，S商事のWと名乗る人から電話を受け，上司が戻ったら電話をもらいたいとの伝言を受けた。上司はW氏を知らないと言う。

× ①W氏は電話をもらいたいと言っていたので，とにかく電話してみてもらえないかと言う。

○ ②自分がW氏に電話して，どのような用件か確認してみるということではどうかと尋ねる。

①上司が知らない人に，用件も分からないのに電話をするわけにはいかない。それを電話するように言うのは不適当。②このような場合は，秘書がW氏に電話して用件を確認する必要がある。

✻ 伝言メモ

応接室で来客と面談中の上司に伝言メモを渡すときの注意。

× ①上司からメモについての指示を受けたら，間違いがないように復唱するのがよい。

○ ②メモに対する上司の質問には，来客に聞かれて差し支えないことでも，小声で答えるのがよい。

①面談中の指示に対しては復唱せず「かしこまりました」と言えばよい。②質問には口頭で答えることになるが，小声で話すのがマナーである。

✻ 上司の行き先

上司が外出中，取引先から「相談したいことができたので今日中に連絡を取りたい」という電話が入った。

× ①上司の外出先の電話番号を教え，「直接電話してもらいたい」と言う。

①外出先の電話番号を教えてはならないし，「直接電話してほしい」と自分の仕事を相手に押し付けてはいけない。

CHALLENGE 実問題

1 難易度 ★★☆☆☆

秘書Aは，上司から急いで指示を受けなくてはならないことができたが，上司は応接室で来客と面談中である。そこでAは，応接室でメモを見せて指示を受けることにした。次はそのときAが順に行ったことである。中から不適当と思われるものを一つ選びなさい。

1）応接室に入るとき，小声で「失礼いたします」と言った。
2）上司は話の最中だったので，メモを渡すとき軽くお辞儀をして黙って渡した。
3）メモを渡した後，「すぐにご指示をお願いします」と言って待った。
4）上司から質問されたので，小声で答えた。
5）上司からの指示は短い簡単な内容だったので，復唱はしなかった。

2 難易度 ★★★☆☆

次は秘書Aが，上司宛ての手紙を渡すときに行ったことである。中から不適当と思われるものを一つ選びなさい。

1）送られてくるのを上司から聞いていた書類だったので，そのことを言いながら渡した。
2）文書で問い合わせたことに対する回答状だったので，こちらから出した文書の控えを付けた。
3）同封されていた資料の文字が小さかったので，上司に断って拡大コピーしたものと差し替えた。
4）会合の案内だったが開催日付と曜日が食い違っていたので，そのことを上司に伝えて先方に聞いてみたらどうかと言った。
5）出欠の返信はがきが同封されていたが先約があったので，そのことを書いたメモと一緒に渡し，どのように調整すればよいかと尋ねた。

【解答・解説】1＝3）上司はAのメモを見れば，急いで指示を仰ぎたいことがあって来たのだと分かるはずである。従って，面談中の上司に，指示を促すような言い方をするのは不適当ということである。
2＝4）案内状の開催日付と曜日が食い違っていたら，Aが先方に確認してから上司に渡すのが，このような場合の仕事の仕方。それを，上司に聞くよう言うなどは不適当ということである。

Lesson 2 仕事の進め方の要領

打ち合わせ中に急ぎの電話が!!

秘書Aの上司(営業部長)は，執務室で部下と打ち合わせ中です。そこへ常務から，「取引先のことで急いで部長に確認したいことがある」という内線電話が入りました。このような場合，Aは常務にどのように対処すればよいのでしょうか。

対処例 ○△×?…

「部長は打ち合わせ中だが，急ぐのならすぐに尋ねてみる」と話せばよいでしょう。

スタディ

常務は，急いで確認したいことがあると言っています。上司は執務室で打ち合わせ中ですが，相手は部下なので，途中で用件を入れて中断したとしても差し支えるようなことはありません。従って，急ぐなら尋ねてみるというのが適当な対応です。

仕事の進め方の要領

秘書の仕事の守備範囲は広く，仕事のやり方もさまざまなケースに合わせて対応していく必要がありますが，仕事を進めるときは，以下のような基本を押さえておくようにしましょう。

●提案して許可を求める

決められた時刻までに仕事を処理しなければならないことがあります。複数の仕事をすると時間内に間に合わないと判断したときは，上司に相談して指示を得ますが，何の手だても考えずに「どうすればよいか」と尋ねるのではなく，状況に合わせた適切な方法を提案して上司に許可を求めるようにします。

例えば，「同僚に手伝ってもらってもよいか」，「残業して仕上げてよいか」，「明日夕方使うとのことだが，早朝出勤をして明日の午前中に仕上げておけば間に合うか」などと具体的な方法を提案して，許可を得るのです。

このように，自(みずか)ら状況に応じたやり方を考えて許可を求めるようにすると，仕事も計画的に進めることができますし，上司もいろいろ検討する煩わしさから開放されることになります。

●使いの要領

秘書は，取引先や社内の他部署の上役に書類を届けたりすることがよくあります。上司に使いを指示された場合，他の仕事に支障がなければすぐ行くようにしますが，そのとき，先方に何か伝言することはないか必ず尋ねるようにします。書類の補足説明が必要な場合もあるからで，上司もそれをうっかり忘れることがあるからです。

先方に書類を渡して，伝言を伝えたら，今度は先方に伝言がないかを確かめます。使いから戻ったら，上司に書類を届けたことと伝言を伝えたことを報告し，先方からの伝言があれば伝えます。何かのトラブルで戻る時間が予定より遅れたら，遅くなったことをわびるようにしましょう。

戻ったときに上司が面談中などの場合，先方の伝言が急ぎであればすぐメモで知らせますが，そうでないときには面談の相手が帰ってから報告します。

●面談中の急用電話を処理する

上司が面談中に急用の電話が入った場合は，面談の相手が社内の者か社外の人かによって，処理の仕方が違います。上司が取引先と面談しているときに，急用が入った場合は，面談中であることと終了するおおよその時間を告げ，それまで待てないようだったら，メモで取り次ぎ，上司の指示を受けます。

上司が部下などと打ち合わせをしている場合は，急用の電話が入っていることを伝えます。

●手伝いの要領

先輩や同僚に手伝ってもらうときは，まず上司に話して了承を得るようにし，上司の許可を得ていることを話して依頼するようにします。

また，上司が出張中などで手が空いているときに，1時間ほどの手伝いを頼まれたらこちらも快く引き受けます。「上司が出張中で許可が得られないから」などと断るのは不適切です。上司が在社しているときは，上司に手伝うことの了承を得ますが，不在の時は，その程度の手伝いにわざわざ許可を求める必要はありません。

ミスに対する処理

社内の担当者が作成した回覧資料などでミスを見つけたとき，それが文字の変換ミスなど，明らかな間違いだった場合は，黙って修正して上司に渡すようにします。また，上司が作成した文書や資料の間違いに関しては，固有名詞の間違いなど明らかな誤字以外は，上司に確認してから直すようにします。

取引先に対して見本品や資料などの送付ミスがあった場合は，上司の指示でしたことであっても，まず迷惑をかけたことをわびます。その後，先方の要望を聞き，上司に相談してできるだけ希望に沿うようにしたいと伝えます。上司には苦情の件を伝え，その後どのようにするか指示を受けます。

効率的な仕事の進め方

企業経営では，いかに効率的に仕事を進めていくかということが重要な問題になります。秘書も，企業の一員として，効率的な仕事の進め方を実践(じっせん)していかなければなりません。

優先順位を決めて計画的に進める

仕事は，指示された順に進めるのではなく，緊急性の高いものから優先順位を付けて進めていくことが原則です。これまで進めてきた仕事が仕上がっていなくても，それより急ぎの仕事が入った場合は，前の仕事を中断して急ぎの仕事に取りかかります。

一定期間に複数の仕事を抱えるような場合は，期限が迫っている仕事，集中してやらないとできない仕事，手隙のときに断続的にできる仕事，時間的余裕がある仕事など，仕事の性質を考慮して優先順位を決め，計画的に時間配分をしていくと効率的に仕事を進めていくことができます。

優先順位に迷う場合は，独断で決めず上司に相談して指示を得るようにします。また，仕事を効率的に進めるために以下のようなことに留意します。

◆日ごろから，それぞれの仕事の所要時間の目安を把握しておく。仕事時間の記録を取っておくようにするとよい。

◆これまでの経験から，引き受けた仕事のおおよその時間を推測する。所要時間は推測した時間より多めに見積っておく。

◆印刷資料の封筒入れなど，同僚と手分けして作業した方が効率的だと思われる場合は，上司に相談して了承を得ておく。

空き時間を有効活用する

上司が長期出張したときは，比較的時間の余裕が生まれます。このような空き時間ができたら，忙しいときには手を付けられなかった次のような仕事を処理するようにします。

- ◆名刺や人名カード類の整理。
- ◆電話番号簿・住所録・名簿などの整理。
- ◆資料の作成や整理。
- ◆新聞・雑誌の切り抜きとスクラップ。

●仕事を標準化する

以下のように仕事を標準化＊1）すると，時間の短縮になるだけでなく，仕事の漏れもなくなり仕事の効率や確実性が高まります。

◆繰り返し使う文書はフォーム化する。

コンピューターを使って文書作成する場合は，まず基本となる形式を作成して保存しておく。必要なときにその基本文書を呼び出し，部分的に手を加えて完成させれば早く簡単にできるので，仕事の効率化を図ることができる。

◆出社後，退社前の仕事の標準化を図る。

出社直後や退社前に実施する項目を書き出し，チェックリストを作成しておくと，仕事の効率化が図れるだけでなく確認事項の漏れも防ぐことができる。

退社時のチェックリスト
①予定表を参照し，明日の仕事の段取りを考える。
②机上の整理，部屋と応接室を片付ける。
③上司の忘れ物がないかチェックする。
④キャビネット，ロッカー，金庫などに施錠（せじょう）する。
⑤パソコンやコピー機などのスイッチを切る。
⑥帰りに投函する郵便物を用意する。
⑦火の点検と戸締まりをする。

◆出張事務の標準化を図る。

上司が出張する際には，宿泊・交通機関の手配，旅程表の作成，旅費等の仮払いや精算など細かな仕事があるので，事前・事後にやるべき仕事の手順を列挙してチェックリストやフォーマットを作成しておくと効率化が図れる。

＊1）標準化＝ここでは，仕事の手順や方法を一定の方式や形式に定めること。文書をフォーム化したり，仕事の手順をマニュアル化したりすることも仕事を標準化する一例である。

SELF STUDY

過去問題を研究し
理解を深めよう！

POINT 出題 CHECK

「仕事の進め方の要領」に関する出題が多く，「効率的な仕事の進め方」については出題が少ない。仕事の進め方の要領に関する問題では，提案して許可を求める問題，使いや手伝いに関する問題，面談中の急用電話，ミスに関する問題などが均等に出題されている。

提案して許可を求める

2時までにパソコンで原稿作成するように指示されたが，量が多くてできないかもしれない。

○　①上司に「自分一人ではできそうもないので，課内の手の空いている人に手伝ってもらってよいか」と尋ねる。

×　②とにかく急いで仕事に取りかかり，2時近くになってから，あとどのくらい残っているかを上司に報告する。

①時間までに間に合わせる手だてを提案していてよい。②2時までに必要なのに，2時近くになって残りを報告しても意味がない。どのようにすればできるかを考えて対応しなくてはならない。

使いの要領

上司から「F部長に返してきてもらいたい，K企画に関する『秘』扱い文書だ」と封筒に入った資料を渡された。

×　①「届けたら，受け取ったとF部長から電話してもらおうか」と言う。

○　②「すぐ返しに行くが，F部長に伝えておくことはあるか」と尋ねる。

×　③「今から返しに行くと，F部長に伝えておいてもらえないか」と言う。

①F部長に対して秘書がお願いすべきことではない。F部長に届けたことは秘書が報告することである。②F部長に返すように言われたのだから，すぐに返しに行くのが秘書の仕事である。また，このとき，何か伝言はないかと確認をするのが，秘書の気配りである。③秘書が上司に頼むようなことではない。

手伝いの要領 ①

取引先P社に書類を届けることになったが，これからだと，今日中に作成するように言われている会議資料ができない。そこで上司の了解を得て，同僚に会議資料作成を頼むことにし，次のことを伝えた。

○　①帰社予定時間。

×　②P社に届ける書類名。

○　③上司の了解を得ていること。

①帰社したら自分も一緒に仕事をすることになるので，何時に帰るかは伝えなければならない。②同僚に届ける書類名を伝えても意味がない。③頼むときは上司の了解を得ていることを伝える。

手伝いの要領 ②

秘書Aの上司（販売部長）が出張中，他部署の秘書Bが「30分後の会議資料の準備をしているが，間に合いそうもない。手伝ってもらえるか」とAに頼みにきた。

×　①後でBから販売部長に話しておいてもらいたいと言って手伝う。

×　②後で販売部長に，Aが手伝ったとBの上司から話しておいてもらいたいと言う。

○　③すぐ終わる仕事だし，上司は出張中なので手伝うことは構わないと言う。

①，②この程度のことは2人の間で行えばよく，それぞれの上司に言う必要はない。

ミスに対する処理

上司のところに回ってきた回覧資料を見ると，作成者のパソコン上の変換ミスと思われる明らかな誤字があった。

×　①上司に，誤字があるがそのまま渡してよいか尋ねるのがよい。

×　②上司宛ての回覧資料なのだから，そのまま渡しておくのがよい。

×　③上司に渡した後，資料作成者に誤字があったので注意してもらいたいと言うのがよい。

○　④明らかな誤字なのだから，黙って直してから上司に渡すのがよい。

①明らかな誤字があるのにそのまま渡してよいかなどと上司に尋ねるようなことではない。②明らかな誤字に気付いたのに，そのまま渡すのは気が利かない。③資料作成者に言うほどのことではない。

スタディガイド
領域：理論編
領域：実技編
テスト

CHALLENGE 実問題

1 難易度 ★★★☆☆

秘書Aは急用ができて早退することになった。そこで，今日するはずだった仕事のうち，次の仕事を同僚に頼むことにした。中から不適当と思われるものを一つ選びなさい。

1）来週の出張の交通手配。
2）来訪予定の上司の友人の応対。
3）明日の会議資料のコピーとセット。
4）たまっている資料のファイリング。
5）面談申し込みをしたT社からの電話への応対。

2 難易度 ★★★☆☆

秘書Aは上司から分厚い資料を渡され，4時ごろまでに印が付けてある部分を集めて一つの資料にしてもらいたいと言われた。パソコンで作成することになるが4時では間に合いそうもない。このような場合，Aは上司にどのように対応するのがよいか。次の中から不適当と思われるものを一つ選びなさい。

1）同僚に手伝ってもらえば時間までにできそうだがそれでよいか，と尋ねる。
2）できるところまでやってみて4時ごろいったん報告する，と言って取りかかる。
3）できるだけのことはするが時間を少し延ばしてもらうことはできないか，と尋ねる。
4）二人でやれば確実に間に合うが手伝ってもらう場合は誰に頼めばよいか，と尋ねる。
5）すぐに始めるが進み具合によっては同僚に頼むかもしれない，と断ってから取りかかる。

【解答・解説】1＝4）このような場合，同僚に頼むのは急ぎの仕事だけにしないといけない。たまっている資料のファイリングは，時間があるときにしようと後回しにしていた仕事。急ぎの仕事ではないので不適当ということである。
2＝2）4時では間に合いそうもないことを指示されたのだから，時間までにできるよう準備して取りかかるのがよい。2）の対応では間に合わず，指示に従った仕事の仕方になっていないので不適当ということである。

第3章

一般知識

SECTION 1 企業の基礎知識

SECTION 2 社会常識

SECTION 1

企業の基礎知識

Lesson 1 企業の形態と組織

CASE
STUDY
あなたなら
どうする？

○○株式会社
代表取締役副社長
代表取締役って
社長のことじゃ
ないの？……

副社長が代表取締役って変ですね!?

▶秘書Aは，後輩Dから「受け取った名刺に代表取締役副社長というのがあったが，代表取締役とは社長のことではないのか」という質問を受けました。どのように説明すればよいのでしょうか。

対処例 ○△×?…

「会社の代表権を持っている取締役を代表取締役といって，通常社長がなる。法律上は代表取締役の人数を制限していないので，大きい会社などでは，副社長も代表権を持つ場合がある」と説明すればよいでしょう。

スタディ 💡!!

代表取締役とは，取締役の中から取締役会で選任される会社の代表者，つまり会社の代表権を有する取締役のことです。社長，専務，常務などは会社の組織上の名称で，法律上の呼称ではありませんが，代表取締役は法律で定められた地位です。通常は社長が代表取締役になりますが，人数の制限がないので，社長のほか会長や副社長などが代表取締役に就任しているというケースもよく見られます。

企業の形態

生産や販売，あるいはサービスの提供を行い，利益の追求を目的として継続的に事業を経営する個人または組織体を企業といいます。

経済活動をしている企業の形態はいろいろありますが，大きく「公企業」と「私企業」に分けることができます。公企業とは，国や地方公共団体が経営する企業のことで，私企業とは，民間が経営する企業のことです。このほか第三セクターと呼ばれる企業がありますが，これは国や地方公共団体と民間が共同出資した企業のことです。

しかし，企業の多くは私企業で，社会の経済活動の主流となっています。そして私企業で圧倒的に多いのが会社企業です。

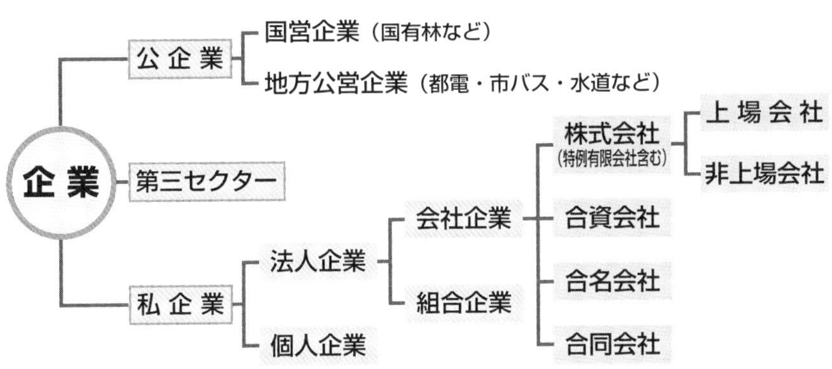

会社の種類

会社には，株式会社，合同会社，合資会社，合名会社の4種類があります。しかし，平成18年に会社法が施行され，かつての有限会社が株式会社（商号には「有限会社」を用いる）として存続するようになったため，日本の会社のほとんどが株式会社になりました。また合同会社は，会社法で新しく設けられた制度ですが，経営の自由度が高いとされているので，今後次第に増加していくでしょう。

●出資者の責任範囲

会社に出資した人の責任範囲には，「有限責任」と「無限責任」があります。

有限責任とは，会社にどんなに負債＊1）があって倒産＊2）しても，出資者は出資した分だけの責任を負えばよい，つまり出資した分を放棄＊3）すればそれ以上の金銭は支払う必要がないというものです。

無限責任とは，会社の負債を会社の財産で払いきれない場合は，出資者が個人の財産で返済しなければならないというものです。

＊1）負債＝借金のこと。
＊2）倒産＝経営が行き詰まり，会社がつぶれること。
＊3）放棄＝投げ捨ててしまうこと。

●会社の種類と特徴

会社の種類と特徴は以下の通りです。

◆株式会社。

不特定多数の出資者（株主）で組織される会社で，上場企業と非上場企業に分けることができる。上場企業とは，証券取引所で株式の取引（売買）ができる企業のこと。出資者である株主は有限責任。会社法の施行により旧有限会社は，特例有限会社として存続する（会社法上は株式会社）が，商号（会社の名称）には「有限会社」の文字を入れなければならない。

◆合資会社。

出資とともに会社の業務執行に当たる一人以上の無限責任社員と，出資のみを行い業務執行には参加しない一人以上の有限責任社員とからなる会社。

◆合名会社。

二人以上の出資者によって構成される会社で，社員（出資者）は連帯して無限責任を負うとともに，業務執行（しっこう）＊1）に参加する。これまで社員が1名になった場合は解散するものと規定されていたが，会社法によって1名でも存続できるようになった。家族や親戚など近親者が出資者になるケースが多い。

◆合同会社。

会社法によって新設された会社制度で，有限責任社員一人以上で構成される会社。利益や権限の配分が出資金額の比率に一致しなくてもよい。

企業に関する基礎用語

- □ 出資者………企業に資金を提供する人。株式会社では株主。
- □ 株主…………株式会社の株式を保有している人。株主は保有株式数に応じて，会社の意思を決定する議決権と配当＊2）を受ける権利を持つ。
- □ 株主総会……株式会社の意思を決定する最高機関で，年1回必ず開催される定時総会と必要に応じて開催される臨時総会がある。
- □ 取締役………会社経営を行う役員で法律上の名称。株主総会で選出する。
- □ 取締役会……株主総会で選任された3人以上の取締役全員で構成され，会社の業務執行について意思決定する法律上の機関。
- □ 監査役………会社の会計や業務を検査・監督する役員で，株主総会で選出される。
- □ 会計参与……取締役と一緒に会社の決算書を作成する機関。

＊1）執行＝決定した業務などを執（と）り行うこと。
＊2）配当＝会社が得た利益を株式の数に応じて配り分けること。その金を配当金という。

企業活動と役割

社会は，さまざまな生産活動によって生み出された物やサービスを受けて消費し，さらに生産活動を行うという生産活動の繰り返しによって成立しています。その生産活動を担っているのが企業です。

企業活動の基本を理解するために，次のポイントをしっかり押さえておきましょう。

●企業の目的

出資者から資金を得た企業は，社会に物やサービスを提供して利益を得ようとします。なぜなら，企業に資金を提供した出資者は，企業活動によって得られた利益の配当を期待しているからです。また，利益を上げるだけの企業成長力がないといい人材が集まらなくなって，企業活動は低迷＊1）します。利益どころか損失を出すようだと，企業の社会的信用はなくなり，銀行からの借り入れが受けられなくなったり人材が流出して経営が行き詰まり，あげくの果ては倒産ということにもなりかねません。

従って，企業の最大の目的は，「利益を追求すること」ということになります。

●企業の役割

企業の役割は，利益を得て出資者の期待に応えるほか，市場によい商品やサービスを適正価格で提供して消費者（社会）のニーズ＊2）に応えることです。また企業で働く従業員やその家族の生活を保障するという役割も担っています。

●企業経営と経営者の責任

利益の追求という目的を果たすためには，経営者は「物・金・人・情報」という経営資源を合理的に活用して，社会が求めているニーズを的確に捉え，タイミングよく供給＊3）していかなければなりません。いくら消費者が欲しがるような商品を開発・生産しても，早過ぎたり遅過ぎたりしてタイミングを間違えば，まったく売れないということもあります。

タイミング一つで成功したり失敗したりするということでも分かるように，企業経営は簡単なものではありません。地域紛争や戦争が起こって急に原油が高くなるなど，経営は社会情勢に左右されることも少なくないので，いくら経営努力しても利益が確保できないということもあります。しかし，どのような理由があろうとも経営者は株主から結果責任を問われることになります。

＊1）低迷＝よくない状態から抜け出せずにくすぶっていること。
＊2）ニーズ＝必要とされるもの。要求。需要。この反対語がサプライ（供給）。
＊3）供給＝必要としているものを与えること。需要と供給は対語。

●利益の配当

企業が経営計画を達成して経営が成功すると利益を得ます。この利益はどのように配当されるのでしょうか。

株式会社を例にとってみます。利益は，まず国や地方自治体に税金として支払われます。税金を払った後に残った利益を配当することになります。経営者は，利益の額と次期の経営計画に要する資金や株主への配当対策等を考慮して，配当金額を決め，残りを社内留保金として企業内に積み立てるようにします。会社法では株主総会の決議により，事業年度中いつでも何回でも利益の配当ができるようになりました。また，定款＊1）を変更すれば，取締役会の決議でも配当を行えるようになりました。

企業の社会的責任

企業は社会と密接な関わりをもって企業活動を展開しています。企業活動が社会に与える影響は大きいものがあります。企業は単なる営利を追求するだけの存在ではなく，社会生活を左右しかねない「社会的存在」と認識する必要があります。つまり，経営者は株主に対して責任を果たすだけでなく，社会的存在としての責任を果たす義務があり，これを「企業の社会的責任」といいます。

企業の社会的責任は次の三つです。

◆社会性。

よい製品やサービスを適正価格で提供する。従って，「買い占め」や「売り惜しみ」，「便乗値上げ」のほか，「欠陥商品の販売」や「産地の不当表示＊2）」，「誇大広告」などは行ってはならない。

◆公益性。

特定集団を優遇せずに，出資者，従業員，消費者，取引先などの利益を図るようにする。

◆公共性。

社会のルールや秩序を守り，広く社会の利益を図る。社会に迷惑をかけるようなことをしない。公害などの環境汚染，粉飾決算＊3），などは絶対に許されない行為である。

＊1）定款＝会社などの社団法人の目的・組織・活動などを定めた根本規則で，その組織の憲法といえるもの。
＊2）不当表示＝真実ではないうその表示をすること。
＊3）粉飾決算＝決算が不健全なのに健全であるかのように，事実をゆがめて決算をすること。

企業の組織

企業は，それぞれの企業活動に応じて最適な組織を構築しています。また，その組織は固定的なものではなく，企業が成長・拡大するに従って合理的な組織化が行われていきます。組織化とは，企業活動の目的に合わせて分業化し，それらを結び付けるネットワークを構築することです。

企業の組織は，設立当時，成長期，拡大期などそのプロセスによって，また事業形態によってさまざまですが，企業における組織化の代表的なものが，命令系統や責任の範囲を明確にした「職能組織（下図参照）」です。

また，企業組織におけるトップマネジメントとは社長や取締役などの経営者層のことをいい，ミドルマネジメントとは部長，支社長，課長などの中間管理者層，ロアマネジメントとは係長，主任などの現場管理者層のことで，これらの管理者層の下に一般社員が配置されることになります。

職能組織の構造

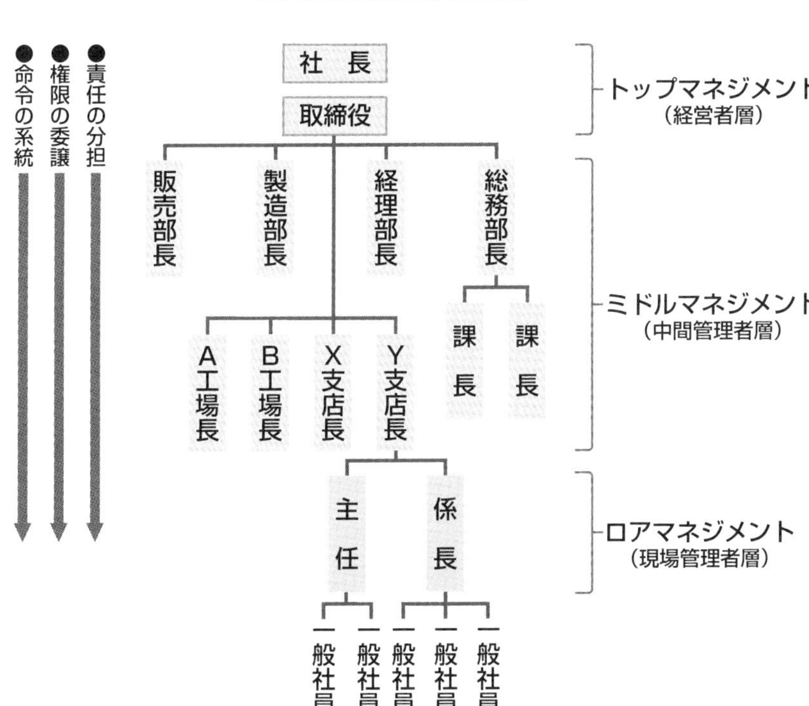

ライン部門とスタッフ部門

組織を大別すると，ライン部門とスタッフ部門に分けることができます。

ライン部門とは，企業本来の活動をする部門で，それがないと組織が成り立たない部門のことです。例えば，メーカーでいえば，製造部門とか営業（販売）部門です。小売業なら仕入部門や店舗販売部門，銀行ならば預金部門や貸付部門がライン部門になります。

つまり，商品を生産する部門やそれを販売する部門がなければ，メーカーは成り立たないし，仕入や店舗販売部門がなければ小売業は成り立ちません。銀行も同様に，預金や貸付部門がなければ企業として成立しないということです

このように企業本来の業務を遂行する部門をライン部門と呼び，そこに属する人をラインと呼びます。

一方スタッフ部門とは，ライン部門が本来の業務に専念して効率よく活動できるように側面から支援する部門のことで，間接部門とも呼ばれます。例えば，総務部門や人事部門，経理部門などがスタッフ部門になります。また，スタッフ部門に携（たずさ）わる人をスタッフと呼びます。

経営管理層を補佐支援する秘書課（室）は，総務部などに属していることが多いのですが，当然スタッフ部門であり，秘書はスタッフの一員ということになります。

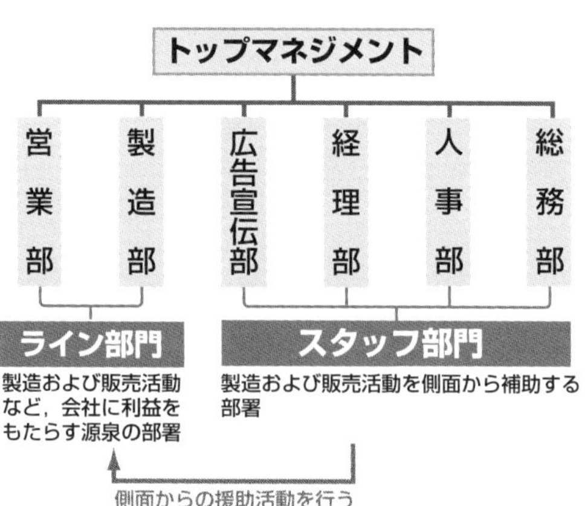

SELF STUDY

過去問題を研究し
理解を深めよう！

POINT 出題 CHECK

「株式会社の組織」に関する出題が多い。取締役と代表取締役についての知識を問う「経営者層」に関する問題やトップ，ミドル，ロアの各マネジメントに該当する役職を問う「管理者層」に関する問題，総務，経理，人事など各部門の基本的な仕事を問う問題などが出されるので，それぞれのポイントを押さえておくこと。「株主総会や記念行事など，会社全体の行事を担当する部門→総務部門」といったように，仕事内容と部門を結び付けて頭に入れるとよい。

✻ 経営者層

取締役の説明である。

× ①社長の別名である。
○ ②いわゆる重役のことである。

①社長は通常，取締役であり代表取締役であるが，社長の別名ではない。②「重役」とは，特定の役職名ではなく，会社内で重要な役割を担当している人という意味である。

✻ 管理者層 ①

「ロアマネジメント」に当たる役職を選びなさい。

× ①常務。
× ②部長。
○ ③主任。

①常務，専務，社長などはトップマネジメント。②部長，課長クラスはミドルマネジメント。③係長，主任クラスはロアマネジメント。

✻ 管理者層 ②

部署名と関係する人との組み合わせである。

○ ①総務部――株主
○ ②人事部――学生
× ③広報部――重役

③重役は会社全体に関係していて，広報部だけではないので不適当。

CHALLENGE 実問題

1 難易度 ★★☆☆☆

次のような団体を何というか。中から適当と思われるものを一つ選びなさい。

「出資者から出資してもらって運営し，出資者は出資した金額分だけ責任を負えばよい団体」

1）子会社
2）同族会社
3）株式会社
4）学校法人
5）社会福祉法人

2 難易度 ★★★☆☆

次は会社における一般的な役職を，高い方を左にして順に並べたものである。中から適当と思われるものを一つ選びなさい。

1）常務　専務　部長　課長
2）常務　部長　課長　専務
3）専務　常務　部長　課長
4）部長　課長　専務　常務
5）課長　部長　常務　専務

【解答・解説】
1＝3）
2＝3）

Lesson 2 さまざまな企業活動

H課長が望んでいない部署だから，栄転じゃないですよね。

希望の仕事に配属されたら栄転?!

▶秘書Aは，後輩Dから「今度の人事異動でH課長の異動をみんな栄転だと話していたが，当の課長は希望が外れて残念だと話していたので，栄転ではないのではないか。栄転とは希望の職種に就いたことをいうのではないか」という質問を受けました。どのように説明すればよいのでしょうか。

対処例 ○△×?…

「栄転とは今までよりもよい地位の役職などに転任することで，たとえ自分が希望していなくても，一般的に見て上位の地位に異動した場合は栄転となる」と説明すればよいでしょう。

スタディ !!

今の地位より高い地位に転任することを栄転といいます。また役職は同じでも，影響力が強い立場の職に就（つ）いた場合も栄転といいます。例えば，地方の支店長から中央の支店長に就任（しゅうにん）した場合や他部署の課長から主力商品の販売課長などその会社の花形部署に就任した場合です。なお，栄転の逆は左遷（させん）ですが，両方とも正式な人事用語ではありません。

経営管理

経営管理（マネジメント）とは，従業員の生産性を高めたり，よりよい成果を上げるための管理技術のことです。経営者には，常に利益増大を図るという課題があり，それを達成することが求められていますが，そのためには，効率的で合理的な経営管理を行っていかなければなりません。その経営管理の代表的な手法がPDCAサイクルと3Sです。これらは，秘書業務の効率化にも応用できる手法なので，どのような考え方なのか，基本的なことを理解しておきましょう。

●PDCAサイクル

PDCAとは，「計画」，「実施」，「評価」，「改善」の四つの英語の頭文字を組み合わせたものです。計画＝PlanのP，実施＝DoのD，評価＝CheckのC，改善＝ActionのAでPDCAです。そして，このPDCAのサイクルを繰り返していくことで仕事をより効率的に無駄なく進めることができるという考え方です。

まず，①仕事の「計画」を練ります。次に，②計画に沿って仕事を「実施」します。次に，③計画に沿った業務ができたのか検証します。「計画に問題点はなかったか」，「仕事の実施段階で起こった問題点は何か」などを「評価」していきます。そして，評価したことを④改善し，次の新たな計画に反映させていくようにするのです。つまり，このPDCAのサイクルを回し続けて，より高い生産性を追求していこうというのがPDCAサイクルの手法で，マネジメントの基本になっています。

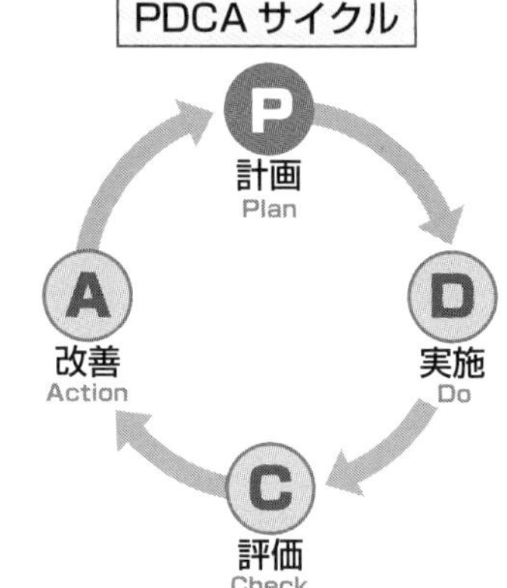

●3S

3Sとは，仕事を効率よく，かつ効果的に遂行していくための手法で，「専門化(Specialization)」，「標準化(Standardization)」，「単純化(Simplification)」の三つの要素の英語の頭文字が全てSなので3 Sと呼んでいます。

それぞれの内容は以下の通りです。

◆専門化。

専門的な技術を必要とする職務を，独自の技術やノウハウ，経験を持った人が集中して遂行すること。仕事の効率化や精度の高さを実現することができる。

◆標準化。

繰り返し行う仕事などの作業のフォーム（型）を画一化し，それに従って仕事を遂行すること。仕事のロスやミスの減少，作業時間の短縮化を図ることができる。この方式を活用すると，秘書の仕事もかなりの部分で効率化を図ることができる。

◆単純化。

ベルトコンベアの流れ作業のように，仕事を極力単純化して，誰でもミスなく実施できるようにする手法。また，単純な反復作業を機械化することも重要なポイント。人員の効率化を図ることができる。

経営管理に関する用語

□ 生産管理………短時間に，低コストで，質のよい製品を生産するために，生産工程を管理すること。生産に関する予測・計画・統制のためのシステム。

□ 品質管理（QC）………製品の品質を一定の水準に保つだけでなく，より低いコストで，より高品質の製品を適切な数量，生産することを目的とした経営管理の手法。QCは品質＝Quality（クオリティ）管理＝Control（コントロール）の略。

□ QCサークル…職場単位で自主的に品質管理・品質改善を行う活動グループのこと。

□ 付加価値………売上高から原材料など外部購入費を差し引いたもので，値が大きいほど業績がよいことになる。付加価値は，人件費として従業員に，配当金として株主に，税金として社会に分配されることになる。

□ 価値分析………製品の性能を適切に保ちながらコストを引き下げるための科学的手法。例えば，「材料に使用していた鉄をプラスチックに替えることはできないか」「生産方法をもっと簡単にできないか」など，材料の特性や生産方法，加工技術などをさまざまな角度から分析して無駄を省（はぶ）きコストダウンを図ること。

□ 労働生産性……従業員一人当たりの付加価値額のことで，（売上高－外部購入費）÷従業員数で表される。一人当たりの付加価値額が大きいほど労働生産性は高くなる。

□ リストラ………リストラクチャリングの略。不採算部門を縮小したり廃止するなどして，時代が要求する新規事業に乗り出すなど事業の再構築を図ること。その過程で人員整理が行われることが多いので，リストラのことを人員整理と考えがちだが，リストラ＝人員整理ではない。

□ 日本的経営……勤務年数に応じた昇進や昇給を基本とする「年功序列」，原則として定年までの雇用を保障する「終身雇用」，企業別組合，共同生活体的な結び付き，稟議（りんぎ）制度などが特徴。ただし近年では，こうした日本的経営体質は次第に薄れてきている。

□ 稟議制度………担当者が案を作り，関係者に回して決裁権のある部長や常務，社長などの承認を得る方式。

人事・労務管理

人事・労務管理とは，企業の人的資源を最適かつ最大限に活用するためのさまざまな手法のことです。

人事・労務管理の主な業務は，社員の採用人事，人事考課に基づいた人事配置・昇進・昇格・降格・出向・解雇・退職などの人事異動，教育訓練のほか，賃金や労働時間などの労働条件や福利厚生，労働組合に関する仕事です。

また，使用者と労働者は対等な立場で協力して企業の目的を追求していきますが，労働者の能力評価や教育，管理などの人事・労務管理は使用者側の仕事となります。組合との交渉も人事・労務の重要な仕事で，給料のベースアップ＊1)，就業規則＊2)の改正などを折衝するときは，人事・労務担当者は使用者側を代表して交渉することになります。

こうした労働関係のことを定めたものが，労働者の権利を保障した労働三法と呼ばれる以下の法律です。

◆労働組合法。

労働三権といわれる労働者の団結権，団体交渉権，団体行動権（争議権＊3)）などを保障した法律。団結権により労働者は正当に組合を結成する権利を得，団体交渉権により，労働組合が経営者（雇用者）と対等な立場で労働条件の改善などについて交渉する権利を得た。また，団体行動権により，交渉を有利に進めるために団体で争議を行う権利を得た。

◆労働基準法。

労働者が人として生活するために必要な労働条件の最低基準を定めた法律で，労働時間・休日・休暇・残業手当などを定めている。また，労働災害補償や就業規則なども労働基準法で規定している。

◆労働関係調整法。

当事者間の自主交渉で労働争議を解決できない場合，労働委員会が斡旋＊4)・調停＊5)・仲裁＊6)を行うことを規定した法律で，解決を図ることを目的としている。

＊1) ベースアップ＝従業員全体の賃金水準を上げること。ベアともいう。
＊2) 就業規則＝労働基準法に基づき，その企業の労働条件や勤務に際して守るべき規律などを定めたもの。
＊3) 争議権＝労働者が労働条件の維持・改善のために，ストライキ（労働拒否）などの争議行為を行う権利。
＊4) 斡旋＝労使の間に入り，両者の意見を調整して妥協を図ろうとするもの。
＊5) 調停＝労働委員会の調停委員が紛争の実情を調査したり，関係者の意見を聞いて調停案を示し，解決を図ろうとするもの。
＊6) 仲裁＝労働委員会が争議の実情を調査した上で裁定を下して解決を図る方法。

人事・労務に関する用語

□ 人事考課………一定期間における従業員の業務遂行の程度や能力，功績などを分析・評価し，一定の基準で査定すること。人事管理に反映させる。

□ 人事異動………現在の部署から他部署へと配属先が変わること。定期異動と臨時異動がある。

□ 昇進・昇格……役職が上がることが昇進。資格級や等級が上がるのが昇格。

□ 栄転（えいてん）・左遷（させん）……今の地位よりよい地位や職場に転任することを栄転，その逆を左遷というが，正式な人事用語ではない。

□ 降格……………役職などが下がること。

□ 出向……………雇用関係はそのまま（会社に籍を置いたまま），子会社などの関連会社に長期間勤務すること。出向社員の業務に対する指揮命令権は出向先に移る。

□ 配置転換………総務部員が人事部員に転任するなど，役職などが変化しないままの人事異動を単に配置転換という。従業員に経験を積ませるジョブ・ローテーション（職務歴任制度）を目的に行われる。

昇進・昇格・降格・出向・配置転換の関係

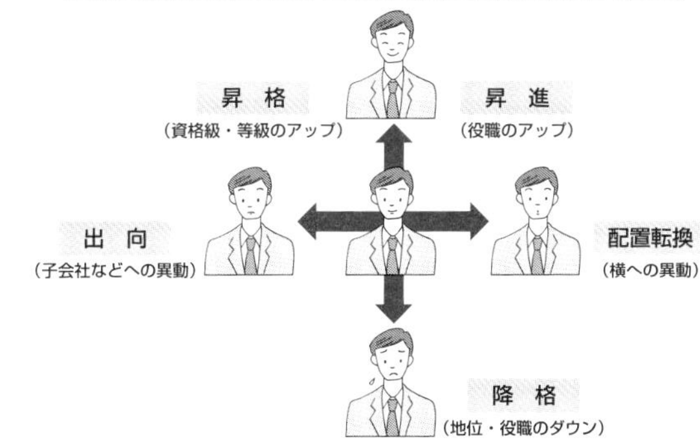

□ 福利厚生………従業員の生活レベルを向上させたり支援する制度で，保養所や娯楽施設の保有，社員食堂や診療所の設置，社宅の提供，健康診断の実施などがある。

□ モラール・サーベイ…モラールとは士気や勤労意欲のことで，サーベイは調査のこと。従業員の士気を面談やアンケートなどで調査・測定すること。

□ フレックスタイム制…所定の時間数を勤務すれば，出社・退社時間は自由という勤務制度。自由勤務時間制。

会計・財務

企業の会計は，大きく管理会計と財務会計に区分されます。

管理会計は，経営管理に活用するための会計で，内部的なものです。一方，財務会計は外部の利害関係者に報告するための会計で，企業の資本の変動を記録・計算して，一定期間の経営状態と一定時点の財政状態を明らかにしたものです。

財務会計は，最終的に財務諸表としてまとめられ，決算期などに株主に対して報告されます。財務諸表の代表的なものが「貸借対照表（たいしゃくたいしょうひょう）」，「損益計算書」，「キャッシュフロー計算書」および「株主資本等変動計算書」です。

貸借対照表

貸借対照表とは，決算日など，企業の一定時点における財務状態を表したもので，資産・負債・純資産を一覧表示します。別名バランスシートとも言われています。この一覧表は右と左に分けて作成してあり，右側には「負債」と「純資産」が，左側には「資産」が表示されています。右と左の合計金額は必ず一致します。つまり，資産（左）＝負債＋純資産（右）という計算式になります。

損益計算書

損益計算書とは，決算期間など，企業のある一定期間の収益から費用を差し引いて，経営成績を示したものです。

損益計算書によって，その期間に企業がどれくらい利益を得たのか，あるいは損失を出したのかが一目で分かります。

キャッシュフロー計算書

キャッシュフロー計算書とは、一定の会計期間における企業の資金の流れ（増減）を明らかにした計算書で、「営業活動」「投資活動」「財務活動」ごとに区分して表示します。営業活動によるキャッシュフローとは、事業活動によって得た資金の増減を表したもの。投資活動によるキャッシュフローとは、固定資産や有価証券の取得や売却など投資活動による資金の増減を表したもの。また、財務活動によるキャッシュフローとは、株式や社債の発行、社債や借入金の返済など資金の調達や返済に関する資金の増減を表したものです。

一定時点の財務状態を表したものが貸借対照表，
一定期間の経営成績を表したものが損益計算書，
一定期間の資金の流れを表したものがキャッシュフロー計算書，
純資産の変動を表したのが株主資本等変動計算書
ということですね。

●株主資本等変動計算書

会社の純資産の変動を表す計算書のこと。貸借対照表や損益計算書だけでは，資本金などの数値を連続して把握することが困難なことがあります。そこで会社法では，この計算書の作成を義務付けるようになりました。

会計・財務に関する用語

- □ 資産……………土地・建物や現金など企業が保有している「物」や「お金」のことで，大きく固定資産と流動資産に分けられる。
- □ 固定資産………複数年度使用する土地・建物・機械・車両などの資産。
- □ 流動資産………現金，受取手形，小切手，商品など１年以内に現金化できる資産のこと。
- □ 棚卸資産………販売を目的とする商品や製品，販売を目的として消費される原材料などをいう。
- □ 固定負債………長期借入金，長期未払金，社債など，支払い期限が１年を超える負債（借金）。
- □ 流動負債………買掛金，短期借入金など，１年以内に決済する負債。
- □ 減価償却………機械など固定資産の使用価値が減った分（減価）を費用と考えて会計処理を行うこと。
- □ 決算……………一定期間の収支を計算し，その期間の営業成績や期末の財政状態を明らかにすること。
- □ 売掛金…………商品やサービスを提供したが，まだ対価を受け取っていない金額。
- □ 買掛金…………商品やサービスの提供を受けたが，まだ対価を支払っていない金額。
- □ 仕掛品…………未完成の商品や加工業務のこと。
- □ 領収書…………代金を受け取った証拠として発行する書類。一定金額以上を記した領収書にはそれに応じた印紙税が発生するので収入印紙を貼って納税しなければならない。
- □ 収入印紙………政府が発行した証票のことで，手数料や罰金，登録税や印紙税などを国庫に納めるのに利用される。この証票を買って貼り，消印する（使用した証拠に印鑑を押す）ことによって納付したことになる。
- □ 小切手…………当座預金口座を持つ振出人が，銀行に対して，受取人（持参人）に支払うことを委託した支払委託証券。

マーケティング

マーケティングとは，商品やサービスが売り手から消費者に渡るまでの一連のビジネス活動のことです。

企業が商品やサービスを提供する場合，消費者が必要としているもの（ニーズ）を知らなければ，売れない商品やサービスを提供して大きな損を出してしまうことになります。

そこで，企業は売れる商品やサービスを提供するために市場調査（マーケティングリサーチ）をして消費者ニーズをつかむのです。また，どの期間にどれだけの商品が売れるかを予測することも必要です。売れ残れば不良在庫となり，企業の損失になります。逆に商品が不足すれば，販売の機会を逃すことになってしまいます。もちろん，価格も重要なポイントです。どれくらいが適切なのか，費用と利益を考慮しながら，消費者も納得する適正価格を決めていく必要があります。さらに，商品やサービスを効果的に提供するためには，マスコミに情報を提供して取り上げてもらったり，広告・宣伝もしなければなりません。また，保守点検や修理など売った後のアフターフォローも重要です。

このように，企業は消費者が望む商品やサービスを適切に供給して利益を得るために，さまざまな市場活動を行いますが，これらの活動全てをマーケティングといいます。

マーケティングの流れは以下の図のようになっています。

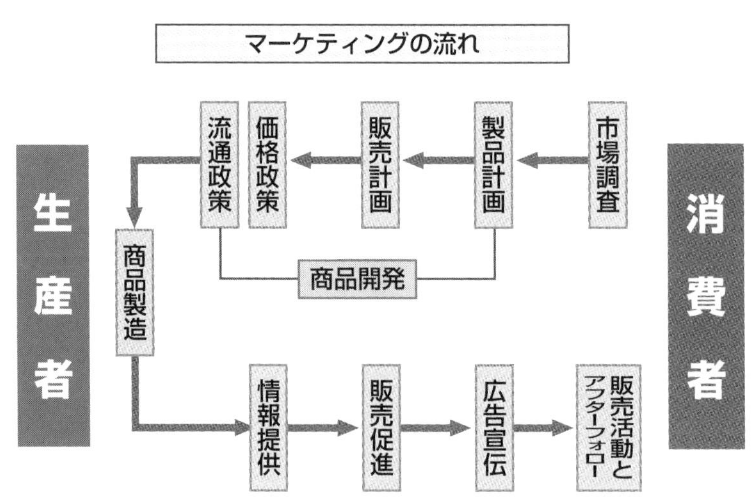

マーケティングに関する用語

□ 市場調査………マーケティングリサーチともいう。新製品開発や販売方策立案のために，アンケートや面接を実施して消費者ニーズを調べるなど市場の調査をすること。

□ 製品計画………消費者のニーズ（需要(じゅよう)）に応じた商品を提供するための計画。

□ 販売計画………販売目標を達成するための計画。需要予測に基づいて全体の目標売上高を決め，販売員や営業所ごとに売上目標の割り当てを設定するなど，目標売上高の達成を目指して計画を立てる。

□ 販売促進………商品の特性や価格などの情報を消費者に伝えて説得したり，景品を付けたりして購買意欲を呼び起こす活動。セールスプロモーション（ＳＰ）ともいい，消費者向け，販売業者向け，社内向けに実施される。

□ パブリシティー…新聞・ラジオ・テレビなどに新製品などの情報を提供して紹介してもらう活動のこと。マスコミが無料で取り上げてくれるので大きなメリットがある。

□ メディア………情報を伝達する媒体(ばいたい)のこと。チラシ・新聞・雑誌・ラジオ・テレビ・インターネットなどがその代表。

□ 広告……………広告主の意見や企業の商品情報などのメッセージを多数の人に伝える活動。消費者に商品の購入を促進する商品広告と，企業のイメージアップを目的とした企業広告とがある。

□ アイドマの法則…消費者が購入を決めるまでの心理を示した法則の一つで，広告宣伝や販売活動などでよく利用される。下記の英語の頭文字を取ってAIDMA(アイドマ)と呼んでいる。

A（Attention）→ 注意を引く
I（Interest）→ 興味をそそる
D（Desire）→ 欲望を刺激する
M（Memory）→ 記憶させる
A（Action）→ 購買行動を起こさせる

□ ＤＭ……………ダイレクトメールの略で，宛て名広告のこと。対象となる相手にはがきや封書で直接情報を届ける広告。

□ シェア…………占有率のこと。マーケットシェアとは，自社製品など，ある製品が同じ製品類の市場に占める割合のこと。

SELF STUDY

過去問題を研究し
理解を深めよう！

POINT 出題 CHECK

企業活動に関しては，「経営管理」，「人事・労務管理」，「会計・財務」の分野を押さえておく。「人事・労務管理」では栄転（えいてん）・左遷（させん）・出向・昇進・昇格の違いを正確に理解しておく。また，終身雇用や人事考課，年功序列，福利厚生などの用語もチェックしておこう。「会計・財務」では，財務諸表に関することがよく問われる。

人事・労務管理

会社で使われる用語とその説明の組み合わせである。

○　①昇進　　＝地位などが上がること。
○　②降格　　＝地位などが下がること。
○　③考課　　＝勤務成績などの優劣を決めること。
×　④異動　　＝定年で退職した人を再雇用すること。
×　⑤終身雇用＝その人を一生雇用することを保障すること。
○　⑥定年制　＝一定の年齢に達すると，自動的に退職させる制度のこと。

④人事異動のことで，現在仕事をしている部署から違う部署へ配属先が変わること。定期異動と臨時異動がある。⑤一生ではない。原則として採用した人は定年まで雇用することを保障する慣行制度のこと。

会計・財務

企業の一定期間の営業成績と財政状態を，利害関係者に明らかにするために作る書類の総称。

×　①損益計算書。
×　②貸借対照表。
○　③財務諸表。

①，②は財務諸表の中の代表的な書類。

CHALLENGE 実問題

1 難易度 ★★★☆☆

次はそれぞれ関係ある用語の組み合わせである。中から不適当と思われるものを一つ選びなさい。

1）株式会社 —— 株主
2）為替相場 —— 円安
3）設備投資 —— 景気
4）固定資産 —— 給料
5）金融緩和 —— 金利

2 難易度 ★★★★☆

次の「　　」内は下のどの用語の説明か。中から適当と思われるものを一つ選びなさい。

「代金の支払いや貸したお金の返済などを求める権利」

1）債権
2）抵当権
3）賃貸権
4）請求権
5）所有権

【解答・解説】1＝4）「固定資産」とは，土地や建物，営業権など，流通を目的としない長期にわたって使用される資産のこと。「給料」と関係ある用語ではないので不適当ということである。
2＝1）

社会常識

Lesson 1 基本用語を身に付ける

CASE STUDY
あなたならどうする？

どの会社の株も買うことができるの？
株価一段落

株式会社の株は全て証券会社で買えるの？

▶秘書Aは，後輩Dから「株式会社であればどの会社の株でも証券会社で買うことができるのか」という質問を受けました。どのように説明すればよいのでしょうか。

対処例 ○△×?…

「東京証券取引所など証券取引所に上場している会社の株でないと買うことができない」と言えばよいでしょう。

スタディ !!

株の売買取引は基本的に証券取引所で行われます。そして，証券取引所で売買できる株を上場株といいます。上場するには上場基準を満たす必要があり，どの株式会社でも上場できるわけではありません。従って上場していない会社の株は買うことができません。また，上場基準を満たしていても株の買い占めによる会社買収を防ぐなどの理由で，上場していない会社があることも知っておきましょう。

社会常識として知っておきたい用語

上司を補佐する秘書は，仕事に関することだけではなく上司と一般的な会話ができるように，政治・経済や国際関係など社会常識としての一般知識を身に付けておきたいものです。特に，インフレやデフレ，円高・円安などの基本用語が分からないと，話を合わせることもできません。また，よく使われるカタカナ語や略語なども，知らないと話が理解できないので，基本的な用語は正確に覚えておくようにしましょう。

経済・財政・金融関係の用語

- □ 景気……………………経済活動の勢いや状況のこと。経済活動が活発な状況を好景気，経済活動に活気がない状況を不景気という。
- □ 国内総生産………ＧＤＰと表記することも。国の経済活動の規模を表す代表的な指標の一つ。ある一定期間に国内で生産された財やサービスの合計を表す。
- □ 需要・供給………需要とは，財やサービスを購入したいという欲求。供給とは，財やサービスを提供しようとする経済活動。
- □ 経済成長率………ＧＤＰ（国内総生産）の対前年増加率をいう。
- □ インフレ…………インフレーションの略。物価が継続的に上昇して貨幣価値が下がること。好景気のときは消費者の収入が増え，物を買いたい人が多くなる。そうすると物が不足して，物価は上昇し続ける。こういう現象をインフレという。
- □ デフレ……………デフレーションの略。インフレの逆で物の値段が下がり続けること。景気が悪いときに起こる。景気が悪いと収入が少なくなり，需要が減少するので物が余り，物価が下がり続ける。
- □ バブル経済………株や不動産などの資産価格が実態以上に高騰する経済状況。
- □ 為替レート………2国間の通貨の交換比率。
- □ 変動相場制………為替レートを外国為替市場の需要と供給に任せて自由に決定させる制度。為替レートを一定に定めるのは固定為替制度。
- □ 為替差益…………為替レートの変動で生じた利益のこと。損をする場合を為替差損という。
- □ 為替介入…………通貨当局が外国為替市場で外国通貨の売買を行い，為替相場に影響を与えること。急激な為替レートの変動に対処するために行われる。
- □ 円高……………………他国の通貨に対して日本の円の価値が高いこと。例えば，先月の対ドル為替（かわせ）レートが1ドル90円だったのが今月80円になれば，10円の円高ということになる。なぜなら，先月，アメリカで1ドルの商品を90円で買っていたのが，今月は80円で買えるから，10円分「円の価値が上がった」ことになるからである。
- □ 関税……………………輸出や輸入に際して課せられる税金。主に輸入国が課す税金をさす。自国産業の保護や財政収入を目的としている。
- □ 国債……………………国が歳入不足を補うために発行する債券。
- □ 社債……………………株式会社が一般の人から資金を借りるために発行する債券。
- □ 有価証券…………債券，株券，小切手，手形，商品券などそれ自体価値を持つ証券のこと。
- □ 経済界三団体……日本経済団体連合会，経済同友会，日本商工会議所のこと。

常識としてのカタカナ語

□ アウトソーシング……社外から生産に必要な部品・製品を調達したり，業務の一部を一括して他企業に請け負わせる経営手法。
□ アセスメント…………評価。査定。環境アセスメント＝環境影響評価。
□ イノベーション………技術革新。刷新。現状を変革し新しくすること。
□ インデックス…………索引。見出し。指標。
□ インパクト……………衝撃（力）。影響。
□ エージェント…………代理人。
□ エキスパート…………専門家。熟練者。
□ エグゼクティブ………経営幹部。重役。
□ エコノミスト…………経済学者（経済の専門家）。
□ オーソリティー………権威。権威者。
□ オーナー………………所有者。
□ オピニオン……………意見。世論。
□ オフィシャル…………公式の。公的の。公認の。
□ オブザーバー…………客観的な立場で会合・会議などに立ち会う人（傍聴人）。正式な参加者ではないので議決権は有しない。
□ オペレーター…………操作係。
□ カテゴリー……………範疇。部門。
□ キャスト………………演劇・映画・テレビなどの配役。
□ キャンペーン…………消費者に商品の認知や購入を促す目的で集中的に行う組織的な宣伝・販売促進活動。
□ キャパシティー………能力。受容力。容量。
□ クオリティー…………質。品質。
□ クライアント…………顧客。得意先。広告主。
□ クリエーター…………創造的な仕事に携わる人。
□ クレーム………………苦情。
□ コーディネイター……調和が取れるように調整する人。
□ コスト…………………費用。原価。
□ コメンテーター………解説や批評をする人。
□ コンシューマー………消費者。
□ コンセンサス…………意見の一致。合意。
□ コンテンツ……………内容。中身。
□ シンクタンク…………頭脳集団。
□ スキルアップ…………技能，技術の向上。
□ スクロール……………画面の表示内容を上下左右に移動すること。
□ スケールメリット……規模の大きさによる有利性。
□ ステータス……………社会的な地位。身分。
□ ストック………………在庫品。
□ セキュリティー………安全。保安。防犯。
□ セレモニー……………儀式。式典。

どんな意味かしら…

□ ターゲット……………標的。
□ タイアップ……………協力。提携。
□ ダメージ………………損害。打撃。
□ デッドライン…………越えてはならない限界線。
□ デメリット……………欠点。短所。反意語はメリット。
□ デモンストレーション…（宣伝などを目的とした）実演。
□ テリトリー……………勢力圏。分野。領域。販売区域。
□ トピック………………話題。
□ トライアル……………試み。
□ トラブル………………いざこざ。もめごと。
□ トレード………………取引。交換。
□ フリーズ………………コンピュータの動作が停止すること。
□ プレゼンテーション…提示。提案。
□ プレミアム……………手数料。割増金。
□ マスコミ………………マス・コミュニケーションの略。大衆伝達。テレビ，ラジオ，新聞，雑誌などを通した大衆への情報伝達。
□ ミニコミ………………少数者を対象とした情報伝達（和製語）。
□ ミスマッチ……………一致しないこと。
□ メディア………………媒体。
□ メンテナンス…………保守・修理。維持。管理。整備。
□ ライフライン…………生活に不可欠な電気・ガス・水道・通信・交通網など。
□ リサーチ………………調査。
□ リザーブ………………予約。
□ リスク…………………危険。
□ リスト…………………一覧表。
□ レアアース……………スカンジウムなどの希土類元素のこと。
□ レアメタル……………リチウムなどの希少金属のこと。
□ レジュメ………………要旨。
□ ローテーション………輪番（りんばん）。循環。回転。

常識としての略語

□ APEC　… アジア太平洋経済協力会議。
□ ASEAN　東南アジア諸国連合。
□ OPEC　… 石油輸出国機構。
□ WTO …… 世界貿易機関。
□ OA ……… オフィス・オートメーションの略。コピー機やFAX，コンピューターなどの情報機器を用いて，事務作業を効率化すること。
□ OS ……… コンピューターを作動させるための基本プログラム。
□ 公取委……公正取引委員会。
□ 独禁法……独占禁止法。
□ 労基法……労働基準法。

SELF STUDY

過去問題を研究し
理解を深めよう！

POINT 出題 CHECK

「一般常識」に関しては，会社で使う用語や初歩的な経済用語の意味を理解しておくこと。「経済・財務・金融関係の用語」は出題は少ないが，基本的な用語は理解しておこう。「カタカナ語」は広範囲な分野から出題される。よく耳にする言葉ばかりだが，正確に意味を把握しておくことが必要。「略語」の出題は少ないが，テレビや新聞によく登場するものは押さえておきたい。（例）「日銀＝日本銀行」，「東証＝東京証券取引所」，「国連＝国際連合」，「安保理＝安全保障理事会」，「ILO＝国際労働機関」，「IMF＝国際通貨基金」，「EU＝欧州（ヨーロッパ）連合」，「OECD＝経済協力開発機構」，「ODA＝政府開発援助」。

✽ 一般常識 ①

用語とその説明である。

○　①「増益」とは，利益が増えることである。
○　②「増収」とは，収入が増えることである。
×　③「増産」とは，資産が増えることである。
○　④「増配」とは，配当金の額を増やすことである。

③「増産」とは，生産を増やすことである。

✽ 一般常識 ②

それぞれ関係ある用語の組み合わせである。

○　①領収書 ── 請求書
×　②診断書 ── 申告書
○　③見積書 ── 発注書
○　④納品書 ── 受領書
○　⑤計算書 ── 明細書

②「診断書」とは，病気や病状を調べて，結果を書類にしたもの。「申告書」とは，規定に従って届け出る書類のこと。この二つの用語には何も関係がない。

経済・財務・金融関係の用語

関係ある用語の組み合わせである。

○　①為替相場　＝　円安
○　②設備投資　＝　景気
×　③固定資産　＝　給料

③「固定資産」とは，土地や建物，営業権など，流通を目的とせず，長期にわたって使用される資産のこと。

カタカナ語 ①

用語と訳語の組み合わせである。

○　①データ　＝　資料
○　②メディア　＝　媒体
○　③パブリック　＝　公共の
○　④スポンサー　＝　広告主
×　⑤クライアント　＝　保証人

⑤「クライアント」とは，得意先，広告主などのこと。

カタカナ語 ②

用語と訳語の組み合わせである。

○　①プランナー　＝　企画係
○　②アドバイザー　＝　助言者
○　③オブザーバー　＝　傍聴人
○　④マネージャー　＝　支配人
×　⑤インストラクター　＝　操作係

⑤「インストラクター」とは，指導者という意味である。

略語

よく使われる略語とその省略されていない語の組み合わせである。

○　①都銀　＝　都市銀行
○　②日商　＝　日本商工会議所
×　③公取委　＝　公共取引委員会

③「公取委」の正式名称は公正取引委員会。公共取引委員会などは存在しない。

CHALLENGE 実問題

1 難易度 ★★☆☆☆

次は中央省庁の名称である。中から名称が間違っているものを一つ選びなさい。

1）環境省
2）外務省
3）労働産業省
4）農林水産省
5）国土交通省

2 難易度 ★★★★☆

次は用語とその意味の組み合わせである。中から不適当と思われるものを一つ選びなさい。

1）スローダウン　＝　速度を落とすこと。
2）コストダウン　＝　原価を引き下げること。
3）バックアップ　＝　背後で援助をすること。
4）ラインアップ　＝　選考基準を引き上げること。
5）ベースアップ　＝　賃金の基準を引き上げること。

【解答・解説】1＝3）「労働産業省」という名称の中央省庁は存在しない。なお，名称に「労働」が付くのは「厚生労働省」，「産業」が付くのは「経済産業省」である。
2＝4）「ラインアップ」とは，団体や組織を構成する人員の顔ぶれのこと。または，商品の品ぞろえなどのことである。

第4章

マナー・接遇

SECTION 1 職場での話し方（聞き方）

SECTION 2 電話応対

SECTION 3 接遇

SECTION 4 交際

SECTION 1

職場での話し方（聞き方）

スタディガイド
領域：理論編
領域：実技編
テスト

Lesson 1 人間関係と話し方

CASE STUDY
あなたならどうする？

秘書としての話し方
話し方でその人がどのような人かが……
話し方って，すごく大切なことなんだ……

秘書として，よい話し方とは……

▶秘書Aは先輩秘書Cから，「話し方でその人がどのような人か見当がつく。話し方はそれくらい重要なことなので注意するように」と教えられました。Aは，秘書としてどのような話し方をするよう心がければよいのでしょうか。

対処例 ○△×?…

歯切れのよい，はっきりした話し方をするように心がければよいでしょう。

スタディ !!

秘書はビジネスの場で仕事をするのですから，話の仕方は状況に応じて工夫しなければなりません。落ち着いてきちんと話すということが基本になり，具体的に言えば，「歯切れのよい，はっきりした話し方」ということになります。

職場での人間関係の重要性

集団や社会で生活したり活動する以上，人間関係を避けて通ることはできません。人間関係とは，一言で言えば個人と個人との関係のことですが，その中にはさまざまな関係があります。互いに憎しみ合ったり，対立したりしている険悪な関係もあれば，互いに好感を抱いて仲がよかったり，ライバル意識を持ちながらも協力関係を保っている良好な関係もあり，その状態や度合いは千差万別です。また，そうした関係も，常に一定ではなく変化していくもので，仲がよかった人同士が，ちょっとしたことで不仲になったりします。人間関係は難しいと言われる理由は，そうしたところにあります。

●誰とでも好ましい人間関係を築けるように心がける

同じ人間関係でも，ビジネスの場での人間関係には特に慎重にならなければなりません。プライベートな人間関係が壊（こわ）れれば，付き合いをやめることもできますが，ビジネスの場ではそうはいきません。仕事場に個人的な感情を持ち込むことは慎み，上司や職場の仲間と明るく協力し合っていけるような人間関係を築いていくことが大切です。特に，多くの人と接して上司を補佐する秘書は，人間関係を大切にしていかなければなりません。以下のようなことに留意しましょう。

◆誠意をもって接する。

誰でも人に対して好き嫌いがあり，気が合わない相手もいる。しかし，誠意をもって接していけば，そうした感情を越えて信頼関係を築くことができる。

◆誰に対しても失礼のない話し方をする。

社外の人にはもちろん，社内の関係者にも失礼のないような話し方をしなければならない。親しくなったからといって，なれなれしい話し方やふざけたような話し方は慎む。同僚や後輩に対しても，職場ではオフィシャルな話し方を心がけ，学生言葉や流行語などは使わないようにする。

◆人の価値観はさまざまであることを心得ておく。

自分の価値観で人を評価したり批判したりしない。価値観は人それぞれ異なるものであり，他人の価値観を理解しようとする態度が重要である。

◆相手の立場に立って考える。

自分の立場ばかりを主張しようとしないで，相手がなぜそのような主張をするのか相手の身になって考え，理解しようと努（つと）めることが必要。

●適切な執務態度を身に付ける

執務（しつむ）＊1）態度も人間関係に影響を与えるので，秘書としての適切な立ち居振る舞いを身に付けておきましょう。以下のようなことを押さえておきます。

◆いつも明るく仕事に取り組み，てきぱきと仕事を処理する。

◆身なりにも気を配り，仕事に差し支えるような装い，目立つ服飾や化粧は避ける。

◆相手を尊重し，誠意をもって対応する。

◆特に来客応対するときは，正しい姿勢で話す。

◆上司に呼ばれたら，すぐ「はい」と返事をし，メモ用紙と筆記具を持って上司のところへ行く。

ワード Check!

＊1）執務＝業務に就（つ）くこと。

人間関係をスムーズにするあいさつ

ビジネスの場であいさつをするのは，社会人としての常識です。あいさつは，よい人間関係を維持していくのに欠かすことができないもので，積極的にあいさつをすると，相手に感じのよい印象を与えるだけでなく，周囲の人もよいイメージを抱きます。また，前日に注意を受けた先輩やトラブルがあった同僚に対しても，平常通り積極的にあいさつすることで，感情的なしこりを残していないことの意思表示をすることになり，相手もそれを感じ取って，その後の仕事がスムーズにいくだけでなく，人間関係が深まったり，人間関係の修復が簡単にできるようになります。

以下のことに留意して，積極的にあいさつするよう心がけましょう。

◆親しみを込めて明るく元気にあいさつする。

◆あいさつを受けたときは，しっかり相手を見てにこやかにあいさつを返す。

◆「○○さん，おはようございます」のように，名指しであいさつすると親近感が増す。

●あいさつの言葉

あいさつには，以下のようなものがありますが，それぞれの状況に合わせて適切に使い分けなければなりません。また，とっさに反応しなければならないことが多いので，習慣として身に付けておく必要があります。

- □「おはようございます」……………………朝のあいさつ。
- □「こんにちは」………………………………昼間のあいさつ。
- □「こんばんは」………………………………夕方から夜にかけてのあいさつ。
- □「いらっしゃいませ」………………………来客を迎えるときのあいさつ。
- □「いつもお世話になっております」………社外の人に用いるあいさつ。
- □「こちらこそお世話になっております」…「お世話になっております」とあいさつを受けたときに返すあいさつ。
- □「ありがとうございます（ました）」………感謝の意を表すあいさつ。
- □「失礼いたします（ました）」………………部屋に入るときや帰るとき，来客を見送るときなどに用いるあいさつ。
- □「行ってらっしゃいませ」…………………外出を見送るときのあいさつ。
- □「お帰りなさいませ」………………………帰りを迎えるときのあいさつ。
- □「お疲れさまでした」………………………目上の人の帰りを迎えるときや見送るときのあいさつ。
- □「ごめんくださいませ」……………………訪問先で帰るときなどのあいさつ。

●お辞儀を使い分ける

あいさつをするとき欠かせないのがお辞儀です。お辞儀には3種類あります。

廊下や階段などで来客と擦れ違ったときなどにするのが「会釈」で，軽く頭を下げるお辞儀です。

来客を迎えたり見送ったりするときは，「敬礼」でお辞儀をします。「いらっしゃいませ」と言ってからお辞儀をしてもよいし，「いらっしゃいませ」と言いながらお辞儀をしても構いません。「敬礼」は，「普通礼」ともいい，大体30度の角度でするお辞儀です。

「最敬礼」はおわびをするときなど45 度程度の角度でするお辞儀です。敬礼よりも敬意を表すお辞儀になります。

お辞儀の種類

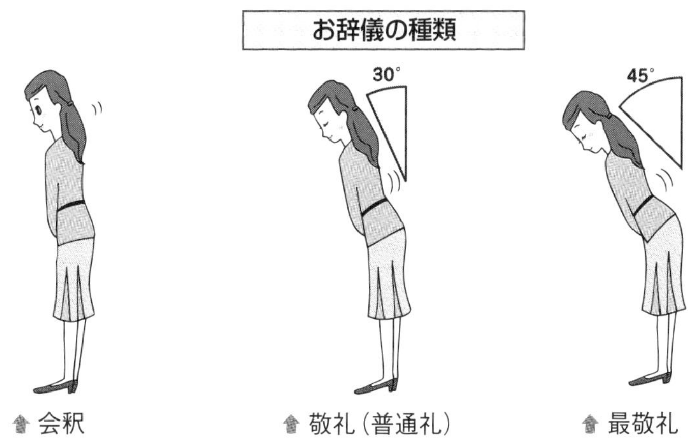

会釈　　敬礼（普通礼）　　最敬礼

話し方と人間関係

話し手は，聞き手との人間関係をわきまえて話さないと，話の内容を理解してもらえないだけでなく，相手の感情を害して人間関係を壊（こわ）してしまうことにもなりかねません。

●相手によって話し方を変える

誰かに話をする場合，話の聞き手は当然，自分と話し手との関係を想定して話を聞こうとしています。例えば，得意先から苦情を受けた場合，得意先は自分を「相手から丁重に扱ってもらう客」であると認識していて，その立場から説明を聞こうとしています。従って，得意先は自分が納得できるように，話し手が低姿勢で懇切丁寧（こんせつていねい）に話してくれるはずだと考えています。そういう相手からの苦情に関して，たとえこちら側に非がなかったとしても，それを一方的に話し手の立場に立って話したとしたら，得意先は事情を理解するどころか，「客に向かってその言い方はないだろう」と怒ってしまいます。

つまり，客が怒ったのは，説明不足などという話の内容に対してではなく，客の期待を裏切る「話し方」をしたからにほかなりません。

会話というのは話し手と聞き手がいて成立するわけですが，何を話すかという「話の内容」は話し手が握っています。話の内容を聞き手に伝え，聞き手が理解したところで話の目的が達成されます。これを「効果の決定」といいますが，その効果の決定権は，話を理解する側である聞き手が握っています。つまり，話し手は効果の決定権を握っている聞き手に配慮して話さなければ，話の効果を得られないということになります。

前述の例では，話し手が自分の立場をわきまえず，聞き手の立場を配慮しない話し方をしたために「苦情に対する非は話し手の方にはない」という「話の効果」が得られなかったどころか，客を怒らせるという最悪の事態を招いたわけです。

話し手は，同じことを話すにしても，相手によって話し方を変えなければ，話の効果が得られないだけでなく人間関係も悪くするということを心得ておく必要があります。

取引先，上司，上司の部下，先輩秘書など，それぞれの立場と自分との関係を認識し，人間関係がプラスになるような話し方を心がけましょう。

●話すことでよい人間関係をつくる

話をすることは，お互いを理解するということでもあります。気が合わないと思っていた人も，じっくり話してみると，断片的な会話や立ち居振る舞いなどから抱いていたイメージとは違っていた，共通の話題も多くすっかり仲よくなったという経験をしたことがあると思います。

また，集団の中にはうまく話せないので周囲に話し相手がいない人とか，引っ込み思案なので話すきっかけがつかめない人などが少なからずいるものですが，そういう人にも積極的に話しかけ，会話のきっかけをつくりたいものです。

会話はお互いを理解するための大切な手段ですが，無意識に発した言葉が相手を傷つけてしまったり，真意を誤解されて仲(なか)たがいしてしまった，ということもよくあります。

つまり，話すことによって，親交が深まったり逆にわだかまりができたりするなど，人間関係も変化していきますが，重要なのはその変化をよりよい方向に変化させていくことです。言葉で生じたわだかまりも積極的に話すことで，関係を修復していき，人間関係をさらに深めていくようにしたいものです。

相手との会話を円滑にしてよい人間関係をつくるために，以下のような会話のマナーを心得ておきましょう。

◆相手が嫌がる話題や意見が対立するような話題，宗教や政治の話題は避ける。

◆その場に合った話題を選ぶ。会話のメンバーや，場の雰囲気に合った話をするように心がける。

◆会話はお互いにバランスよく話したり聞いたりするものなので，自分一人でしゃべらないように心がける。一方的に話すと聞き手に不満が残る。

◆話の腰を折らない。相手が話しているとき，そのことで自分も話したいからと口を挟んではいけない。話が中断されると話している人だけでなく，聞いている他の人も不快に感じる。

◆会話が途切れたら，関連する話題を提供するなどして，話題をつなぐような努力をする。

◆人の話の揚げ足取りをしたり，相手を非難するような話し方をしない。

上手な話し方

上司への報告や取引先との会話などでは，歯切れのよい話し方を心がけます。語尾をのばすような話し方や甘えたような話し方はビジネスの場ではふさわしくないことを心得ておきます。

また，一般的なビジネスの場での話し手としては，聞き手が気持ちよく話を聞くことができるように，次のようなことに留意します。

◆相手がうるさく思ったり，耳を澄(す)まさなくてもよいように，適切な声の大きさで話すようにする。

◆適切な間(ま)を取って話す。また，早口でまくしたてるようにしゃべらない。

◆相手の反応を確認しながら話す。話に興味がなさそうだったら，話題を変えてみる。重要な件を伝える場合は，相手が理解したかどうか確認すること。

上手な聞き方

会話を弾ませるためには，上手な聞き手でなければなりません。また，「話し上手は聞き上手」といわれるように，よい聞き手は話がうまいものです。よい聞き手になるためには以下のことに留意します。

◆「なるほど」「それで」「そう」など，適切に相づちを打って聞くようにする。

◆前にも同じような話を聞いていても，話を止めないで最後まで聞く。

◆相手の話を誤解しないように正確に聞く。内容が分かりにくいときは，話の区切りで，「つまり～ということ？」などと確認する。

◆話が混乱して相手がうまく説明できないようなときは，「こういうことではないか」などと助け舟を出す。

SELF STUDY

過去問題を研究し
理解を深めよう！

POINT 出題 CHECK

「人間関係の重要性」については，上司や先輩，同僚，後輩に対する気遣いや後輩の指導の仕方などがポイントになる。「あいさつ」に関しては，状況に応じたあいさつの仕方を押さえておく。また「失礼します」はいろいろな場面で使えるのでチェックしておこう。「話し方・聞き方」は基本を押さえておくとよい。

●次のような間違えやすい問題に注意しよう!!

●あいさつの前後の言葉→○「言ってよいこと」と「いけないこと」を見極める
（なぜ早いのか，もう済んだのかなど秘書が関わるべきでないことは不可）

✻人間関係の重要性

職場でよい人間関係ができた場合の効用を述べたものである。

○　①譲り合える雰囲気ができる。

○　②職場が明るくなり，気持ちよく働ける。

×　③お互いが競争しない雰囲気ができる。

③よい人間関係ができれば，お互いが協力し合って仕事をしようという雰囲気ができる。このような雰囲気の中でお互いによい仕事をしようというい意味での競争が生まれる。

✻あいさつ

×　①上司と面談を終えて帰る客から「さようなら」と言われたとき,「もう，お済みですか。失礼します」とあいさつした。

①面談の内容に関係ない秘書が話すことではない。

✻話し方・聞き方

×　①前にも聞いたことのある話のときは，そのことを言って，相手が同じ話をしなくてよいようにしている。

○　②まだ話の続きがありそうなときには，「それでどのようになったのですか」などと言って，話を続けやすくするようにしている。

①前に話したことでも，今回は何かのたとえや参考として話そうとしているのかもしれないと推察することも大切。

CHALLENGE 実問題

1 難易度 ★★★☆☆

次の「　　」内は，秘書Aの日ごろのあいさつの言葉である。中から不適当と思われるものを一つ選びなさい。

1）宅配業者の人に，「いつもお世話さまです」
2）出張から戻ってきた上司に，「お疲れさまでした」
3）退社するとき残業している同僚に，「ご苦労さまです」
4）廊下で出会った顔見知りの取引先の人に，「こんにちは」
5）上司との面談を終えて帰る客に，「本日はありがとうございました」

2 難易度 ★★★★☆

秘書Aは上司から買い物を頼まれた。このような場合，どのようにして外出するのがよいか。次の中から適当と思われるものを一つ選びなさい。

1）上司の使いで外出するとメモに書き，それを自分の机の上に置いて外出する。
2）上司に，すぐ行くが誰に断っておけばよいか尋ねて，その人に伝えて外出する。
3）上司の指示で買い物に出るのだから，いつごろ戻ると上司にだけ伝えて外出する。
4）先輩に，上司から買い物を頼まれて外出したいがよいかと許可を得てから外出する。
5）隣の席の人に，上司の使いで買い物に行くと言い，戻る予定の時間を伝えて外出する。

【解答・解説】1＝3）「ご苦労さま」は，相手の骨折りをねぎらう言葉である。一般的に目下の人に対して使う言葉なので同僚に言うのは不適当。この場合は，「お先に失礼します」などが適切になる。
2＝5）上司から頼まれた買い物で外出するにしても，Aがいない間に何かあるかもしれない。従って，隣の席の人に戻る時間などを伝えて外出するのがよいということである。

Lesson 2 敬語と言葉遣いの基本

CASE
STUDY
あなたなら
どうする？

お出かけになられる時間でございますが……

「お出かけになられる時間ですが……」

▶秘書Aは，会議に出席する予定の上司に「お出かけになられる時間でございますが……」と言ったのですが，そこにいた先輩秘書Cから，後で，先ほどの敬語の使い方は間違っていると指摘されました。Aは，どのように言えばよかったのでしょうか。

対処例

○△×?…

「お出かけになる時間でございます」と言えばよいでしょう。

スタディ

「お出かけになられる」は，すでに「お出かけになる」と敬語表現をしているのに，さらに「出かける」の別の敬語表現，「出かけられる」の「られ」を付け加えたことで二重敬語になっています。この場合は，「お出かけになる」とするのが正解です。

敬語の役割

人と人との間には，年齢や立場の差，職位の違いや親密度の違いなど，さまざまな差や距離があります。そうした人間関係の差や距離を埋めてくれるのが敬語です。言い換えれば，敬語を用いれば，職位の高い人や目上の人とも対等に話すことができるということです。

秘書は，ビジネスの場でさまざまな人と言葉を交わすことになります。来客や取引先の人など社外の人たちだけでなく，上司，上司の上役や部下，先輩秘書などに対しても適切な敬語が使えるように，正しい敬語の用法を身に付けておく必要があります。

敬語の種類

敬語は相手に敬意を表す言葉で，以下の3種類があります。

◆尊敬語（そんけいご） → 相手の動作を高めて敬意を表す言い方。

◆謙譲語（けんじょうご） → 自分や自分に属する者の動作を低めて相手に敬意を表す言い方。

◆丁寧語（ていねいご） → 話し相手（聞き手）に直接敬意を表す言い方。

尊敬語の型を覚える

尊敬語は，普通の言い方を次の型に当てはめてつくることができます。

◆「れる」または「られる」型。

例）書く→書かれる　　来る→来られる

◆「お（ご）～になる」または「お（ご）～なさる」型。

「れる」型，「られる」型よりも敬意は高くなる。

例）書く→お書きになる

◆特別な言い方で表現する方法。

例）行く→いらっしゃる　　言う→おっしゃる

普通の言い方	「れる」「られる」型	「お（ご）～になる」「お（ご）～なさる」型
受ける	受けられる	お受けになる
待つ	待たれる	お待ちになる
検討する	検討される	ご検討なさる，ご検討になる
来る	来られる	――

普通の言い方	特別な言い方
来る	おいでになる，いらっしゃる，お越しになる
行く	いらっしゃる
言う	おっしゃる
いる	おいでになる，いらっしゃる

尊敬語をつくる際の注意点

尊敬語をつくる際，両方の型を同時に用いると「二重敬語」といって，過剰な使い方になるので注意します。例えば，「お受けになる」に「受けられる」の「られ」を加えて「お受けになられる」などです。

謙譲語の型を覚える

謙譲語には，①自分の動作を低めて表現するものと，②依頼のために用いる謙譲語があります。

①自分の動作を低めて表現する謙譲語の型

自分の動作を低めて表現する謙譲語は，次の型に当てはめてつくることができます。

◆「お（ご）～する」または「（お，ご）～いたす」型。

例）読む→お読みする　送る→お送りいたす

◆特別な言い方で表現する方法。

例）行く→参る　聞く，受ける，承諾する→承る（うけたまわる）

普通の言い方	「お（ご）～する」「（お，ご）～いたす」型
受ける	お受けする
待つ	お待ちする
検討する	検討いたす

普通の言い方	特別な言い方
来る	参る
行く	参る，伺う
言う	申す，申し上げる
見る	拝見する
食べる	いただく
聞く	伺う，承る

②依頼のために用いる謙譲語の型

普通の言い方	「～していただく」型	「お（ご）～いただく」型
検討する	検討していただく	ご検討いただく
書く	書いていただく	お書きいただく
読む	読んでいただく	お読みいただく
見る	見ていただく	ご覧いただく

丁寧語の基本を覚える

丁寧語というと，丁寧な言葉遣いのことであるとの印象がありますが，そうではありません。敬語における丁寧語とは，「です」「ます」「ございます」のことで，言葉としてはこの三つしかありません。

そして，この「です」「ます」「ございます」は，話し相手（聞き手）に対して直接敬意を表します。

普通の言い方	丁寧語の例文
そうだ	そうです，さようでございます
する	します，いたします
ある	あります，ございます

「お（ご）」の使い方

「お（ご）」を付けて敬意を表す言葉と付けることが慣習になっている言葉がありますが，付けたらおかしいものもあるので注意します。

「お（ご）」の使い方による分類

「お（ご）」は次のようなケースで使用しますが，③について補足しておきましょう。例えば，「後日お電話でご連絡いたします」などと言う場合，電話で連絡するのは自分です。自らの行為に「お（ご）」を付けることは自分に敬語を使っているように思えますが，行為そのものは自分のことでも，その行為が直接相手に関わってくることになるので「お（ご）」を付けて敬意（謙譲語）を表しているのです。

ケース別分類	言い方の例
① 敬意を表すために付けるケース（尊敬語）	社長のお話，お名前を伺う 先生のご意見，部長のご出席
② 慣用が固定しているため付けるケース	おはようございます，お菓子 ごちそうさまでした，ごはん
③ 自分のことだが，相手に関係するため慣用されているケース（謙譲語）	ご返事いたします，お電話します お願い申し上げます

「お（ご）」を付けないケース

女性が使う場合には付けても構わないものや付けた方がより丁寧になるものがあります。例えば，「お食事」「お部屋」「お財布」「お洋服」「お着物」などです。しかし，以下のように付けるとおかしいものがあるので気を付けましょう。

ケース別分類	言い方の例
●付ける習慣がない言葉	お鉛筆，お灰皿，お書類
●外来語	おコーヒー，おテーブル
●その他	「お」，「ご」で始まる言葉

間違った敬語の使い方に注意する

敬語を用いる場合は以下のようなことに注意します。

◆二重敬語を使わない。二重敬語とは，敬語を重ねて使うこと。

例）× お客さまがお待ちになられています。
　　○ お客さまがお待ちになっていらっしゃいます。

◆尊敬語と謙譲語を混同・混用しない。

例）× （来客に）パンフレットを拝見されますか。
　　○ （来客に）パンフレットをご覧になりますか。
　　× （来客に）遠慮なさらずにいただいてください。
　　○ （来客に）遠慮なさらずに召し上がってください。

◆社内の者を社外の人に対して言う場合は，尊敬語を用いない。

例）× （来客に）山田部長は外出されていますが……。
　　○ （来客に）部長の山田は外出しておりますが……。
　　○ （来客に）山田は外出しておりますが……。

◆社内の者を，家族や近親者などに対して言う場合は尊敬語を用いる。

例）× 部長の山田は外出していますが……。
　　○ 部長は外出されていますが……。
　　○ 部長さんはお出かけになっていらっしゃいますが……。

＊役職名が敬称のように使われることが多いので，社内で呼ぶときは「部長」で，「部長さん」とは言わないが，家族などに対しては「部長さん」を用いても構わない。単に「部長」と言うよりも耳に柔かく響き，感じがよい。

◆上司（部長）の指示を課長に伝えるなど，自分よりも目上の人に，その人よりも職位が上の人の指示を伝える場合は尊敬語を用いる。

例）×　打ち合わせのため2時に来ると言われました。

　　○　打ち合わせのため2時におみえになるとおっしゃいました。

◆課長の話を上司（部長）に伝えるなど，自分よりも目上の人の話を，その人よりも職位が上の人に伝える場合は話の内容部分は謙譲語，その他の部分は低い程度の尊敬語を用いる。

例）×　部長の意向を聞きたいので，3時に来たいとおっしゃいました。

　　○　部長のご意向を承りたいので，3時に伺いたいと言われました。

間違った言葉遣いに注意する

自分では正しいと思って使っていても，用法など，日本語として間違った言葉遣いをしていることが少なくありません。人に指摘されたり，どこかおかしいなと感じたら，すぐに正しい使い方を調べ，きちんと直すようにしましょう。

ビジネスの場では特に以下のようなことに気を付けましょう。

◆「課長の○○と一緒に部長の□□が随行します」は，「同行します」が正しい。随行とは目上の人に付き従うという意味。

◆「お客さまを応接室にお連れいたしました」は，「お通し」または「ご案内」を使うのが正しい。「お連れする」は自分と同等かそれ以下の人を一緒に伴って来た場合に使う言葉である。

◆「山田と名乗る者は二人おりますが」は，「山田は二人おりますが」などと言うのが正しい。「名乗る」は，自分の名や素性などを告げることで，他人に対して使うのは，その人間の本名が定かでない場合など。

◆職場の先輩に対しては，「武田先輩」ではなく「武田さん」と呼ぶのが正しい。学生時代と違ってビジネスの場では職名か「さん」付けで呼ぶのが一般的である。また，上司が部下を「くん」付けで呼ぶことはあっても，秘書が同僚や後輩を「くん」付けで呼ぶようなことはしない。役付きがない場合は全て姓を「さん」付けで呼ぶ。

◆「すぐに郵送で送ります」，「昨年の3倍，受注を受けた」は「郵送します」，「受注した」とし，重語を使わないように気を付ける。重語とは同じ意味の言葉を繰り返して使うことで，「車に乗車して待っています」「今，現在」「まだ未解決の問題がある」なども重語になる。これらは，「車に乗って」か「乗車して」，「今」か「現在」，「まだ解決していない問題」か「未解決の問題」としなければならない。

◆大役を任されたとき，「その役目は私には役不足です」と言うと，もっと大きな仕事をしたいと不満を表していることになる。役不足とは「自分の力と比較して割り当てられた役が軽過ぎる」という意味で，その役目が自分には重すぎるということであれば「力不足」としなければいけない。

◆「このチャンスを生かして『汚名挽回』したいと思います」は，「汚名返上」の言い間違い。「汚名」は不名誉な評判だから「返上」（済んだものとして返すこと）しなければならない。挽回は「遅れたことや失ったものを取り返すこと」だから，「汚名」とは結び付かず，「名誉挽回」などと使う。「汚名挽回」は，「汚名返上」と「名誉挽回」を混交した間違いである。

◆「的を『得』る」は間違い。的は得るものではなく，弓で射るものなので，「的を『射』る」が正しい。「肝心な点を確実に捉える，要点を押さえる」という意味で，「的を射た質問」などと使う。

◆「（カタログは）こちらの方でよろしかったでしょうか」という言い方は，ファミリーレストランやファーストフード店のマニュアル言葉から流行したものだが，秘書はこのような言葉を使ってはいけない。「必要なのはこちらのカタログでしょうか」「こちらのカタログでよろしいでしょうか」などと正しい接遇用語を使わなければならない。

SELF STUDY

過去問題を研究し
理解を深めよう！

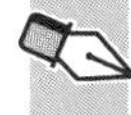

POINT 出題 CHECK

「敬語」に関しては，3種類の敬語の要点をしっかり理解しておくこと。二重敬語や尊敬語と謙譲語の混用を問う問題が多いので，そこを押さえておくのがポイント。「間違った言葉遣い」については，日ごろから日本語についての関心を持って正しい言葉遣いをチェックしておこう。

尊敬語と謙譲語

普通の言い方と敬語の組み合わせである。

○　①聞きたい　＝　承りたい
○　②見てくれ　＝　ご覧ください
×　③来てくれ　＝　参ってください

③来てくれの尊敬語は「おいでください」「お越しください」など。

社内の者を外部に言う ①

来客に対する言葉遣いである。

○　①私どものどの者とお約束でしょうか。
○　②営業部に加藤という者はおりませんが。
×　③部長の山田は，すぐこちらへおいでになります。

③「おいでになります」は尊敬語である。部長は内部の者なので，来客に対しては「参ります」と謙譲語を使わなければならない。

社内の者を外部に言う ②

来客に対する言葉遣いである。

○　①中村は先月退職いたしました。
○　②ただ今，分かる者を呼んでまいります。
○　③木村は2人おりますが，課長の木村でございますか。
×　④当社には，そのような者はいらっしゃいませんが。

④「いらっしゃる」は「いる」の尊敬語である。この場合，社内の者を外部の人に言うときは「おりませんが」と謙譲語で言う。

尊敬語と謙譲語の混用

来客に対する言葉遣いである。

○　①よければ，私が伝言を聞くと言うことを
「よろしければ，私が伝言を伺いますが」

○　②そのことなら，私もよく知っていると言うことを
「そのことでしたら，私もよく存じております」

×　③このパンフレットを見てもらえるかと言うことを
「こちらのパンフレットを拝見くださいますでしょうか」

③客に見てもらえるかと言っているのだから「ご覧になっていただけますか」などとしなければならない。

上司の家族に話す

上司（山田部長）の家族に「上司は外出している」と伝えるとき。

×　①「部長は外出なさっております」

×　②「部長の山田は外出しております」

○　③「部長さんは外出していらっしゃいます」

③家族に上司のことを言うのだから「部長」か「部長さん」を使う。また，「いる」は尊敬語で言うことになるので「いらっしゃいます」にする。

間違った言葉遣い

×　①他部署の人から，そちらの新人歓迎会はいつかと聞かれて
「うちは来週の水曜日です」

×　②同期入社の吉田徹に，課長を見なかったかと尋ねるとき
「徹くん，課長を見かけなかった？」

×　③客に商品カタログを渡しながら「こちらの方でよろしかったでしょうか」

①「うち」ではなく「○○課は」とビジネスの場にふさわしい言葉遣いをする。②姓をさん付けで呼ぶ。③「こちらのカタログでよろしいでしょうか」などと正しい接遇用語を使わなければならない。

CHALLENGE 実問題

1 難易度 ★★★☆☆

山田部長秘書Aは上司宛ての電話を，上司の指示で断ることがある。次はこのような場合の，Aの断りの言葉を五つに区切ったものである。中から言葉遣いが不適当と思われるものを一つ選びなさい。

1）ご用件は山田に伝えましたが，
2）そのようなお話は
3）断るようにと
4）申し付かっております。
5）ご了承くださいませんでしょうか。

2 難易度 ★★★★☆

次の「　　」内は，営業部長秘書Aの上司に対する言葉遣いである。中から不適当と思われるものを一つ選びなさい。

1）これを見てもらえるかということを
　「こちらをご覧いただけますか」
2）予約客のS氏が訪れたということを
　「ご予約のS様がお越しになりました」
3）総務部長が時間をもらいたいと言っているということを
　「総務部長がお時間を頂きたいとおっしゃっています」
4）きのう来たN氏が持ってきてくれたものだということを
　「昨日ご来社のN様がお持ちくださったものでございます」
5）本部長が呼んでいるが，都合はどうかということを
　「本部長がお呼びしていますが，ご都合はいかがでしょうか」

【解答・解説】1＝3）「断るように」とは，上司がAに指示したときの言い方である。Aが言うときには，断る電話でも丁寧な言い方をしないといけない。適切なのは，「お断りするように」などになる。
2＝5）「お呼びして（お呼びする）」は謙譲語なので不適当。この場合，上司を呼んでいるのは本部長だから，「お呼びです」「お呼びになっていらっしゃいます」などの尊敬語で言わないといけない。

Lesson 3 話し方・聞き方の応用

すごく忙しそう……
今日中に報告しておきたいことがあるのだけれど……

忙しい上司に複雑な報告をどうする？

▶秘書Aは今日中に上司に報告しておきたいことがあるのですが，上司は忙しそうにしています。報告は込み入った内容で時間がかかりそうです。このような場合，Aはどのような報告の仕方をすればよいのでしょうか。

対処例

最初にどのような報告事項があるかを告げ，「今日中に報告したいが，いつごろ都合がよいか」と尋ねて上司の指示を受けます。指示があったときにまとめて報告すればよいでしょう。

スタディ

上司は忙しそうにしているので，まず，①どのような報告事項があるのかを知らせます。次いで，②報告に要する時間を告げ，③今日中に報告したいことを話して，④上司の都合のよい時間を聞きます。報告事項によってはすぐに報告を求められるので，要領よく報告できるよう事前に要点をまとめておくとよいでしょう。今日中に時間が取れない場合は，どのようにするか上司の指示を受けます。

情報伝達の仕方

秘書は，日常業務の中で上司に伝達する情報にはどのようなものがあるか，その際注意すべきことは何かを心得ておく必要があります。

●伝達する情報の種類

秘書が上司に伝達する情報としては，以下のものがあります。

- ◆上司の不在中に応対した来訪者とその伝言。
- ◆上司の不在中に受けた電話とその伝言。
- ◆関係者の人事異動や死亡広告など，新聞記事やテレビなどから得た上司に必要と思われる情報。

◆郵便や宅配便，社内便などで届いた文書や資料，手紙の要約。

◆会社の諸活動に関する従業員の意見や反応（上司に尋ねられたとき）。

情報伝達する際の留意点

上司に情報を伝達する際は次のことに留意します。

◆正確に伝達する。

日時，場所，数量，固有名詞などは特に注意して正確に伝える。口頭で伝達した後，メモ用紙などに正確に記して渡すとよい。上司に尋ねられて従業員の意見などを伝達するときは，うわさと事実を明確に区別して伝達する。

◆分かりやすく話す。

曖昧な言い方をせず，要点をまとめて簡潔に話す。

◆適切な態度で話す。

上司を見て，正しい姿勢で歯切れよく話す。

上司の代理として伝達する

秘書は上司の代理として情報を伝達することがあります。代理としての情報伝達には次のようなケースが考えられます。

◆ 上司からの命令・指示を上司の部下に伝える。

◆ 上司に代わって電話をかける。

◆ 上司に代わって関係者のお見舞い，お祝い，お悔やみなどに出向く。

上司の代理で伝達する際の留意点

上司に代わって情報伝達する場合は，上司の権限を代理しているのではなく，あくまでも伝達役であることを自覚しておくことが大切です。そのほか以下のようなことに留意します。

◆上司の意向を正しく伝える。

上司の意向を正確に伝える。余分なことを加えたり，省略したりしない。

◆丁寧な言動を心がける。

上司の代理であっても，立場は秘書であることに変わりはない。「上司の地位や権限を代理しているわけではない」ことを心得て，丁寧な言動を心がける。

◆謙虚な態度で行う。

伝達する相手は自分より立場が上であることが多い。礼儀をわきまえ，あくまでも代理であることを自覚して謙虚な態度で伝える。

◆正しい敬語表現を用いる。

伝達者である自分と相手の立場，また相手と上司との関係をよく心得て，適切な敬語を使うように注意する。

報告の仕方

上司に報告することが出てきた場合，報告する内容を自分で正確に把握しておかなければなりません。また，すぐ報告すればよいというものではなく，報告内容の緊急度，上司の仕事の状況などを考慮してタイミングよく行います。

●報告する前の準備と報告の要領

報告する際は，報告内容を正確に伝えられるように，事前に日時，場所，数量，内容の要点などを確実に把握しておきます。また，情報の正確性を高めるために，それを裏付ける資料や事実を収集しておくことも大切です。

報告する際の要領は以下のようなものです。

◆最初に結果を告げる。

結果が重要。結果に至る経過や理由の説明は後から行う。

◆簡潔に要領よく述べる。

明確さを欠く言い方をしない。自分で内容を正確に理解し，話の要点を整理して報告する。

◆事実と推測(すいそく)＊1）を明確に区別する。

客観的な事実を正確に述べることを第一とする。主観的な判断や自分の意見，推測や憶測(おくそく)＊2）とは明確に区別する。

◆報告する相手を間違えないよう確認する。

報告内容によっては社内の人であっても漏れると都合の悪いこともある。上司以外に報告する場合は，誰に報告するのかを確認する。

◆メモ・文書にして報告する。

内容が込み入っていて，口頭では説明が難しい場合や日時，数量，固有名詞などに正確性が求められる場合はメモや文書にして伝える。

●報告するタイミングを見極(きわ)める

上司に報告するときは，以下のようなことに留意してタイミングよく行います。

◆今すぐかどうか，時機を判断する。

報告の時機は内容の緊急度，重要度によって判断するが，上司が重要視している件で特に悪い結果がもたらされたような場合は，一刻も早く報告する。

◆上司の状況を見てタイミングを判断する。

後でもよい報告は，上司が考え事をしているときや多忙なときを避け，一区切りついたところを見計らって報告する。報告するいいタイミングだと判断

＊1）推測＝今まで得た知識に基づき，物事や将来に対して恐らくこうであろうと考えること。
＊2）憶測＝想像に基づく根拠のない推測。

しても，「今，よろしいでしょうか」と声をかけて上司の意向を確認する。

◆期限内に時間がかかる報告をするときは事前に予告する。

今日中に報告しなければならないなどの期限があって，なおかつ報告に時間を要する場合は，上司が忙しくしていても，折を見て報告事項と必要時間を告げ，指示を仰（あお）ぐようにする。

◆指示された仕事の経過報告は，上司に求められる前にする。

指示された仕事が終わったら速（すみ）やかに報告し，予定よりも仕事の仕上がりが遅れそうなときは，前もって経過と見通しを上司に報告して指示を仰ぐ。このほか，長期間にわたる仕事のめどが付＊1）いたら，その後の予定と完了予定期日などを報告する。

依頼の仕方

依頼とは，相手に何かを頼んで協力を求めることです。依頼を快く引き受けてもらうには，日ごろから良好な人間関係を築いておくことが大切です。また，依頼する場合は，単に自分の要望だけを述べるのではなく，相手が協力しようという気になるように話す必要があります。

●依頼する際の留意点

依頼する際には，次のようなことに留意します。

◆依頼内容の要点をまとめておき，難易度，必要時間などを事前に把握しておく。

◆熱意をもって誠実に話す。

◆相手に応じた話し方を考える。

●効果的な依頼の仕方

相手の性格や人柄，またその人の心理状態や仕事の状況などを踏まえて，効果的な依頼の仕方をすることが大切です。

以下のようなポイントを押さえておきましょう。

◆話を聞いてもらえるような切り出し方をする。

目上の人や取引先などには低姿勢で。「いきなりで，申しかねますが……」とか「折り入ってお願いがございますが……」などと，恐縮（きょうしゅく）＊2）した態度で話を切り出すのが基本。同僚や後輩には，「実は，頼みたいことがあるのだけれど……」などと切り出す。依頼する相手がまず話を聞こうという気持ちになるように切り出すのがポイント。

＊1）めどが付く＝見通しがはっきりする。予測がつく。
＊2）恐縮＝身も縮まるほどに申し訳なく思う。自分の都合で相手に何かを依頼する場合，軽い謝罪の気持ちを込めて「恐縮ですが」などと使う。

◆依頼する相手の自尊心に訴える。

「あなたにしかできないことを頼みたいのだけど」などと相手の自尊心に訴える。「これなら他の人でもできるのでは」と言われたら,「あなただったら安心して任せられるから」,「あなたの仕事の確かさを知っているから」などと相手への信頼感を強調するとよい。

◆頼む仕事の価値を評価する。

「上司も仕上がりを期待しているのだけれど，その中核になる部分をお願いしたいの」など，頼む仕事の価値を高く評価して，相手に引き受ける魅力を感じさせる。

◆仕事を押し付けるような言い方はしない。

「何とか協力してほしい」「どうしてもお願いしたいの」などと，最初から仕事を押し付けるような依頼の仕方は，相手の反感を買ってうまくいかないことが多い。人は他人から強要されたくないという気持ちを持っているからである。「ちょっと困っているので相談に乗ってほしいの」と話を持ちかけ，相手に，自発的に協力しようという気持ちを起こさせるのがよい。

◆仕事の仕方を示す。

「このようなやり方をすれば，うまくできると思うけど」などと仕事の手順や進め方を具体的に示して，相手の不安感をなくすようにする。ただし，「もっといい進め方があればお任せするけど」と仕事の仕方は強制せず，相手に工夫する余地を与えることも重要。

断り方

ビジネスの場では，相手の依頼や申し出を断ることもあります。依頼する方は相手が受けてくれることを当てにしているので，それを拒絶されるとがっかりしますし，精神的にも傷つきます。断るときは以下のようなことに留意し，できるだけ相手にダメージを与えないように十分配慮しなければなりません。

◆相手の話を最後までよく聞く。

相手の話に耳を傾け，できれば協力したいという気持ちで応対する。

◆断る理由を話す。

なぜ協力できないのか，事情をきちんと説明し，理解を求める。

◆納得させる。

一緒に代案を考えるなどして誠意を尽くし，協力したいが理由があって断ることを納得させる。互いに感情的なしこりが残らないようにすることが重要。

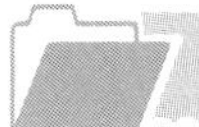

指示の受け方

上司に呼ばれたら何かの指示があるものと想定して，上司のところに行かなければなりません。

●指示を受ける手順

指示を受ける手順は，以下の通りです。

①上司に呼ばれたら，「はい」と明るく返事する。

②メモ用紙と筆記具を用意する。

③呼ばれた場所に行き「お呼びでしょうか」，「何かご用でしょうか」などと声をかける。

④指示を受けたら，気持ちを集中して最後までしっかり聞く。

⑤指示内容を聞きながら，要点をメモする。要点は5W3Hを参考にするとよい。

What（ホワット）………（何を）何の仕事か。
Why（ホワイ）………（何のために）どのような理由でか。
When（ホエン）………（いつまでに）期限は決まっているのか，余裕があるのか。
Who（フー）………（誰が）自分一人か，誰かとか，グループでか。
Where（ホエア）………（どこで）仕事をする場所はどこか。
How（ハウ）………（どのようにして）方法，手順に注文はあるのか。
How many（ハウメニイ）…（どのくらいか）数量はどれくらいか。
How much（ハウマッチ）…（幾ら）値段，経費はどれくらいか。

⑥指示が終わったら，復唱して確認する。特に，数字や固有名詞は注意する。

⑦不明な点や疑問点は最後に確認する。

◆①で，手が離せないことがあってすぐに指示を受けられない場合は，その事情を話し，後でもよいか確認する。⑤で，複数の指示を受けたら優先順位を指示してもらう。⑦での疑問点確認については，指示が長い場合は一区切りした段階で，複数の指示がある場合は一つの指示が終わった段階で確認してもよい。

●指示された仕事の処理の仕方

前に指示された仕事を抱えていて，すぐに仕事にかかれないときは，上司に相談し，どちらを優先するか，前の仕事の締め切りを延長できるかなどを確認します。仕事は，納期や重要度などを考慮して優先順位を付け，それに従って処理するのが原則です。指示された順に仕事を進めるようなことをしてはいけません。

また，上司の上役などから仕事を指示されたら，いったん引き受け，上司に報告して了承を得てから取り組むようにします。ただし，すぐに済むような仕事で，上司に報告するほどのことでない場合は，いちいち報告したりせずに，快く引き受けます。

注意・忠告の受け方

注意とは，よくないことだからやめるように言ったり，しなければならないことをしていないのでするように言うことです。また，忠告とは真心をもって人の過失や欠点を指摘して改めるように言うことです。

自分では人に指摘されるような言動をしていないと思っていても，他人から見るといろいろ問題があったりします。仕事にしても，自分では上司に満足されるような仕事をしていると思っていても，上司から見ればまだまだ不十分な点や改めてもらいたい部分があるかもしれません。

上司や先輩秘書が注意などをするのは，仕事ができる秘書に育てようと考えているからで，それを受け入れることによって人は成長します。注意を受けて初めて，自分の欠点や力不足に気が付き，それを克服（こくふく）*1）していこうとするからです。

注意などを受けると嫌な気がするものですが，する方も気持ちがよいものではありません。できればしたくないのですが，指摘しないと本人も成長しないし，業務上も困るのであえてするのです。注意を受けたときは，そうした相手の気持ちも考えて素直に受け入れるようにします。

●注意などの受け方

指摘を受けたら，反発したり反感を抱いたりせずに，前向きに捉えて自分の成長の糧（かて）*2）にしなければなりません。

以下は注意などを受けたときの心得です。

◆「誰に」言われたかではなく，「何について」言われたのかを考える。

「あの人から注意されてショックだった」，「上司に注意を受けたので落ち込んでしまった」など，注意した人のことを気にする人が少なくない。誰が言ったかを問題にするのではなく，何について言われたのかを考えなければならない。仕事の仕方や自分の行為がなぜ間違っているかを考えることが大切で，誰が言おうと同じことである。

◆自分の非に気付いたら素直に謝（あやま）る。

注意などを受けたときは，まず指摘を受けた理由を考え，理解するよう努めなければならない。そして自分の過（あやま）ちに気付いたら，「申し訳ありませんでした。今後は改めます」と素直に謝ることが大切。また，指摘を受けた点について反省し，再び同じ間違いをしないよう気を付ける。

ワード Check!

*1）克服＝努力して困難な状況や苦境を切り抜けること。
*2）糧＝食糧。力づけるもの。何かを支え養うもの。「心の糧」などと使う。

◆注意は最後まで聞く。

相手が話しているのに途中で口を挟んで相手を制するのは失礼に当たる。相手の話は最後まで真剣に聞かなければならない。

◆自分の方に言い分がある場合も，まずは素直に謝る。

自分に言い分があっても，指摘を受けたのは「自分の言動に誤解を招く点があったため」と考え，そのことについて素直に謝る。

◆相手の指摘が間違っていたら，話を聞いた後に対応する。

ときには相手の注意が不適切だという場合もある。そのときも感情的にならず，まず相手の話を最後まで聞く。自分の言い分は相手の話が済んでから穏やかに話せばよい。

◆指摘されたことをノートなどに記録して反省する。

同じ失敗を繰り返さないためにも，指摘されたことをノートや手帳などに記録しておく。注意から学ぶことも多い。

◆上司から注意を受けた場合の対応。

上司に注意を受けたら，すぐに「申し訳ありませんでした」と謝る。仮に上司の指摘が納得いかない場合でも，弁明（べんめい）したりしないで，すぐに謝ることが重要。秘書は上司を補佐するという大きな役割を担っている。納得がいかないからと自分の言い分を話していると上司の貴重な時間を無駄にすることになるし，秘書が弁明することで上司に嫌な思いをさせるようでは，上司を補佐するという本来の役割を果たせないことになる。また，上司には上司なりの考えがあって注意をしているので，納得がいかなくてもそれを受け入れることが重要である。弁明すれば秘書の気は晴れるだろうが，上司の補佐をする秘書としては失格になる。

●注意などを受けたときのタブー

注意などを受けたときは以下のような態度をとらないように気を付けます。これらのことは，注意の意味を正しく理解していれば常識で分かることですが，頭では理解していても，人間には感情があるのでついこのような反応をしがちです。理性で感情を抑えるように努力しなければなりません。

◆感情的になる。

注意の内容ではなく，「注意を受けたこと」そのものに反発して感情的になる人は多い。注意されることで自分の人格を否定されたように感じるからであろうが，感情的になればなるほどその人の人間性が問われることになる。指摘を受けたら，人の話を冷静に聞き，感情よりも理性で考えるよう努力しなければならない。また，注意されたことでその人との間に感情的なしこりを残さないようにする。

◆注意を受けたことに過剰な反応をする。

注意を受けると，極端に落ち込んだり，ふてくされたり，口を利かないなど，過剰な反応をする人がいるが，そうした態度をとっても何も得るところがないし，仕事にも影響する。反抗的な態度は論外だが，落ち込んだときは好きなことをしてストレスを発散し，気持ちを切り替えるようにするとよい。

◆責任回避をしたり，開き直る。

注意を受けて責任を回避したり，逆に開き直るような人は人間的にも成長できず，職場でも信用されなくなる。そのことをよく考え，そうした行為は厳しく慎まなければならない。

説明の仕方

説明とは，事柄の意味や内容などを相手に分かるように順序立てて話すことです。そのためには，まず自分が説明することを十分理解しておく必要があります。次に，相手が分かっている点，分かっていない点を押さえて，相手が理解していないところに焦点を当てて話すことが大切です。そのとき重要なのが，相手が理解できる言葉を使って話すということ。そして，分かったかどうかを確認しながら話を進めていくようにします。

効果的な説明をするためのポイントは以下の通りです。

◆分かりやすい言葉で話す。

相手と共有する言葉で話さなければ，意味は通じない。相手の理解力を考慮して，相手に伝わる言葉を選ぶようにする。専門用語や社内用語，外来語も相手を考えて使う。

◆筋道(すじみち)を立てて順序よく話す。

聞き手が混乱しないように，順を追って話していく。話があちこち飛んだり，同じことを何度も繰り返さないように注意する。

◆確認しながら話す。

長い話や複雑な話は，理解できたかどうか確認しながら進めていくと相手も正確かつ確実に理解することができる。

◆具体的に話す。

抽象的な話は，例を挙げて話すと分かりやすい。また，写真や図版・イラストを用いると説明しやすく，相手の理解も早い。

SELF STUDY

過去問題を研究し
理解を深めよう！

POINT 出題 CHECK

「話し方・聞き方の応用」では，「報告の仕方」，「指示の受け方」，「注意・忠告の受け方」からの出題が多い。報告の仕方では，報告の手順や報告時の注意点など，基本をしっかり理解し，指示の受け方では，仕事の優先順位や確認の仕方を確実に押さえておく。注意・忠告の受け方では，自分の責任ではないのに注意を受けた場合の対処の仕方がよく出題される。

報告の仕方 ①

上司への報告の仕方である。

× ①込み入った内容の報告は，経過を先に報告するようにしている。
○ ②指示された仕事が終わったら，報告はすぐするようにしている。
○ ③報告をすることが幾つかあるときは，先に件数を言うようにしている。

①報告の最大の目的は結果を知らせることである。結果を先に知らせなければならない。

報告の仕方 ②

上司は忙しそうにしている。今日中に報告しておきたいことがあるが，内容が込み入っていて時間がかかりそうである。

○ ①大事な点だけをかいつまんで報告し，「詳しくは文書にしようか」と尋ねる。
× ②「結果は報告するが，経緯は話すと長くなるので省略する」と言って報告する。
○ ③取りあえず要点を報告して，「詳細についても説明したいが，後にした方がよいか」と尋ねる。

②「経緯を省略する」と言うのは独断である。上司にとって経緯を知ることは重要なことかもしれない。上司が忙しいことを配慮するのなら「経緯は省略してよいか」とか「後で報告しようか」など上司の意向を確認しなければいけない。

❋ 指示の受け方

資料を10部コピーするように指示された。

× ①「はい，10部でよろしかったでしょうか」

× ②「承知しました。10部コピーさせていただきます」

○ ③「かしこまりました。10部でございますね」

③上司から指示を受け，返事をするときには「かしこまりました」と言うのが一番丁寧で適切な言い方である。また，部数を確認するときの言い方は「10部でございますね」という言い方がよい。「よろしかったでしょうか」「させていただきます」などは不適当。

❋ 注意・忠告の受け方

注意を受けるときの心がけである。

○ ①注意されたことが同僚にも関係するときは，その内容を同僚に話して参考にしてもらうようにしている。

× ②注意されたことが納得できないときは，どうしていけないのかを確かめてからわびるようにしている。

○ ③注意されたことをどのように直せばよいか分からないときは，その場で教えてもらうようにしている。

②注意は，されるだけのことがあってされるのだから，注意を受けたときは黙って受け，わびないといけない。これが注意の受け方である。その注意に納得できなかったら，後で確かめるということはあってもよいが，わびるのは，確かめてからというのは不適当である。

❋ 説明の仕方

電話を取ると2時に来訪予定のL社のS氏かららしい。携帯電話のようで聞き取りにくいが，「近くに来ているが場所が分からない」と言っている。

○ ①「2時にお約束のL社のS様でいらっしゃいますね」
<そうだ，と言ったので>

○ ②「失礼いたしました。ではご案内いたします。今いらっしゃる所からABC書店が見えますか」
<見える，と言ったので>

× ③「そのABC書店のすぐそばに，私どもの会社がございます」

○ ④「1階の受付でお名前をおっしゃってくださいますか。それでは，お待ちいたしております」

③ABC書店の右隣とか左隣の何軒目とか具体的に言わないと分からない。「すぐそばにある」と言う説明は不適当。

CHALLENGE 実問題

1 難易度 ★★☆☆☆

秘書Aは，上司へ報告するとき次のようにしている。中から不適当と思われるものを一つ選びなさい。

1）報告が幾つかあるときは，重要で急ぎと思われるものを先にするようにしている。
2）報告に時間がかからないときでも，今，報告してよいかと尋ねるようにしている。
3）長期にわたって行っている仕事の場合は，中間で仕事の進み具合などを報告するようにしている。
4）ちょっとした仕事であっても上司から指示されて行ったものは，終わったらすぐに報告するようにしている。
5）込み入った内容の報告は，経過を話すと長くなるので省略すると言って，結果だけを報告するようにしている。

2 難易度 ★★★☆☆

次は秘書Aが，上司から注意されたときの注意の受け方である。中から不適当と思われるものを一つ選びなさい。

1）注意された内容に納得がいかないときは，同僚の何人かに話して意見を聞いている。
2）注意されている最中は疑問があっても口を挟まず，最後まで聞いてから尋ねている。
3）直し方が分からないときは，どのようにすればよいかをその場で教えてもらっている。
4）自分の不注意で注意されたときは素直に反省し，その後の仕事に生かすようにしている。
5）注意された内容が上司の誤解だったときは，機会があればそのことを話すようにしている。

【解答・解説】1＝5）報告の仕方の基本は，「結果が先，経過は必要に応じて後でする」である。話が長くなっても必要であれば経過も報告しないといけない。従って，経過は省略すると前置きして，結果だけを報告するなどは不適当ということである。
2＝1）Aが注意されたのは，上司の意（考え方）に沿わなかったからである。その注意に納得いかないのは，上司の意に対する理解が足りないということ。であれば上司に直接尋ねる以外にない。同僚に聞いても意味がないので不適当ということである。

SECTION 2

電話応対

Lesson 1 電話のマナーと応対の基本

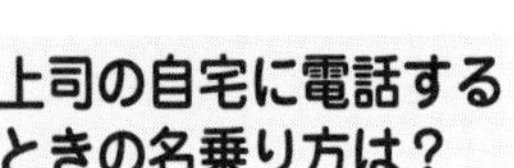

上司の自宅に電話する
ときの名乗り方は？

部長の自宅に初めて電話
するのだけれど……

▶S商事秘書課のA（田中）は，初めて上司の自宅に電話をかけることになりました。このような場合，Aは自分のことをどのように名乗ればよいのでしょうか。

対処例 ○△×?…

「私（わたくし），S商事秘書課の田中と申します」と名乗ればよいでしょう。

スタディ !!

上司の家に初めて電話を入れるとき，どのように名乗ればよいかということですが，初めての人に自分を名乗るときは，誰に対しても同じ言い方をします。上司の自宅であっても，「私（わたくし），S商事秘書課の田中と申します」と社名・部署名・姓を名乗るきちんとした言い方がよいことになります。

電話のマナー

電話はどんなに遠くても，すぐ会話することができる便利な道具で，ビジネスには欠かせないものになっています。しかし，電話には対面して話す会話とは異なる次のような特性があることを心得ておきましょう。

◆電話には一方的な性質がある。

面談は前もって相互に会う時間を約束するが，電話は一方的にかけたり，かかってきたりする。従って，お互いにかける時間帯には気を配らなければならない。

◆声だけが頼りの道具である。

面談ではお互いの表情が確認でき，大事な事柄もその場で書いて示すことができる。電話は，相手の表情や身ぶりが分からず，声だけが頼りなので，特にはっきりした発音や感じのよい話し方を心がける必要がある。

電話のマナー

ビジネスの場で電話を利用する際は，次のようなマナーを心得ておきます。

◆早朝，夜遅くの時間帯，また相手が多忙な時間帯は避ける。

旅館や飲食店など業種によっても異なるが，一般的に会社の忙しい時間帯は，週初めの始業時刻近くや週末の終業時刻近くなど。月末は終日忙しい。

◆呼び出し音が鳴ったら，すぐ出る。

電話にすぐ出ることができず待たせたと思ったら（3コール以上），最初に「お待たせいたしました」と言う。

◆電話に出たら，まず名乗る。

明るい声ではっきり，社名・部署名などを名乗る。

◆名乗った後は，簡単なあいさつをする。

「いつもお世話になっております」などのあいさつをする。相手が先にそのようにあいさつしたら「こちらこそお世話になっています」と応える。

◆いきなり用件に入らない。

こちらからかけたときは，「ただ今，よろしいでしょうか」などとまず相手の都合を聞く。相手が忙しいときは，電話してよい時間帯を聞いてかけ直す。

◆相手に何かを依頼する場合は，一言添える。

「お手数をおかけして申し訳ございませんが」などと一言添えてから本題に入る。

◆電話が聞き取りにくかったら，そのことを相手に伝える。

ただし，「大きい声で話してください」とか「聞こえないのですが」などと相手に責任があるような言い方をしてはいけない。その場合は，「お電話が遠いようですが」と言うようにする。

◆途中で電話が切れたら，かけた方からかけ直すのがマナー。

ただし，相手が目上の人や立場が自分より上の人の場合は，こちらからかけ直す。

◆電話は，原則としてかけた方から切る。

ただし，相手が目上の人や立場が自分より上の人の場合は，こちらからかけていても，相手が切るのを待って切るようにする。最後はあいさつをして静かに受話器を置くこと。

●電話で話すときの注意点

電話で話すときは，相手が聞き違いしないように，はっきり正確に発音することが重要です。次のような点に注意します。

◆言葉がはっきり分かるように発音する。

◆できるだけ聞き取りやすい言葉，分かりやすい言葉を使う。

◆よく似た，聞き分けにくい言葉に注意する。

例）約50個　　150個

◆間違えやすい名前に注意する。

例）岸田≠石田　本多≠恩田

◆間違えやすい数字は次のように読む。

例）1＝ヒト　4＝ヨン　7＝ナナ　9＝キュー

◆同音異義語（どうおんいぎご）や聞き取りにくい言葉は話した後に言い換（か）える。

例）市立＝イチリツの方です。
　　私立＝ワタクシリツの方です。

●専門語，学術語，外国語など理解しにくい言葉は，なるべく使わない。

電話のかけ方・受け方

電話のやりとりは，電話をかけている相手方だけでなく，来客の耳にも入ります。そしてその応対によってその人が評価されるだけでなく，会社の質も評価されてしまいます。電話応対が多い秘書は，電話のかけ方，受け方の基本をしっかり身に付けておくようにしましょう。

●電話で話すときの留意点

電話をかけるときは，以下の手順で行います。

①電話をかける前に準備する。

◎メモ用紙，筆記具を用意する。

◎「～の件」など用件の表題と話のポイントを順序よくメモする。

◎用件を伝える際に，相手からの手紙など必要な資料を用意する。

◎かける相手の電話番号を確認する。

②相手が出たら――

◎最初に，こちらの社名・部署名・名前（姓）を名乗る。

◎名乗った後は簡単なあいさつをする。

「いつもお世話になっております」など。

③用件を告げる。

◎用件の表題を話し，相手の都合を聞く。

「○○の件でお電話差し上げたのですが，今よろしいでしょうか」など。

◎用件を要領よく話す。

④用件が済んだら――

◎あいさつを述べた後，静かに受話器を置く。

「貴重なお時間を割いていただき，ありがとうございました。失礼いたします」など。

電話の受け方

電話を受けるとき，直通電話の場合は「はい，W商事秘書課でございます」などのように応対し，相手が名乗って「いつもお世話になっています」とあいさつしたら，「こちらこそお世話になっています」と応じます。

電話を受けるときの最大の目的は，相手の用件を正確に聞くことです。記憶に頼ろうとせず，必ずメモを取り，相手が話し終えたら復唱するようにします。

日頃から，電話の呼び出し音が鳴ったら，すぐメモ用紙と筆記具を用意し，左手で受話器を持って，右手でメモする準備をする……という習慣を付けるようにしましょう。

用件を聞く要領

相手の用件を聞くときは，以下のようなことに留意します。

◆5W3Hの要領でメモをする。

When＝いつ（日時）　　Where＝どこで（場所）

Who＝誰が，誰に（人物）　　What＝何を（目的）

Why＝なぜ（理由）　　How＝どのようにして（方法）

How many＝どれくらい（数量）　　How much＝幾ら（値段，経費）

◆聞き間違い，聞き漏らしなどがないように，聞き終えたら要点を復唱する。

◆受けた方にも用件があったときは，かけた方の用件が済んでから話を切り出すのがマナー。

電話をかけてきた相手に急ぎで話したいことがあっても，まず相手の話を聞くことがマナーです。話が一段落したところで，「実は，急ぎの用件があって，ちょうどお電話差し上げようと思っていたところですが……」などと切り出します。

電話の取り次ぎ

上司に代わって取引先に電話したり，取引先からかかってきた電話を上司に取り次いだりと，秘書にとって「取り次ぎ電話」の仕事は欠かせないものです。基本をしっかりマスターしておきましょう。

取り次ぎ電話をかける要領

取り次ぎ電話をかける手順と要領は以下の通りです。

◆上司に代わって先方を呼び出す。

◎先方の秘書か代行者を通して呼び出す場合。

1）先方に電話をかける。

2）先方の秘書か代行者が出たら，先方の上司の呼び出しを頼む。

3）先方の秘書が取り次いでいる間に上司に代わる。

◎直接先方の上司を呼び出す場合。

1）先方に電話をかける。

2）呼び出し音が鳴り出したら，すぐに上司に代わる。
上司に代わる前に先方の上司が出たら，「お呼び立(た)ていたしまして申し訳ございません」と一言わびてから上司に代わる。

◆先方の上司が不在のとき。

◎先方の秘書か代行者に在社時間を聞いておき，後でかけ直す。

◎伝言を頼むときは，要点を整理して話し，こちらの名前を告げるとともに，相手（電話に出た秘書か代行者）の名前を聞いてメモしておく。

受けた電話を取り次ぐ要領

上司にかかってきた電話を取り次ぐときは，以下の要領で行います。

◆上司に取り次ぐとき。

◎「誰からか」，場合によっては「用件は何か」を確かめてから取り次ぐ。

◎上司が在席していても「いる，いない」は軽々しく口にしない。

◎上司に相手の「名前と用件」を伝えて取り次ぐ。
上司が取り次ぐのを拒否したら，「申し訳ございませんが，あいにく○○は席を外しております。いかがいたしましょうか」などと言う。

◆上司が不在のとき。

◎上司の不在を告げ，どのようにするか相手の意向を聞く。

◎伝言があればメモをし，要点を復唱・確認した後に自分の名前を告げる。

◎初めての人からの電話は，用件を聞いて伝言の有無を確認し，相手の電話番号を聞いておく。上司が帰ったら電話の件と伝言を伝える。

SELF STUDY

過去問題を研究し理解を深めよう！

POINT 出題 CHECK

ここでは，電話をかけるときや受けるときの名乗り方やあいさつの仕方など，電話応対の基本となる問題がよく出題される。上司への取り次ぎや上司不在中の対応に関しても基本を押さえておきたい。

名乗り方

山田営業部長秘書A（鈴木）が，取引先への電話で自分を名乗るときどのように言うのがよいか。

× ①「私は，営業部長山田の秘書で鈴木と言います」
× ②「私は，山田営業部長秘書の鈴木でございます」
○ ③「私は，営業部長の山田の秘書で鈴木と申します」

③取引先への電話で自分を名乗るのだから，上司のことは，「営業部長の山田」，自分のことは，その「秘書で鈴木」と言うことになる。

聞き取れない電話

相手の名前が「サトー」か「カトー」かはっきり聞き取れなかったとき。

○ ①「申し訳ありませんが，もう一度お名前をお願いできますか」
× ②「恐縮ですが，サトー様かカトー様かよく分からないのですが……」

②自分が聞き取れなかったのに，「よく分からなかった」と相手の言い方が悪いというような応対の仕方をしてはいけない。

上司不在中の対応

上司の不在中に取引先の担当者から上司宛ての電話を受けた。相手は外出先からなので，また電話するとのことだった。以下は秘書Aの伝言メモである。

○ ①取引先と相手の名前。
○ ②「また電話する」とのこと。
× ③どこから電話をかけてきたか。
○ ④電話を受けた日時とAの名前。

③留守中の伝言メモは，かかってきた人に，帰社後その内容を知らせるためのものである。かけてきた場所は書いても意味がない。

CHALLENGE 実問題

1 難易度 ★★★☆☆

次は秘書Aが，電話応対で相手を気遣って行っていることである。中から不適当と思われるものを一つ選びなさい。

1）用件が幾つかあるときは，初めに件数を言ってから順に話すようにしている。
2）電話を取ったら最初に名乗るが，伝言を預かったときはもう一度自分の名前を言うようにしている。
3）相手が忙しいと思われるときは，「お忙しいところを申し訳ございません」とわびてから話すようにしている。
4）相手からの名指し人が不在のときは，「戻りましたらお電話するよう伝えましょうか」と言うようにしている。
5）長引きそうな用件のときはそのことを伝えて，時間がないと言われたら相手の都合がよいときに電話をもらうようにしている。

2 難易度 ★★★☆☆

山田部長秘書A（中村）のところに，上司と面談中のK氏の会社から電話があった。「Kに会社へ電話するよう伝えてもらえないか」とのことである。次はこのときAが，電話の相手に順に言ったことである。中から不適当と思われるものを一つ選びなさい。

1）電話は急ぎか，面談が終わってからでもよいか。
2）電話は誰宛てにするように伝えればよいか。
3）K氏にどのような用件か伝えなくてよいか。
4）念のため，電話番号を教えてもらえないか。
5）自分は山田の秘書の中村だ。確かに伝える。

【解答・解説】1＝5）長引きそうな用件のときは，そのことを言って相手に了解を得ないといけない。このとき，相手の都合が悪い場合はAの方からかけ直すのが電話のマナー。こちらの用件なのに相手から電話をもらうようにしているなどは不適当ということである。
2＝3）このような場合Aは，K氏に会社へ電話するよう伝えるのに必要なことだけを尋ねればよい。用件を尋ねるなどは立ち入ったことなので不適当ということである。

接遇

Lesson 1 接遇の基本

上司の湯飲み茶わんを倒してしまった!!

▶秘書Aは上司の湯飲み茶わんを下げるとき，手を滑（すべ）らせて倒してしまいました。飲み干してあったので，幸い机は汚（よご）さずに済みましたが，このような場合，Aはまずどのように言ったらよいのでしょうか。

対処例 ○△×?…

「申し訳ございませんでした」と言ってわびればよいでしょう。

スタディ !!

「申し訳ございません」は謝るときの言葉ですが，一番丁寧な言い方です。この場合は上司の前で，上司の茶わんを倒してしまったことに対して謝ることになりますが，「手が滑ってしまって」などの言い訳をしないで，すぐ謝るようにします。

接遇の心構え

接遇とは相手に満足を提供する行動です。その目的は「最良のサービスを提供して，来客に最大の満足を与え，来客との間に好ましい人間関係を築いていくこと」です。以下のようなことに留意して，来客接遇に当たるようにしましょう。

◆誠意を込めて接する。

形だけの表面的な立ち居振る舞いに気を配るのではなく，心を込めて接することが大切である。

例）受付へ向かってくる人を見たら，すぐ立ち上がって迎えるようにする。

◆人に対する心配りを忘れない。

勝手が分からず迷っている人や何かで困っている人を見かけたら声をかけて手助けするなど，人に対する心配りを忘れないこと。

例）来客がコートを手に持っているときは，「よろしければおかけしておきます」と預かり，来客から見えるところにかけておくようにする。

◆丁寧な言葉遣いや動作を心がける。

笑顔を絶やさず，丁寧で感じのよい話し方・態度で接することが基本。状況に応じた適切な接遇用語や動作も身に付けておく。

例）名刺や紹介状などを渡されたときは，必ず両手で受け取る。

◆来客は公平に扱う。

誰に対しても同じ態度，同じ心で公平に接する。受付では，先着順のルールに従って公平に応対する。

例）来客が重なったとき，顔見知りの客や予約客がいても先着順に応対する。

◆情報は正確に伝える。

会社名，名前，用件，伝言などを正確に伝える。伝言は，間違えないように復唱したり，メモに残しておく。

例）予約客でも，初めての来客を取り次ぐ場合は，間違いがないように，受け取った名刺の会社名，氏名などを確認する。

◆迅速（じんそく）に行動する。

来客を長く待たせないように，上司との連絡や必要な手配は素早く行う。待たせる場合は理由を述べる。

例）来客を待たせるときは，上司が遅れている理由と待ち時間を告げ，相手の意向を聞いた上で待ってもらう。

アポイントメントと日程調整

アポイントメントとは，面会の約束のことです。アポイント，アポなどと略すことが多く，面会の約束を取り付けることを「アポを取る」などといいます。

●アポイントの申し込み

アポイントの申し込みには，相手がこちらに申し込むケースと，こちらが相手に申し込むケースがありますが，ここでは相手が申し込むケースを取り上げます。

アポの取り方には以下のようにさまざまな方法があります。

◆上司に面会したい人が手紙や電話などで申し込む。

◆上司に面会したい人が来社し（予定外の来客），直接その場で面会を申し込む。上司不在の場合は，秘書が受けることになる。

◆来客が上司と面談中に次回の面会を申し込む。あるいは，上司が出先で面談中に相手が申し込む。その際，上司がその場で面会日時を決めることもある。

◆相手が，上司の部下や上役，または上司の取引先などを介して申し込む。

申し込みの受け付けから面会までの秘書の仕事

秘書は，申し込みの受付から面会の取り次ぎまで，全ての過程で関わることになりますが，仕事の手順と流れは以下のようになります。

①面会の申し込みを受け付ける。

②上司に面会するかどうかの意向を確認する。

◎面会の申し込みを受け付けるのは秘書の仕事だが，「面会するかどうかの決定は，どのような場合でも上司が行う」ことに注意する。

③上司のスケジュールを確認する。

◎面会することになったら上司のスケジュールの空き日時を確認する。

④相手に面会することを伝え，日時を確認する。

◎相手の希望日時と上司の意向を聞いて日時を決め，スケジュール表に記入する。

⑤面会日に面会時間の再確認をする。

◎その日の朝，面会予定者と会う時間を再度上司に伝え，スケジュールの変更がないことを確認する。

⑥相手を迎える。

◎相手が来社したら，「○○社の○○様でいらっしゃいますね。お待ち申し上げておりました」などとあいさつをして迎え入れ，応接室に案内する。

⑦上司へ面会を取り次ぐ。

◎上司に来客が応接室で待っていることを知らせる。

スケジュールの変更と調整

約束した面会の日時は，双方が守るのが原則ですが，それぞれの都合で変更せざるを得ないことが出てきます。こちらの都合で日程の変更をする場合は，以下のことに留意して適切に処理していきます。

◆約束した日時を変更せざるを得なくなったら，できるだけ早く相手に知らせる。

◆まず約束を守れなかったことを謝罪する。変更の理由は，本当の理由を述べる必要はなく，「急用ができたので」などとする。

◆こちらの都合による変更なので基本的には相手の希望を優先する。相手の希望日時を二，三聞き，それを上司に伝えて調整する。

◆その場で調整がつかないときや上司不在のときは，改めてこちらから連絡することを伝える。

接遇用語

接遇用語とは，来客を迎え入れたり，案内したり，謝罪するときなど，さまざまな状況で使われる決まり文句のことです。決まり文句ですが，適切に使用すると来客との会話をスムーズにするだけでなく，相手に洗練された印象を与えます。そういう意味では，便利な言葉ともいえます。来客接遇が重要な任務となる秘書としては，ぜひとも身に付けておかねばなりません。

●受付で用いられる接遇用語

受付で用いられる接遇用語には以下のようなものがあります。

◆「いらっしゃいませ」
◆「○○社の○○様でいらっしゃいますね。お待ち申し上げておりました」
◆「お待ち申し上げておりました」
◆「どのようなご用件でございましょうか」
◆「かしこまりました」
◆「少々，お待ちくださいませ」
◆「大変お待たせいたしました」
◆「○○はすぐ参ります」
◆「どうぞ，おかけくださいませ」
◆「恐れ入りますが，○○が戻りますまで，少々お待ち願えませんでしょうか」
◆「（お忙しい中，お足元が悪い中，遠い所を）わざわざおいでくださいましたのに，申し訳ございません」
◆「かしこまりました。ご用件は確かに申し伝えます」
◆「失礼いたします」

●よく用いられる接遇用語

接遇用語は受付以外でも使われます。主なものは以下の通りです。

◆すみませんが………… 申し訳ございませんが，恐れ入りますが，恐縮ですが。
◆分かりました………… かしこまりました，承知いたしました。
◆知っています………… 存じております，存じ上げております。
◆知りません…………… 存じません，存じ上げません。
◆できません…………… いたしかねます。
◆そうです……………… さようでございます。
◆構いません…………… 差し支えございません。
◆話してください……… おっしゃってください。
◆残念ですが…………… あいにくでございますが。

人や会社の呼び方

接遇の場で自分や自分の会社，相手側のことを話すときには，呼び方を間違えないように正確に覚えておきましょう。

自分と相手側，話の中の第三者と他の会社の呼び方

人や会社の呼び方は以下の通りです。

◆自分自身………………… 私（「わたし」ではなく「わたくし」と呼ぶのが正式）。
◆自分の会社…………… 当社，私どもの会社。
◆相手…………………… あなた様，そちら様。
◆相手の会社…………… 御社（おんしゃ），そちら様。
◆第三者………………… あの方，あちら様。
◆他の会社……………… ○○会社様。

内部の者を外部に言うときの呼び方

内部の者を外部の人に言う場合は，役職名は敬称になるので注意。「部長」ではなく，「部長の○○（姓）」と呼ぶか，あるいは単に○○と姓を呼び捨てにします。また，自分の身内のことを会社や他社などで話す場合は，父，母，主人（あるいは夫の姓），妻，兄などと呼びます。

内部の者をその人の家族に言うときの呼び方

内部の者を外部に言うときは呼び捨てが原則ですが，その人の家族や近親者などに対しては，尊敬語を用います。例えば「部長は電話中である」と言うときは，「部長（さん）はお電話中でございます」。また，役職名が敬称のように使われることが多いので内部で呼ぶときに「部長さん」とは言いませんが，家族に対しては「部長さん」としても構いません。むしろ，その方が柔らかい印象を与え，より敬意を表す感じが伝わるのでよいとされています。

内部の者を内部で言うときの呼び方

自分より上位の人には尊敬語を用いるので，（自分より上位の）役職者に対しては○○課長，○○係長と呼びます。課長さんなどとは呼びません。

外部の人の呼び方

相手の会社の役職者のことをその会社の人に話す場合は，役職名は敬称になるので，○○部長，○○社長と呼びます。

「自分側」と「相手側」の家族の呼び方

自分の家族は，「父」，「母」，「妻，家内」，「夫，主人」，「息子」，「娘」と言いますが，相手側の家族を呼ぶときは，「お父（とう）さま，父上（ちちうえ）」，「お母（かあ）さま，母上（ははうえ）」，「奥さま」，「ご主人」「ご子息（しそく），ご令息（れいそく）」，「お嬢（じょう）さま，ご令嬢（れいじょう）」と言います。

SELF STUDY

過去問題を研究し
理解を深めよう！

POINT 出題 CHECK

「接遇の心構え」では基本的な心得が出題される。「接遇用語」でも基本的なことをしっかり押さえておくこと。また，前に学習した「敬語」の使い方や注意点に関してももう一度目を通して確認しておくとよい。

✻ 接遇の心得 ①

○　①廊下で客と擦れ違ったときは，見知らぬ客でも会釈をしている。

×　②客がみえたときの礼は，会釈程度にしているが，帰るときは最敬礼をしている。

②来客を迎えるときも，帰りに見送るときも普通礼（敬礼）をする。

✻ 接遇の心得 ②

感じのよい応対をするにはどのようなことを心がけていればよいか。

○　①どのような場合も，物の受け渡しは両手で行うこと。

×　②話し方は，来客の丁寧さに合わせるようにしている。

②丁寧な来客に合わせるのはよいが，そうでない客に合わせてはいけない。

✻ 接遇用語 ①

×　①名前を名乗られたが，会社名が分からないとき
「すみません。どちらの会社の方でございますか」

○　②名刺を出されて，名前の読み方が分からなかったとき
「恐れ入りますが，お名前はどのようにお読みするのでしょうか」

①「すみません」は「恐れ入ります」。「ございます」は「いらっしゃいます」にしないといけない。

✻ 接遇用語 ②

×　①「すぐに終わるが，待つか」ということを
「すぐに終わりますが，お待ちになられるでしょうか」

①「お待ちになられる」は「お待ちになる」に，「れる」を付け加えている二重敬語なので不適当。

CHALLENGE 実問題

1 難易度 ★★★☆☆

次の「　　」内は，山田部長秘書Aが来客に言ったことである。中から言葉遣いが不適当と思われるものを一つ選びなさい。

1）行き先がどこなのか分からず迷っている客に
　「どちらをお訪ねでしょうか」
2）上司との長い面談が終わって帰る客に
　「お疲れさまでした。失礼いたします」
3）見知らぬ客に予約の有無を尋ねるとき
　「本日はご予約を頂いておりましたでしょうか」
4）上司の外出中に訪ねてきた客に
　「山田は外出されておりますが，いかがいたしましょうか」
5）上司をよく訪ねてくる客に
　「いつも大変お世話になっておりまして，ありがとうございます」

2 難易度 ★★★★☆

秘書Aは上司から，取引先W氏との面会を，急用ができたので変更してもらいたいと言われた。次はそのとき順に行ったAのW氏への対応である。中から不適当と思われるものを一つ選びなさい。

1）すぐにW氏に電話で，都合で予定の面会はできなくなったと伝え，謝って変更をお願いした。
2）どういう都合かは言わず，急用ができたとだけ言った。
3）上司の都合のよい変更希望の日時を二,三伝えた。
4）W氏はその日時は都合が悪いと言ったので，W氏の都合のよい日時を二,三尋ねた。
5）その日は上司の都合の調整が必要なので，改めて連絡させてもらうと言って電話を切った。

【解答・解説】1＝4）「外出されて」は「外出して」の尊敬語。この場合は，上司のことを来客に言うので不適当。適切な言葉遣いは「外出いたして」などである。
2＝3）W氏との面会はこちらの都合で変更するのである。急な日程変更は相手に迷惑をかける。まずは相手の都合を尋ね，それに上司の都合を合わせるような調整をしないといけない。上司の都合を先に言って調整しようとするなどは不適当ということである。

Lesson 2 接遇の要領とマナー

失礼ですが，どのような……
いつもお見送りしている
K氏がお帰りになるけど……

来客応対中，面談を終えて帰る客が……

▶秘書Aが不意の来客の応対をしているとき，面談を終えて帰る取引先のK氏とK氏を見送る上司がAの前を通りかかりました。K氏が帰るときは，Aはいつも上司と一緒にエレベーターの所まで見送っています。このような場合，Aはどのようにすればよいのでしょうか。

対処例 

不意の来客であっても応対している最中なのだから，K氏にはその場で会釈をし，応対を続ければよいでしょう。

スタディ 💡!!

どのような来客でも，応対途中にその客をおいて他の用を足すようなことは，原則としてしてはいけません。従ってAがいつもK氏の見送りをしていても，こういう場合は応対中の客を優先すべきで，K氏にはその場で会釈をすることで，見送る気持ちを表します。

職場でのマナーや立ち居振る舞い

接遇のマナーを身に付けるためには，まず職場でのマナーや秘書としてふさわしい立ち居振る舞いをしっかり身に付けておく必要があります。基本的なマナーはもちろん，日常のちょっとした動作もおろそかにしてはいけません。

職場には手本となる先輩秘書がいます。分からないことは先輩秘書に聞いたり，先輩の行動を見習うなどして少しずつ学んでいくようにしましょう。

ここでは特に秘書が心得ておくべきマナーや立ち居振る舞いをいくつか紹介します。

◆電車の遅れなどで遅刻したときは，課員全員に聞こえるように「おはようございます」とあいさつをし，上司や迷惑をかけた関係者に遅れたことをわびて席に着く。

◆外出するときは，皆に行き先を言って，ついでに足す用がないか声をかける。

◆上司と一緒に歩くときは，上司に従うように上司の後ろについて歩く。

◆廊下で前を歩いている目上の人を追い越すときは，「失礼します」と声をかける。

◆ドアを開けるときは必要以上に大きく開けない。閉めるときは音を立てないように手をドアノブからすぐに離さないで静かに閉める。

◆電話が終わったときは，軽くお辞儀をして受話器は静かに置く。

◆席を立つときは，必要以上に椅子を机から離さずに立ち，椅子は机の下へ静かに引いてしまうようにする。

◆上司の机の前で報告をするときは，机の斜め前 1.5mくらいのところに立って報告するのがよい。

◆上司が自分のところに来て話しかけたら，すぐに立ち上がり，手は前で重ねて話を聞く。

◆書類などを受け取ったり渡したりするときは必ず両手を使う。

◆書類を相手に渡すときは，相手が文面をそのまま読める向きにして渡す。

◆誰かに座る席を指し示したり，方向を示すときは，指をしっかりつけて手のひら側を相手に向けて，片手全体で示す。

◆お辞儀をするときは，両手を体の前で重ねてお辞儀をする。

◆どんなに流行しているファッションでも，ビジネスの場にふさわしくないものは避ける。

受付の要領とマナー

会社のイメージは受付での応対次第でよくも悪くもなります。受付業務を担当する秘書は，感じのよい態度で来客を迎え入れ，来客に好ましい印象を与えるように努めなければなりません。

来客は，基本的に「アポイントメントのある予約客」と「アポイントメントのない不意の客」に分けられます。それによって対応の仕方が異なる部分がありますが，受付応対の基本は同じなので接遇で差をつけるようなことをしてはいけません。

●受付の基本

来客と分かったらすぐ立ち上がり，「いらっしゃいませ」とあいさつしてお辞儀（敬礼）をします。後は，受付のルールに従って接遇を行います。

受付の際のルールや注意点は以下の通りです。

◆受付の優先順位を守る。

受付の優先順位は先着順で，先に来訪した客から応対する。一度に多くの来客があった場合も，顔見知りの客や予約客を優先してはいけない。

◆面会の優先順位を守る。

面会の取り次ぎで，予約客と不意の客が重なった場合は，基本的に予約客が優先される。

◆来客への気遣いを忘れない。

来客を待たせないように，上司への連絡などは素早く行う。待たせるときは，待たせる時間の目安を告げ，椅子を勧める。

●予約客と不意の客への応対

予約客の場合は，「○○様でいらっしゃいますね。お待ち申し上げておりました」と確認し，上司に取り次ぎます。

不意の客の場合は，「いらっしゃいませ」とあいさつした後，相手の用件，会社名，氏名を聞きます。その際，上司が在社しているかどうかは話しません。相手には，上司が社内にいるかどうか確認してくると言って，上司に不意の客の来訪を告げて意向を確認します。

●名刺の取り扱い

名刺を受け取るときは，胸の高さで両手か盆で丁寧に受け取ります。「○○（会社名）の○○（姓）様でいらっしゃいますね」と会社名と名前を確認します。読めない場合は「恐れ入りますが，どのようにお読みすればよろしいのでしょうか」と相手に尋ね，教えてもらったら「失礼いたしました」と言葉を添えます。

来客取り次ぎの要領とマナー

「受付の要領とマナー」で述べたように，予約客はすぐに取り次ぎ，不意の客については上司の意向を確認して指示に従うことになります。

取り次ぎの際に特に心得ておきたいのは，上司が面談中や不在のときに不意に訪ねてきた客への対応です。また，上司の在・不在にかかわらずこちら側の都合で面会を断る場合の応対の仕方や紹介状を持ってきた客の取り次ぎ方も心得ておかなければなりません。

●上司が面談中のときの取り次ぎ

上司が面談中に不意の客があったときは，以下のような対応をします。これは，上司が忙しいときや会議中，打ち合わせ中などにも共通する対応です。

①あいさつをして，相手の会社名と氏名，用件を確認する。

②来客に上司が面談中であることを告げ，代理の者でもよいかと相手の意向を確認する。

③上司に面会することを希望した場合は，「少々，お待ちいただけますか」と言って椅子を勧める。

④上司に不意の客のことをメモで伝え，指示を仰ぐ。

⑤来客に「お待たせいたしました」とわびの言葉を添え，上司の意向を伝える。上司の意向としては，「面会できない」，「○分ほど待ってもらえば面会できる」などが考えられる。

⑥待たせる場合は，雑誌を勧めるなどの気遣いを忘れない。

●上司が不在のときの対応

上司が外出中や出張中のときに不意の客が訪ねてきたときは，以下の対応をします。

①「出張中」または「外出中」であることと「出社予定日」や「帰社予定時間」を告げる。

②用件を聞いて名刺を預かり，代理の者ではどうかと相手の意向を聞く。

③相手が帰る場合は伝言を聞いておき，上司が戻ったときに不意の来客があったことや伝言を伝えてその後の指示を仰ぐ。

●面会を断る場合の応対

面会を断るときはより丁寧に応対しなければなりません。上司が面談中などで不意の客の面会を断る場合や，上司が不在で帰ってもらう場合は，「わざわざお越しいただきましたのに，ご希望に沿えず申し訳ございません」とわびの言葉を言うようにします。

上司が忙しいときに不意の客が訪ねてきて，代行者ではなく上司との面会を希望した場合は，「恐らくお目にかかる時間が取れないと存じますが」と前置きして上司に取り次ぎます。案の定，面会できない場合は上司の多忙を告げて面会を断ります。その際も，希望に沿えなかったことをわびます。相手が別の機会に面会することを求めてきたら，希望日時を二，三聞いておき，上司に確認した上で予約をするか，改めてこちらから連絡して決めるようにします。

●紹介状を持ってきた客の取り次ぎ方

紹介者から前もって連絡がある場合は，基本的に予約客と同様の応対をします。「お待ち申し上げておりました」とあいさつし，来客が持ってきた紹介状（手紙や名刺）と相手の名刺を受け取って上司に取り次ぎます。その際，紹介状を封筒から出して読んだりしてはいけません。そのまま上司に渡します。

案内の要領とマナー

来客を案内する場合に心得ておくことは，「案内の手順とマナー」と「応接室でのマナー」です。

●案内の手順とマナー

案内は以下の手順で行います。

◆案内を始める際のポイント。

◎「応接室へご案内いたします」などと行き先を告げ，来客を導くように斜め前，二，三歩先を歩く。

◎廊下を曲がるときは，来客の方を振り返りながら誘導する。

◆エレベーター乗降時のポイント。

◎エレベーターに乗る前に，「5 階へ参ります」などと行く階を告げる。

◎エレベーターが来たら秘書が先に乗り，「開」のボタンを押して，「どうぞ」と声をかけて客を招き入れる。

◎降りるときは，客を先に降ろす。

◆応接室に招き入れるときのポイント。

◎応接室に着いたら，「こちらでございます」と言い，ドアをノックして開ける。

◎外開きのドアは秘書がドアを引いておき，来客を先に通す。

◎内開きのドアは秘書が先に入ってドアを押さえておき，来客を通す。

◎部屋に入ったら，来客に「どうぞ，こちらにおかけになってお待ちください」と上座（かみざ）のソファーを勧める。

●応接室でのマナー

応接室では来客に上座を勧め，コートや傘，荷物などを進んで受け取るなど，次のようなマナーを心得ておきます。また，上座は，基本的には「入り口から遠い奥の席」ということを押さえておきましょう。

◆上座と下座（しもざ），席次を理解する。

上座とは上位の人が座る席，下座とは下位の人が座る席のことである。図A はソファー（長椅子）席の場合の席次で，ソファーが上座になる。来客が二人のときは，①，②の順で，接遇側（一人）は④になる。図B は一人用の椅子の場合の席次だが，来客が二人のときは，①②になり，接遇側は④になる。来客が 3 人のときは，①②③の順で，接遇側は④になる。

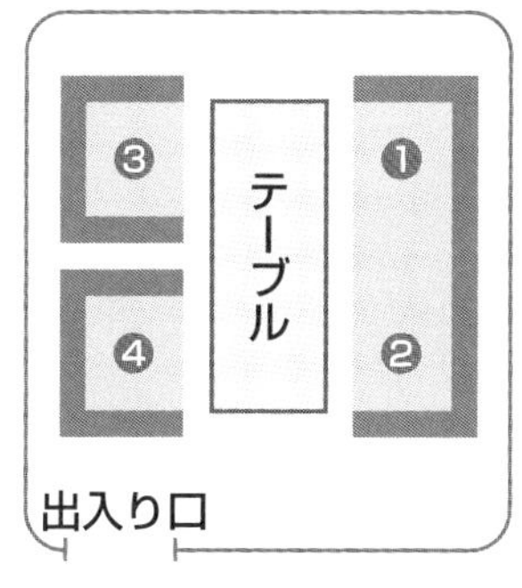

↑図A　ソファー席がある場合の席次。

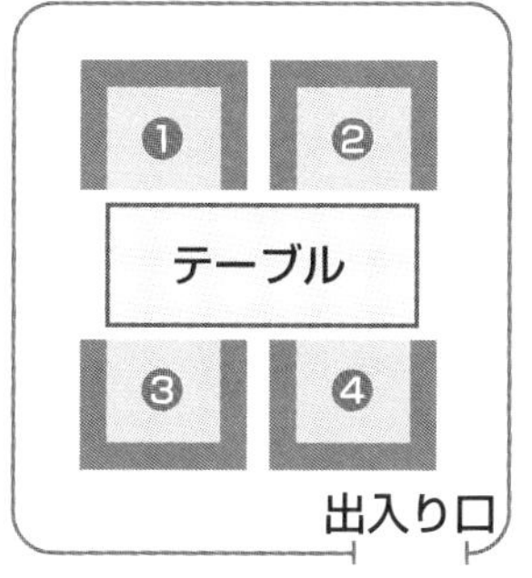

↑図B　一人用の椅子の場合の席次。

◆コートや荷物などは秘書が預かる。

来客の帽子やコート，手荷物などは進んで秘書が受け取り，所定の場所に保管しておくようにする。その際，「こちらでお預かりいたします」と言葉を添え，保管しておく場所を来客に知らせる。

◆応接室の環境を快適にしておく。

いつ来客があってもいいように，応接室は整理・整頓（せいとん）しておく。また，来客が応接室に入ったら，ドアに「使用中」の表示をしておくことを忘れないようにする。

茶菓接待の要領とマナー

来客を応接室に通したらできるだけ早くお茶を出します。

上司が応接室に来る前に来客にお茶を出していた場合，上司が来て再びお茶を出すようなときは，来客のお茶も一緒に入れて出し，最初に出していた来客のお茶は下げるようにします。また，上司と来客に出す湯飲み茶わんは同じものを使い，上司がいつも使っている湯飲み茶わんを使わないようにします。

お茶を出すときの手順と注意事項は以下の通りです。

①お茶を運ぶ。

◎湯飲み茶わんと茶たくは別々にして盆に載（の）せて運ぶ（配るときは，茶わんを茶たくに載せて出すこと）。

②応接室に入室する。

◎部屋に入るときは軽くノックし，入室したらその場で「いらっしゃいませ」，あるいは「失礼いたします」と言って一礼する。

◎盆をテーブルか，ある場合はサイドテーブルに置く。

③お茶や菓子を配る。

◎上座の上席から順に，「どうぞ」と言葉を添えて配る。

◎お茶と一緒に菓子も出すときは，菓子を先に出し，客から見て左に菓子，右側にお茶が並ぶように配置する。

◎各自の正面に湯飲み茶わんの模様が向くように置く。

◎木製の茶たくは，木目が横になるように置く。

◎布巾を必ず用意し，お茶をこぼした場合は「失礼いたしました」と言って落ち着いて拭く。

④退出する。

◎お茶を出し終わったら盆を脇に抱えて持ち，ドア付近で「失礼いたしました」と言って一礼してから退室する。

紹介のマナー

初めての客を上司に紹介する場合などは，秘書が紹介役を務めることになるので，紹介の基本的なマナーを心得ておく必要があります。

●紹介のルール

紹介の順序は，下位（目下）の人から上位（目上）の人の順で紹介するのが原則です。来客と社内の者では年齢や役職に関係なく，来客が常に上位で社内の者は下位になるので，例えば来客が部長で，紹介するのが社内の常務であっても，最初に常務を先方の部長に紹介します。

◆秘書が来客と社内の者を紹介する場合は，①最初に社内の者を来客に紹介する，②次に，来客を社内の者に紹介する。

例）「こちらが，常務の山田でございます」

「こちらは，○○株式会社営業部長の○○様でいらっしゃいます」

見送りの要領とマナー

受付での来客の迎え入れや案内と同様，来客の見送りも大切な仕事です。それまでどんなに好印象を与えていたとしても，最後の見送りが悪ければ，全てが台無し（だいなし）になってしまいます。

秘書が来客を見送る場合は，「失礼いたしました」「ごめんください」などと言ってお辞儀（敬礼）をするのが基本です。見送りには，「自席で見送る場合」，「エレベーターの前で見送る場合」，「外に出て車を見送る場合」があります。それぞれ以下のポイントを押さえておきましょう。

◆自席で見送る場合は立ち上がり，「失礼いたしました」と言ってお辞儀をする。

◆エレベーターの前で見送る場合は，来客がエレベーターに乗ったら「ごめんください」と言ってお辞儀をし，ドアが閉まるまで笑顔で見送る。

◆外に出て車を見送る場合は，あいさつをして車が見えなくなるまで見送る。

乗り物の席次

秘書は，応接室での席次だけでなく，車や列車，飛行機などの乗り物にも席次があることを心得ておきます。車の場合は，車の持ち主が運転する場合と運転手が運転する場合とでは席次が違うので注意します。

運転手付きの車の席次

運転手がいる場合は，①運転手の後ろの席，②助手席の後ろの席，③助手席の順。ただし，後部座席に中央席がある場合は，そこが③の席次になり，助手席は④になります。

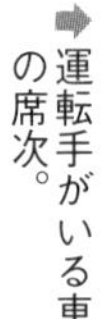

運転手がいる車の席次。

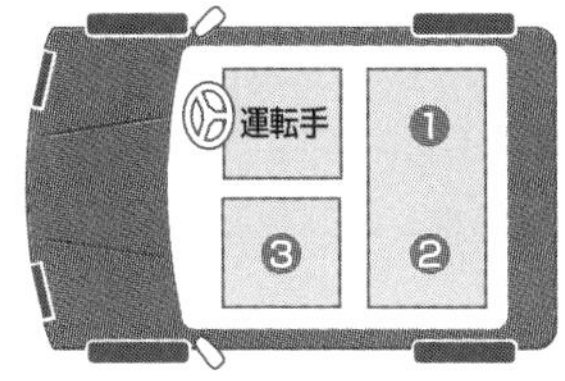

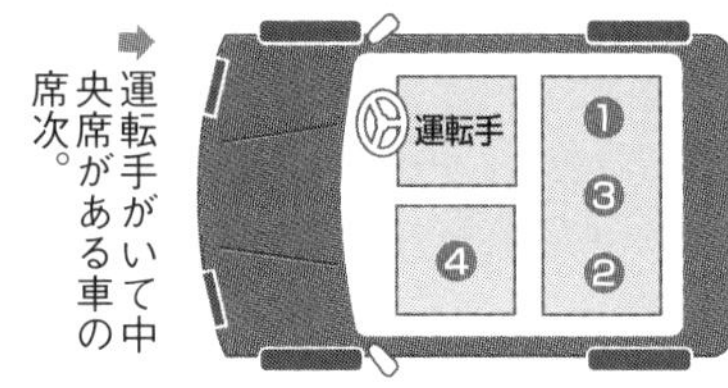

運転手がいて中央席がある車の席次。

オーナードライバーの車の席次

車の持ち主（オーナードライバー）が運転する場合は，①助手席，②運転手の後ろの席，③助手席の後ろの席，④後部座席の中央席の順になります。

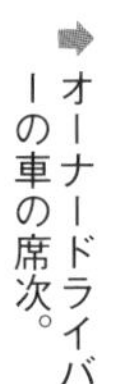

オーナードライバーの車の席次。

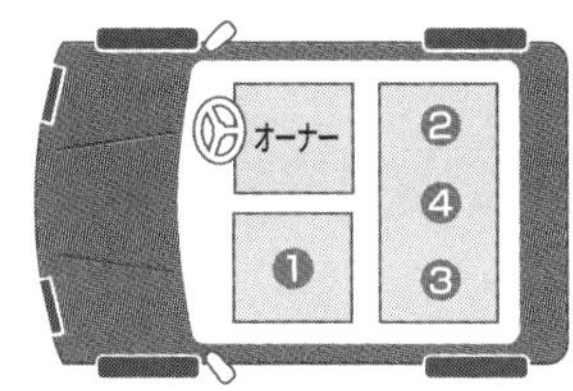

列車の席次

4席が2席ずつ対面する場合の席次は，①進行方向の窓側席，②進行方向を背にした窓側席，③進行方向の通路側，④進行方向を背にした通路側の順になります。

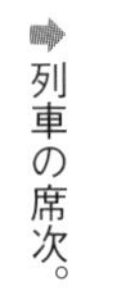

列車の席次。

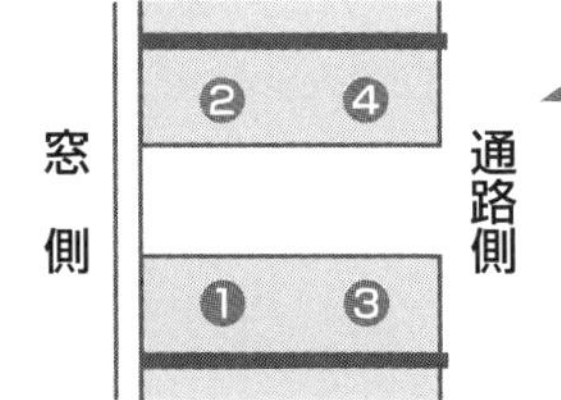

飛行機の席次

飛行機は窓側の席が最上位で，3席の場合は，①窓側の席，②通路側の席，③中央の席の順になります。

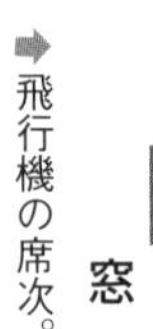

飛行機の席次。

窓側
❶
❸
❷

SELF STUDY

過去問題を研究し
理解を深めよう！

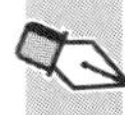

POINT 出題 CHECK

「職場でのマナー」に関する出題が多いが，基本的には常識問題である。「接遇の要領とマナー」全体では，受付・取り次ぎ・案内やお茶の出し方，応接室等の席次がよく出題される。受付・取り次ぎでは，基本的な接遇用語や名刺の受け取り方，お辞儀の仕方なども押さえておく。案内では誘導の仕方がポイント。お茶の出し方はよく出題され，用具の名称や茶わんを置く位置，模様の方向など細かい点まで問われるので，しっかり学習しておきたい。席次は，応接室での問題が中心。タクシーやレストランなどの席次も角度を変えて出題されるが，基本をしっかり身に付けておけば，分かる問題である。

職場でのマナー

日ごろの行動である。

○　①エレベーターで顔見知りの来客に出会ったとき，周りに人がいる場合は会釈だけにしている。

×　②上司と一緒に廊下を歩くときは，上司の斜め前を，上司の歩く速度に合わせている。

②人と一緒に歩く場合，先に立って歩くのはその人を先導するときである。後ろを歩く場合は人に従って歩くときである。秘書が社内で上司と一緒に歩くときは，従った歩き方をしなければならない。

受付

名刺の受け方について述べたものである。

○　①相手が名刺を渡しながら名前を名乗ったときでも，「○○様でいらっしゃいますね」と確認する。

×　②受けた名刺は，裏面を確かめてから，会社名や氏名を口に出して確認する。

○　③受けた名刺の文字の読み方が分からないときは「恐れ入りますが，どのようにお読みするのでしょうか」と尋ねる。

②名刺を受け取って相手を確認するとき，会社名や氏名を口に出して確認するのはよいが，裏を見て確かめてからするというのは感じが悪い。

案内

来客の案内の仕方である。

○ ①廊下を歩くときは，客の斜め前を歩く。

○ ②階段を上がるときは客を先にして上がる。

× ③応接室のドアが外開きのときは，自分が先に入る。

②階段で秘書が来客の後を歩くのは，来客が倒れそうになったとき，後ろから支えられるからである。逆に下がるときは，客を見下さないように先に歩く。③ドアが外開きのときは，ドアを開けて押さえておき，来客を先に通す。秘書が先に入るのはドアが内開きのときである。

お茶の出し方

来客へのお茶の出し方と道具の名称について述べたものである。

○ ①茶わんの絵柄は，来客に見えるようにして出す。

○ ②茶わんを載せて来客に出す，木製の皿は茶たくという。

× ③ふた付きの茶わんでお茶を出すときは，来客の前でふたを取ってから出す。

③ふた付きの茶わんのふたは，客に温かい状態でお茶をおいしく飲んでもらうために，お茶が冷めないようにするものである。来客はいつお茶を飲むか分からない。ふたは，飲むときに自分で取ってもらうものなので，取って出すというのは不適当である。

席次 ①

秘書Aは先輩と上司と一緒に顔見知りのレストランに入った。

× ①席を案内されたとき，顔見知りのAが先に案内されたので，先に奥の方に入って座った。

○ ②料理が運ばれ，Aの前に先に置こうとしたので，上司の方から置くように言った。

①上司や先輩という目上の人と食事をするのである。自分の行き付けの店であっても，目上の人を立てないといけない。先に案内されたといっても奥の席は一般的に上座となる。その上座に座るのは不適当である。

席次 ②

来客を応接室に通して言ったことである。

× ①応接室では入ってすぐの席に座ってもらい，少し待ってもらうため「こちらで少々お待ちくださいませ」と言った。

①言い方ではなく勧めた席が問題。一般的に，部屋内の上座は入り口から見て奥の方である。入り口に近いところは下座になるので不適当。

CHALLENGE 実問題

1　難易度 ★★★☆☆

次は新人秘書Aが，来客へのお茶の出し方として先輩から教えられたことである。中から不適当と思われるものを一つ選びなさい。

1）絵柄のある茶わんで出すときは，絵柄がお茶を飲む人に向くようにすること。
2）楕円形の茶たくの置き方は，お茶を飲む人に対して横長になるようにすること。
3）お茶は両手で出すが，片手で茶たくを持ち，もう片方の手を添えるようにすること。
4）テーブルに資料などがあって茶わんが置けないときは，上司にどうしたらよいか尋ねるとよい。
5）来客が複数のときは上位者から出すが，どの人が上位者か分からないときは上座から出すとよい。

2　難易度 ★★★★☆

次は秘書Aが，上司を訪ねてきた予約のない客に対して行ったことである。中から不適当と思われるものを一つ選びなさい。

1）学生時代の友人というので名前を確認し，上司に取り次いでよいか尋ねた。
2）取引先の人が用件は会ってから話すというので，応接室に案内して上司に知らせた。
3）得意先に紹介されたという客だったので，会えるかどうか聞いてくると言って待ってもらった。
4）転勤のあいさつで取引先の部長が来訪したので，そのまま上司に知らせてあいさつを受けてもらった。
5）取り次がないよう指示されていた業種の人には，そのような用件は取り次がないよう言われていると言って帰ってもらった。

【解答・解説】1＝4）このような場合は，お茶を置く場所を空けてもらうか，別の場所に置くなどを考えないといけない。上司にどうしたらよいかと尋ねることではないので不適当ということである。
2＝2）予約のない場合，取引先であっても用件が分からなければ，上司が会うかどうか分からない。であれば秘書は，まず上司に知らせて指示を得る対応が先になる。応接室に案内してからというのは不適当ということである。

SECTION 4 交際

Lesson 1 慶事と弔事への対応

CASE STUDY
あなたならどうする？

やっぱり振り袖がいいかなとも思うんだけど……
結婚式といっても，手伝いに行くのだから……

結婚式だから振り袖がいいかも……!!

▶秘書A（中村知子）は同僚B（小林美香）から「上司の子息が結婚式を挙げるので，披露宴の受付の手伝いを頼まれたが，振り袖を着ていった方がよいか，それともスーツの方がよいのか迷っている。どのような服装をしていけばよいか」と相談を受けました。どのようなアドバイスをすればよいのでしょうか。

対処例 ○△×?…

「多少改まったスーツかワンピースを着用すればよい」と助言すればよいでしょう。

スタディ 💡!!

秘書は招待客として参加するのではないので，振り袖などを着ていってはいけません。多少改まったスーツやワンピースを着用し，アクセサリーも派手なものや豪華なものは着けないようにします。また，会社の行事で受付をする場合は，受付をする他の社員に合わせるようにします。

慶事の種類と秘書の対応

秘書は上司に関係する慶事を補佐する必要があるので，慶事の知識やマナー，対応の仕方を心得ておかなければなりません。慶事には，仕事に関係する公的なものと上司の私的なものがありますが，秘書はそのどちらも補佐することになります。私的な慶事に対しても補佐するのは，上司がそれらの私事の雑務に煩わされると本来の業務に支障を来す……という理由のためです。秘書は上司に頼まれれば，快く引き受けます。

上司に関係する慶事には以下のようなものがありますが，それぞれの慶事に対する対応は，全て上司の指示や了承を得て行います。秘書は上司の意向をしっかり受け止め，それに沿って行動しなければなりません。秘書の勝手な判断で先走ったりしないように気を付けます。

◆結婚式への対応。

上司の家族や知人，社内や取引先など会社関係者の結婚式がある。

◎結婚式場に祝電を打ったり，自宅などに祝いの品を贈る手配をする。

◎上司が出席する場合は，祝儀の手配をする。

◎披露宴の受付などの業務を手伝う。この場合の秘書の服装は，少し改まったスーツかワンピース。

◆会社関連の祝賀行事への対応。

祝賀行事には，建物の完成を祝う「落成式」や「創立記念式」，「開店祝い」などがあり，社内で催すものと関係会社が開催するものとに分けられる。

◎社内での行事では受付などを担当する。受付での服装は，受付をする他の社員と合わせた服装にする。

◎関係会社から祝賀行事の招待状が届いたら期日までに出欠の返事をし，上司が出席する場合は，祝儀*1）を用意する。

◆受賞・受章への対応。

受賞は賞を受けること，受章は国から勲章や褒章を受けること。勲章とは国家のために尽くした功労者に与えられる記章のことで，「文化勲章」，「瑞宝章」，「宝冠章」，「旭日章」，「菊花章」などがある。褒章とは社会に貢献した人に与えられる記章のことで，「紅綬褒章」，「緑綬褒章」，「黄綬褒章」，「紫綬褒章」，「紺綬褒章」などがある。

◎祝電を打ったり，祝い状を出す手配をする。

◆賀寿への対応。

賀寿とは長寿の祝いのことで，「古希」，「喜寿」，「米寿」などの祝いがある。

◎上司が祝賀会などに出席する場合は，祝儀を用意する。

◆昇進・栄転・就任への対応。

昇進とは今までよりも地位が上がること，栄転とは今までよりもいい地位・職場に転任すること。就任とは（新しい）役職・任務に就くこと。

◎祝電を打ったり，転勤者に「餞別*2）」を贈るなどの手配をする。

＊1）祝儀＝祝い事のときに贈る金品のこと。
＊2）餞別＝転任や旅行などで遠い所に移る人に，別れの印として贈る金品のこと。

弔事の知識とマナー

弔事とは死者を葬る葬儀などの弔い事，つまり不幸のことです。多くの場合，弔事の知らせは突然もたらされます。そして，通夜や葬儀・告別式はあまり日を置かずに行われます。それだけに，手際よく対応することが求められますが，急ぐあまり間違った情報に惑わされたり，誤った行動をしないように，落ち着いて慎重に対応していくことが大切です。

秘書として葬儀・告別式に参列する場合は，宗教によって儀式の形式が異なるため，どの宗教で行われるのかを知っておく必要があります。

●弔事の基本知識

仏式弔事では，通夜，葬儀・告別式の順で執り行われます。その後は，日を改めて法要＊1）が行われ，故人と関係が深かった人はそれらの法要にも参列することになります。秘書として，以下の知識は身に付けておくようにします。

◆通夜とは。

通夜とは，死者を葬る前に家族や親戚，知人がひつぎのそばで終夜過ごし，死者を守ることをいうが，最近ではこのようなしきたりは薄れてきている。一晩過ごすのは遺族やごく近しい親戚だけで，その他の人は定められた時間（6時から10時までの間の2時間程度が一般的）に参列するようになっている。上司が故人と関係が深かった場合は，通夜にも参列することになる。

◆葬儀，告別式とは。

葬儀は，遺族や親戚などが集まって行う儀式で，仏式の場合は僧侶の読経や遺族，親戚の焼香が行われる。葬儀は1時間ほどで終了し，5〜10分程度の休憩の後，引き続き告別式が行われる。告別式は故人と縁のあった人たちが最後の別れを告げる儀式で，参列者は葬儀社の進行係の案内に従って前の方から順次焼香していく。告別式も1時間程度が一般的である。葬儀・告別式とも時間が定められているので，告別式に参列する場合はその時間内に行かなければならない。葬儀・告別式に関しては以下のことを心得ておく。

◎供物は祭壇に供えるものなので，通夜・葬儀の前日までに届くようにする。

◎香典＊2）は通夜か葬儀・告別式に参列したときに渡す。通常は受付で渡して記帳する。上司の代理で参列する場合は，上司の名前を記帳し，その左下に（代）と書く。

◎参列できないときは，弔電を打つ。

＊1）法要＝死者の冥福を祈る仏教行事。法事ともいう。
＊2）香典＝霊前に供える，香の代わりとなる金銭のこと。

◆法要とは。

故人の冥福を祈るために日を改めて行う仏法の儀式・行事で，生前，世話になった故人の法要には参列する。通常，忌明けの七七日（死去した日を含めて49日目）に盛大に行われ，その後は年忌として1年後の一周忌，2年後の三回忌などに行われる。

弔事のマナー

通夜や葬儀・告別式に参列する場合は，以下のマナーを心得ておきます。

◆服装のマナー。

◎通夜の男性の服装はブラックスーツかダークスーツ。一般参列者は平服でも構わないが，できるだけ黒系統の地味なスーツを着用し，ネクタイと靴は必ず黒にする。女性は地味な無地のワンピースか，黒やグレーのスーツが一般的。

◎葬儀・告別式では，男性はモーニングかブラックスーツに白いワイシャツと黒ネクタイ。靴も必ず黒を着用する。一般参列者は，男性はできれば黒のスーツを着用。地味なものであれば平服でも構わないが，ネクタイと靴は必ず黒にする。女性は喪服を着用し，ハンドバッグや靴の色も黒にする。アクセサリーは結婚指輪と一連の真珠のネックレス以外は身に着けない。

◆あいさつの仕方。

◎遺族には「心よりお悔やみ＊1)申し上げます」,「このたびはご愁傷さま＊2)でございます」とあいさつするが，忙しそうなら遠慮してもよい。

◆焼香の仕方（仏式）。

焼香は，次の手順で行う。①焼香台の近くまで進み，遺族に一礼する。②焼香台の前に来たら祭壇に向かって一礼する。③右手の親指と人さし指，中指の3本で抹香をつまみ，やや頭を下げて目の高さに押しいただいた後香炉にくべる。④遺影に合掌して一礼する。⑤遺族の方を向き一礼して席に戻る。

焼香の仕方

1）右手の親指，人さし指，中指の3本で抹香をつまむ。

2）目の高さに押しいただく。

3）香炉にくべたら，遺影に合掌して一礼する。

＊1）お悔やみ＝人の死を悲しみ残念がるという意味の弔いの言葉。
＊2）ご愁傷さま＝心からその人の死を悲しむという意味の弔いの言葉。

◆玉串奉奠（たまぐしほうてん）の仕方（神式）。

玉串奉奠は，次の手順で行う。①神官から玉串を受け取る。左手で葉先を，右手で茎を持つ。②玉串をささげる案（台）まで進む。③玉串の葉先を神前に向ける（茎が手前になる）。④手を持ち替え，左手で根元を，右手で葉先を持つ。⑤時計回りに180度回転させ，葉先が手前に来るようにして案（台）に置く。⑥二礼二拍手（音を立てない）一礼する。⑦遺族と神官に一礼して席に戻る。

玉串奉奠の仕方

1）左手で葉先，右手で茎を持つ。

2）葉先を神前に向ける。

3）左手で根元，右手で葉先を持つように持ち替える。

4）時計回りに180度回転させ，葉を手前にしてささげる。

◆献花（けんか）の仕方（キリスト教式）。

献花は，次の手順で行う。①左が茎，右に花がくるように受け取る。②花が手前にくるように右回りに90度回転させる。③そのまま献花台に置き，一礼して席に戻る。

献花の仕方

1）左手で茎，右手で花の方を持つ。

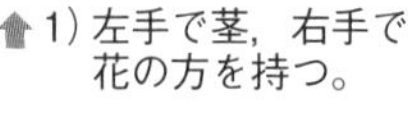

2）花が手前になるように右回りに90度回転させる。

3）献花台に置き，一礼する。

弔事への対応

秘書は，関係者の訃報（ふほう）を知ったら速やかに情報を集め，上司に報告してどのように対応するか相談し，指示を受けます。

●情報収集と基本的な対応

秘書は次のような情報を集めます。

◆逝去（せいきょ）＊1）の日時。

ワード Check!

＊1）逝去＝人の死の尊敬語。

◆喪主*1)の氏名（故人との関係），住所，電話番号。

◆通夜，葬儀・告別式の日時と場所。

◆葬儀の形式（仏式，神式，キリスト教式）

◆死因とそれまでの経緯。

収集した情報を上司に報告し，どのように対応したらよいか指示を受けます。上司に確認すべきことは以下のようなことです。

◆通夜，葬儀・告別式のどれに参列するのか。

◆上司が参列するのか代理の者か。代理の者を立てる場合には，すぐ連絡する。上司が参列する場合は，スケジュール表に書き込む。

◆香典をいくら包むか。上司に確認する前に社内規定や前例などを調べておく。

◆弔電を打つ場合は誰の名前で打つか。役職などの肩書はどうするか。

◆供花，供物を届ける場合の予算はいくらか。喪主が辞退するケースもあるので事情の分かる人に確認しておく。

●香典と供花・供物の手配

秘書は，上司の指示を受けて香典や供花・供物の手配をすることになります。以下のようなことに留意して，遅れがないように手配します。

◆香典を供えるときの上書き*2)。

◎仏式では「御香典」，「御香料」，「御霊前」とする。

◎神式では「御榊料」，「御玉串料」，「御霊前」とする。

◎キリスト教式では「御花料」，「御霊前」とする。

◎宗教が分からない場合は，どの宗教にも共通する「御霊前」を用いる。

香典の上書き

⬆連名のときは目上の人を右から順に書く。

⬆社名や肩書を書くときは氏名の右側に。

◆供花・供物の手配。

供花・供物を贈る場合は通夜や葬儀に間に合うように手配する。供花・供物は宗教によって異なるので注意する。

◎仏式では「生花」，「花輪」，「果物」，「茶」など。

◎神式では「生花」，「榊」，「酒」，「魚」，「果物」など。

◎キリスト教式では「白系統の生花」など。

ワード Check!

*1）喪主＝葬儀を行う当主。

*2）上書き＝祝儀（不祝儀）袋や書状などの表面に書く文字。表書きともいう。

SELF STUDY

過去問題を研究し理解を深めよう！

POINT 出題 CHECK

「慶事」と「弔事」の出題では圧倒的に弔事が多い。「慶事」に関する問題は一般常識のレベルなので，基本的なことを押さえておけばよい。「弔事」では，香典を用意する場合の確認事項や弔電を手配するときの確認事項，葬儀に参列する際の服装などをしっかり頭に入れておこう。また，「会葬者（かいそうしゃ）（葬儀に参列する人）」や「弔辞（亡くなった人を弔い，その前で述べる悔やみのこと）」といった用語も出題されるので，弔事に関する言葉も調べておきたい。

慶事

前任者の秘書が結婚することになり，上司から祝い金を贈るので祝儀袋を用意してくれと言われて確認したこと。

○　①金額はいくらか。
○　②名前はどのように書くのか。
×　③誰から渡してもらうのか

③誰から渡すのか聞いても，祝儀袋を用意することに何も関係ない。

弔事 ①

上司が急に通夜や告別式に参列することになったので用意した。

○　①数珠（じゅず）。
○　②不祝儀袋。
×　③黒と白のネクタイ

③通夜，告別式など弔事のときのネクタイは黒一色でなければいけない。

弔事 ②

「死亡した人の家族のこと」を何というか。

×　①血族
×　②親族
○　③遺族
×　④同族

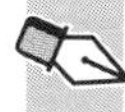

CHALLENGE 実問題

1 難易度 ★★☆☆☆

次は秘書Aが，会社の新社屋落成記念パーティーで受付を担当したときに行ったことである。中から<u>不適当</u>と思われるものを一つ選びなさい。

1）コートを持ったまま受付に来た客には，クロークに預けるよう勧めた。
2）開始時間に遅れて来た客には，始まっているからと言って会場の中まで案内した。
3）客には胸章を着けてもらうことになっていたので，高齢の人には断ってAが着けた。
4）客から上司の所在を尋ねられたとき受付が混み合っていたので，会場の中で尋ねてもらいたいと言った。
5）祝い金は受け取らないようにと言われていたので，差し出す客にはもらわないことになっていると言って断った。

2 難易度 ★★★☆☆

「遺族を訪ねてお悔やみを言うこと」を何というか。次の中から適当と思われるものを一つ選びなさい。

1）会葬
2）慰問
3）弔問
4）葬送
5）弔辞

【解答・解説】1＝4）受付が混み合っているときに客から上司の所在を尋ねられたのである。会場内で尋ねてもらいたいでは，受付の丁寧な対応とはいえない。また，上司は会場の中にいるとも限らないので不適当ということである。
2＝3）

Lesson 2 贈答の習わしと食事のマナー

CASE
STUDY
あなたならどうする？

お中元
遅くなったが，何か品物を……
お中元を贈るには遅過ぎるようだけど……
7 20 13:00

お中元は7月下旬に贈ってもよいの？

▶秘書Aは，上司から「うっかりして，○○氏をお中元のリストに入れ忘れていた。遅くなったが，何か品物を考えて贈ってもらいたい」と指示を受けました。今からお中元を贈るにはちょっと時期が遅過ぎるようです。Aは，どのようにすればよいのでしょうか。

対処例 ○△×?…

7月15日を過ぎてしまったのなら，「暑中御見舞」として何か涼感のあるものを選んで贈ればよいでしょう。

スタディ 💡!!

中元とは7月15日のことをいいます。お中元として品物を贈る場合は，7月の初めから7月15日までに贈るようにします。その時期を過ぎたら，立秋（8月8日ごろ）までは「暑中御見舞」，「暑中御伺」と書いて贈り，立秋を過ぎれば「残暑御見舞」として贈るようにします。

贈答の習わし

贈答とは品物を贈ったりそのお返しをすることです。ビジネスの世界では，お中元やお歳暮のほか，祝い事などの機会に取引先に品物を贈る習わしがあります。贈答品の手配は，上司の意向を聞いて秘書が行います。品物を選んで贈るように指示された場合は，予算と贈答理由，相手先と上司の関係を考慮した上で，相手に喜ばれそうなものを選びます。場合によっては，品物よりも現金や商品券などが喜ばれたり，病気見舞いでは避けた方がよい品物があったりするので基本的な知識は身に付けておきましょう。

祝い事への贈答

祝い事を知ったらできるだけ早く贈るようにします。ただし，栄転祝いなどは，引っ越しなどで慌ただしい時期を避けて届けるようにします。主な祝い事と贈答に関しての留意点は以下の通りです。

◆結婚祝い。

◎結婚祝いに品物を贈る場合は，同じ品物が重なってしまうことがあるので，聞けるような相手であれば希望をいくつか挙げてもらって贈るようにする。希望を聞きにくい場合は，重なっても無駄にならないようなものを贈る。

◎品物は挙式の1週間前までに届けるようにし，持参するときは吉日を選ぶ。

◎品物をデパートなどから送る場合や郵送する場合は，祝い状を同封するか別送するのが礼儀。

◎祝い金を贈る場合，披露宴に出席しない場合の祝い金は，出席するときの半額を目安とするとよい。

◎先方からのお返しは「引き出物」になる。

◆記念祝賀・落成祝賀行事の祝い。

◎品物としては，「酒」，「時計」，「鏡」，「調度品」などが一般的。

◎先方からのお返しは祝賀行事の記念品など。

◆賀寿の祝い。

◎賀寿とは長寿の祝いのこと。「還暦（満60歳）」，「古希（70歳）」，「喜寿（77歳）」，「傘寿（80歳）」，「米寿（88歳）」，「卒寿（90歳）」，「白寿（99歳）」の祝いがある。

◎その人の好みのものや趣味にあった品物を選ぶようにする。

◎お返しとしては，特別注文した陶磁器など。

季節の贈答と病気見舞い

季節の贈答としては「お中元」と「お歳暮」があります。両方とも恒例になっているもので，個人としては日ごろ世話になっている人へ，会社などでは得意先に感謝の意を込めて贈ります。これらは，世話になっていることへのお礼として贈るものなので，受け取った方はお返しなどはしませんが，代わりに礼状を出すのがマナーです。上司が受け取った場合は秘書が礼状を書きますが，恒例になっていることであり，決まり文句を書くことになるのでいちいち上司の了解を得るようなことはしません。

また，関係者が病気や事故で入院するなどしたときは病気見舞いをしますが，「鉢植えの花」など，見舞品として選ぶのは避けた方がよいものもあるので注意します。

◆お中元。

◎7月初旬から15日までに届けるのが一般的で，早過ぎても遅くなってもよくない。配送する場合は，それに要する日にちを考慮して送る。7月15日を過ぎたら，「暑中御見舞」として出す。

◎夏期なので腐りやすいものは避ける。「そうめん」，「ジュース」など涼感のあるものがよく選ばれる。酒の好きな人にはビール券なども喜ばれる。

◆お歳暮。

◎12月初旬から20日ごろまでに届ける。20日を過ぎても年内であればよしとされるが，年末の慌(あわ)ただしい時期は避けた方がよい。

◎一般的にお中元よりも重視されるので，お中元を贈った場合はそれよりも金額的に高い品を贈るのがよい。

◎酒類や缶詰類が一般的だが，「数の子」などの正月用食材も喜ばれる。

◆病気見舞い。

◎入院を知ったら，家族などに見舞いに行っても差し支えない時期を聞く。見舞いの品は相手の回復具合に合わせて選ぶようにする。

◎品物よりも現金の方が喜ばれることもある。

◎品物なら「果物」か「花」が一般的。食べ物を差し入れるときは，相手の容体に配慮する。特に「健康食品」の類いは病人が口にしてはいけない成分が入っている場合があるので避ける。

◎「鉢植えの花」は避けるのが常識。鉢植えの花から連想される「根付く」という言葉が「寝付く」に通じるのを嫌ったもので，病気見舞いには不適当とされている。

食事のマナー

慶事などの祝い事では食事に招かれる場合もあります。「西洋料理」，「中国料理」，「日本料理」のマナーの基本は身に付けておきましょう。

●西洋料理のマナー

西洋料理の場合，「音を立てないで食事をすること」が最低限のマナーとされています。スープを飲むときやナイフを使うときは特に注意しましょう。このほか，以下のことに留意します。

◆ハンドバッグ以外の荷物はクロークに預ける。

◆席に案内されたら，自分の椅子の左側から入って着席する。

◆椅子には深く腰かけ，テーブルと体の間は10センチ程度開けるようにする。

◆ナプキンは料理が出るまで手を触れない。料理が出される直前に手に取り，それを半分に折って，折り目を手前にして膝(ひざ)の上に置く。中座するときは椅子の上に置き，食事が終わったら畳(たた)まずにテーブルの上に置く。

◆ナイフやフォークはテーブルにセットされているので，外側から順に使う。食事の途中で休むときは，フォークとナイフを「ハ」の字にして皿の上に広げて置く。食事が終わったらフォークは背を下に，ナイフは刃を内側にしてそろえ，皿の右側に置く。

◆スープを飲むときは左手で軽く皿の縁を押さえ，スプーンを横にして手前から向こう側へすくう。少なくなったら皿を少し持ち上げて傾け，スプーンですくうとよい。スープをすすったり，スプーンの音を立てないように気を付ける。

◆パンは左側にあるのが自分の分なので，右側の人のものと間違えないようにする。パンは一口大の大きさにちぎり，必要ならバターを付けて食べる。

◆魚料理で骨付きのものを食べる場合は，最初に表身を食べる。次に，フォークで魚の頭を押さえ，魚の中骨と下側の身の間にナイフを平らにして入れ込み，中骨と下側の身を切り離す。頭と中骨は皿の向こう側にまとめ，下側の身を手前に引いて食べる。

◆デザートのアイスクリームや果物は，デザート用のスプーンやナイフを使って食べる。

◆退席するときは，着席するときと同様に左側から出る。

フォークとナイフの置き方

↑食事中であることを表す。

↑食事が終わったことを表す。

中国料理のマナー

中国料理は大皿で出されます。卓上に出された料理は，そのテーブルの人数分になるので，各自が小皿に取り分けて食べることになります。大皿には取り箸(ばし)やれんげが添えてあるので，それを使って取り分けます。

正式には，主人が主客に箸を付けることを勧めます。それに従って主客が箸を付けたら，各自が好きなだけ取りますが，取ったものは食べ残さないのがマナーです。新しく運ばれてきた料理は，主客が箸を付けてから取るのが正式ですが，次々運ばれてくるので，それを待たずに取っても構いません。

取り皿にはいろいろな料理を取ることになりますが，味が混じって嫌な場合は取り皿を新しいものに替えて構いません。

誰かが料理を取ろうとしているときに，ターンテーブルを回すのはマナー違反なので，テーブルを回して料理を取るときは注意します。

●日本料理のマナー

日本料理には本膳(ほんぜん)料理，会席(かいせき)料理，懐石(かいせき)料理，精進(しょうじん)料理などがあります。

本膳料理は日本料理の代表的な料理です。室町時代に武家の礼法とともに確立したもので，江戸時代に内容や形式が整えられ，日本料理の正式な膳立てになっています。本膳料理の主な献立としては，汁物，刺身，焼物，煮物，飯，香の物，果物などがあり，これらが組み合わされて，本膳（一の膳），二の膳，三の膳などとして出されます。

また，会席料理は本膳を略式化した宴会料理のことで，お酒をおいしく飲むための料理です。

懐石料理とは，もともとはお茶事の前に出される軽い食事のことで，お酒よりも料理そのものを味わう料理です。料理は作った順に客に出していきます。

精進料理は，野菜中心の肉や魚介類を用いない料理のことです。

日本料理では，まず正しい箸(はし)の持ち方をマスターしておくことが大切です。箸は，箸先を左に向けて置いてありますが，正しい箸の取り方は，①右手で上から箸を取り，②左手で下から手を添えて支え，③右手で下から持ち替えて，④正しく箸を持つ，という手順になります。箸を置くときは，この逆の手順で行います。

また，どの菜を取ろうかと箸を宙に迷わす「迷(まよ)い箸」などをしないように注意します。

正しい箸の取り方

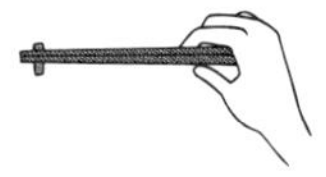

1）右手で上から箸を取る。

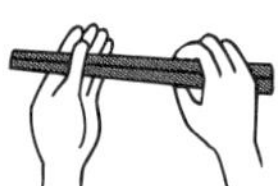

2）左手で下から手を添え箸を支える。

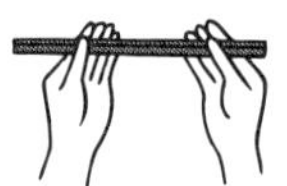

3）右手で下から持ち替える。

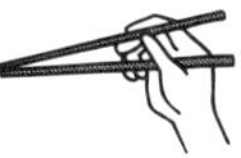

4）正しく箸を持つ。

SELF STUDY

過去問題を研究し
理解を深めよう！

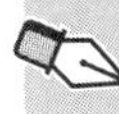

POINT 出題 CHECK

「食事のマナー」はあまり出題がない。「贈答の習わし」では，病気見舞いで選んではいけない品物がよく出題される。その他は，問題をよく読めば分かる常識問題が多い。

✻ 食事のマナー

ふた付きの茶わんで日本茶を飲むときのふたの置き方は，どれがよいか。

×　①ふたのつまみを上にして茶たくの右側にかかるようにおく。
×　②ふたのつまみを下にして茶たくの左側にかかるようにおく。
○　③ふたのつまみを下にして，茶たくの近くの右上に置く。

③茶わんのふたを取って置くときは，ふたに付いているしずくを茶わんの中へ切り，ふたはつまみを下にして茶たくの近くに置く。置く位置は右上が一般的である。

✻ 贈答 ①

出張から戻った上司から，「取引先のW氏に大変お世話になったので，お礼に何かを贈っておいてもらいたい」と言われて確認したことである。

○　①特に贈りたいものはあるか。
○　②送るのは会社宛てでよいか。
×　③手配はいつするのか。

③世話になったお礼だからすぐ手配しなければならない。いつするのかと確認することではない。

✻ 贈答 ②

上司から「友人が入院したので，適当な見舞いの品を用意してもらいたい」と言われてリストアップしたものである。

○　①菓子折り。
○　②ギフト券。
×　③鉢植えの花。

③「鉢植えの花」は「根付く」＝「寝付く」と連想されるからよくないとされている。

CHALLENGE 実問題

1 難易度 ★★☆☆☆

秘書Aは上司から，けがで入院している取引先M氏の見舞いに行ってもらいたいと本を渡された。前に読みたいと言っていたという。Aはこのようなことは初めてなので，気を付けることを先輩に尋ねたところ次のように教えられた。中から不適当と思われるものを一つ選びなさい。

1）服装は普段の仕事用のものでよい。
2）病院に面会時間を確認して時間内に行くこと。
3）本の他に見舞いの品を用意するか，上司に確認するとよい。
4）病室に入ったら，M氏だけでなく同室の一人一人にあいさつすること。
5）M氏の家族がいたら，M氏にはいつも世話になっているとあいさつすること。

2 難易度 ★★★☆☆

秘書Aは上司から，前任秘書Sに結婚の祝い金を贈るので祝儀袋を用意してもらいたいと言われた。次はこのときAが上司に確認したことである。中から不適当と思われるものを一つ選びなさい。

1）金額は幾らか。
2）名前はどのように書くか。
3）誰から渡してもらうのか。
4）いつまでに用意すればよいか。
5）祝儀袋の上書きは「寿」でよいか。

【解答・解説】1＝4）病院には症状の違いやプライバシーの点などから，あいさつが迷惑になる人もいると考えなければいけない。従って，同室の一人一人にあいさつするのは不適当ということである。
2＝3）この場合，結婚祝いの祝儀袋を用意するに当たり，必要なことを確認することになる。誰から渡してもらうのかは用意することに関係ないので不適当ということである。

第5章

技　能

SECTION 1 会議

SECTION 2 文書の作成

SECTION 3 文書の取り扱い

SECTION 4 資料管理

SECTION 5 日程管理・オフィス管理

SECTION 1

会議

スタディガイド
領域：理論編
領域：実技編
テスト

Lesson 1 会議と秘書の業務

CASE STUDY
あなたならどうする？

講師の略歴はそんなところではなく……
講師略歴
エッ，では，どこに……

講師の略歴はどこで紹介するの？

▶秘書Aは，社外から講師を招いて行う研修会の準備をするよう指示されました。講師に関する資料を渡されたので，会場のホワイトボードに講師の略歴を書いていたら，先輩秘書に講師の略歴はそういうところに書くものではないと注意されました。Aはどのようにすればよいのでしょうか。

対処例 ○△×?…

講師の略歴は，開講時に口頭で紹介するか，受講者に配布する資料に掲載しておくか，いずれかの方法を取ればよいでしょう。

スタディ !!

社外から講師を招いて行う研修会の準備としては，「講師用の控え室を用意する」，「講師に渡す資料と受講者名簿を用意する」，「演台に水差しとコップ，おしぼりを用意する」などがあります。ホワイトボードは講師が必要に応じて利用するもので，略歴などを書くためのものではありません。

会議の目的と種類

上司は仕事のかなりの時間を会議に費やします。メンバーとして参加するだけでなく，上司自らが主催する会議も数多くあるため秘書は上司の負担を軽減するために会議についての知識を身に付け，適切に補佐する必要があります。

特に上司が主催する場合は，事前準備，会議中の業務，会議終了後の業務など多くの仕事を引き受けることになりますが，そうした業務を適切に行うには，会議の目的や種類についても理解しておくことが大切です。

会議の目的

会議を開くのは以下の五つの目的があるからですが，多くの会議はこれらを組み合わせた複数の目的のために開催されています。

◆「情報伝達」を目的とする。
会のリーダーなどが持つ情報をメンバーに伝達したり，メンバーが収集してきた情報を報告するなど，情報を伝達して共有する役割を持つ。

◆「情報交換」を目的とする。
メンバー同士が持っている情報を交換し合い，多くの情報を共有する。

◆「相互啓発」を目的とする。
メンバー同士が研究発表をしたり，意見を述べたりしてお互いに知識を高めていく。

◆「意思決定」を目的とする。
意思決定すべき議題に対して，最善策を決定するために，意見を交換して結論を出す。

◆「アイデアの収集」を目的とする。
メンバーから広くアイデアを収集する。

会議の種類

会議の種類としては以下のようなものがあります。

◆説明会議。
リーダーや担当者が持っている情報を一方的にメンバーに伝達するための会議。質疑応答はあるが，議論することが目的の会議ではない。

◆問題解決会議。
解決すべき課題や決定すべき議題に対してメンバーが最善策を求めて議論し，結論を出す会議。白紙から議論することよりも，最初に執行部(しっこうぶ)*1）などが原案を提出し，それを基にメンバーで議論していく方法が一般的。

◆研修会議。
新人教育研修や専門職研修など，ある技術や知識を習得させるための教育方式。技術や知識など情報の伝達のほか，メンバーが相互に啓発し合うことも会議の大きな目的となっている。

◆研究会議。
メンバーのこれまでの研究成果を発表したり，それに対して質疑応答をするなどして相互啓発を行うための会議。

＊1）執行部＝議決機関で決定したことを遂行する部門。例えば，国では行政府，会社では取締役会。

◆アイデア会議。

商品名や開発商品を決めるためにアイデアを出し合う会議。この会議で結論を出すとは限らない。さまざまなアイデアを収集するのが目的。一般に，ブレーンストーミング，略してブレストという手法が用いられる。ブレストには以下のようなルールがある。

◎出したアイデアを批判したり，否定してはいけない。

◎奇想天外なアイデアでも，非現実的なアイデアでもよい。

◎誰かが出したアイデアに便乗したり，それを加工したアイデアでもよい。

◎質より量を重んじる。

会議の準備

上司が主催する会議での秘書の仕事を大きく分けると，①会議の準備，②会議中の仕事，③会議後の仕事の三つになります。まず，会議の準備としてどのような仕事があるのか押さえておきましょう。

●会議の準備をするための確認

会議の準備は次の要素によって異なるので，上司に準備を指示されたらどのような会議なのかを確認します。

◆上司が主催する会議か，メンバーとして参加するのか。

◆社内で行う会議か，社外で行う会議か。

◎社内で行う会議には，内部の者だけで行う会議と外部の人を招いて行う会議がある。

◆定例会議か，臨時会議か。

◎定例会議は，次の開催日をそのときの会議の最後で決めることが多い。

◎臨時会議は，急に決まることが多いので，迅速に手配する。

●上司がメンバーとして出席する場合

上司が会議のメンバーとして参加するときには，口頭または書面，電子メールなどで事前に会議の開催通知があるので，以下のことを行います。

①上司に出欠を確認する。

◎出席の場合は，スケジュール表に記入する。

◎出欠にかかわらず，出欠が決定したらすぐ主催者に連絡する。

②手配をする。

◎会費の払い込みや資料の準備をする。

◎会場までの交通機関の手配，場合によっては宿泊の手配をする。

③前日に再確認する。

◎会議の前日に，変更がないかどうか再確認する。

上司が主催する会議の準備

上司が会議を主催する場合は，まず参加人数が収容できる会場を選定し，会議で必要になる機器や備品の有無，照明や空調設備の具合，食事の手配が可能かどうかなどをチェックしておく必要があります。

開催に向けての準備の手順は以下の通りです。

①参加者の選定。

◎上司の指示により，参加者名簿を作成する。

◎名簿の作成が終わったら，リストに漏れがないか上司に確認してもらう。

②会場の選定。

◎社外会議の場合，会議で使用する機器や備品がそろっていて参加者が収容できる会場の候補を幾つかリストアップする。リストに使用料などその他の参考資料を添付して上司に選定してもらい，決定次第手配する。

◎社内会議の場合は，どの会議室を使用するか上司に確認する。

③資料の準備。

◎会議に必要な資料を確認し，印刷などの手配をする。

④開催通知と参加予定者の確認。

◎開催通知（案内）状を作成し，参加者に送付する。必要があれば案内状と一緒に資料を送る。部内会議など会社内部の会議の場合は，電話やメールで通知することが多い。

◎期日までに参加予定者を確認する。

◆その他の確認事項。

◎会議中のお茶や食事の接待。出す回数と時間。

◎会議中の電話の取り次ぎをどのようにするのか。

◎携帯電話の取り扱い。「マナーモードにしてもらう」，「電源を切ってもらう」，「話す場所を指定する」など。

◎宿泊の手配の有無。

◎議事録を取るかどうか。議事録の担当者は誰にするか。

◎社外の人を招いた会議では，テーブルに参加者の名札を置くか，名札を胸に着けるか，その場合の席順はどのようにするのか（社内の者だけの会議の場合は，席順は決まっているので名札を置いたりしない）確認する。

◎会場の入り口などに表示する会議名はどのようにするのか。

●会議の開催通知

外部の人の参加を求める会議の開催通知は文書で行います。その場合は，約1カ月前に通知状を送付し，以下のような項目を記入します。また，会議資料はできれば事前に送るようにします。その場合も当日，忘れた人のために受付に予備を用意しておきます。

◆通知状に記入すべき項目。

◎会議の名称。

◎開催日時（日にちと曜日，開始時刻と終了予定時刻）。

◎開催場所（○○会館や○○ホテルなどの会場名，○○階○○の間《○号室》などの階や室名・部屋番号）。

◎会場の地図・住所・電話番号。駐車場の有無。

◎開催趣旨や議題。

◎出欠の連絡方法と締め切り期日。

◎主催者名（事務局名・担当者名，電話番号）。

◎食事，宿泊の手配の有無。

◎資料の有無や注意事項など。

●会場の設営

会場設営も秘書の仕事です。テーブルや椅子の配置，スクリーンやビデオ機器の設置など，会議にふさわしい会場の設営をします。

会議の目的に応じてテーブルや椅子は以下のように配置します。

◆円卓式・ロの字形の配置。

この形式は，座席に序列などがなく全員がお互いの顔を見ながら発言できるのが特徴。自由な話し合いやアイデア会議などに最適だが，参加人数は20人程度が限度。人数が少ない場合は円卓式（なければ四角いテーブルでもよい）に，人数が多い場合はロの字形にする。

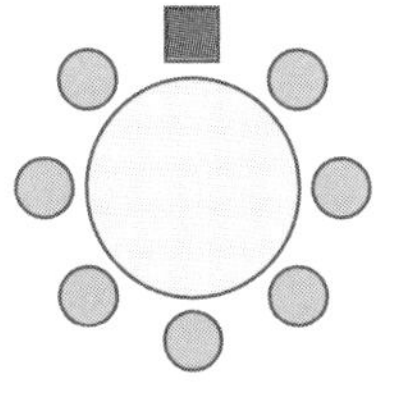

円卓式

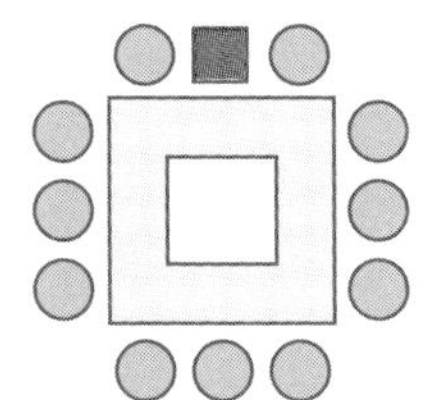

ロの字形

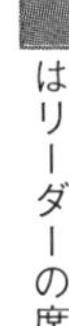

◆教室式の配置。

株主総会など参加人数が多い場合やリーダーから一方的な情報伝達などを行う場合は，教室式が便利。参加者全員が前方のリーダーを正面に見ることができる。リーダーはホワイトボードを背にして立ち，必要があればボードに書き込んだり，図版類を貼り付けたりすることができる。この方式は議事式とも呼ばれる。

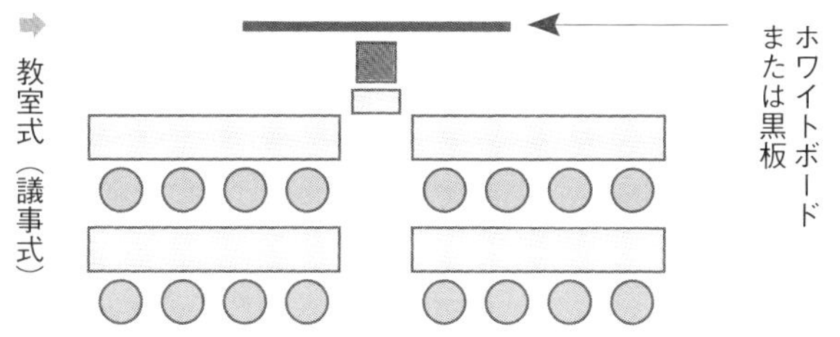

◆コの字形・Vの字形の配置。

この二つの形式は，研修会などでよく用いられる。メンバーがリーダーの方を見られるだけでなく，メンバー同士が相互に顔を見ながら話すこともできる。プロジェクター＊1)などを用いて図版や画像をスクリーンに映し出す場合，あるいはビデオを見せる場合は，Vの字形が便利。そうでない場合はコの字形の方が多人数に対応できる。

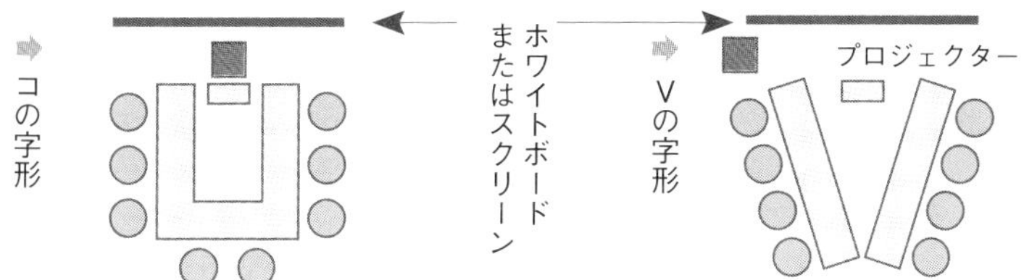

機器類の設置

会議をスムーズに運営するために，機器類の設置についても担当を決めるなどして万全な態勢で望みます。

◆プロジェクター，ビデオ，スクリーン，ホワイトボード，マイク，指し棒やポインター＊2) などを用意しておき，故障がないか事前にチェックしておく。

◆ホワイトボード用インクなどの消耗品が使えるかどうか確認する。消耗品を会議で使い切ってしまったら，新しいものを補充しておく。

＊1）プロジェクター＝グラフや図版，文字などをスクリーンに映し出す装置。液晶のものが主流になっている。
＊2）ポインター＝指し棒の代わりにレーザー光を利用したもの。遠い位置から対象を指し示せる特性がある。

会議中の仕事

上司が主催する会議の開始直前，および会議中の秘書の仕事としては以下のようなものがあります。会議で，秘書が議事録を取る場合もあるので，その場合は仕事の分担をどのようにするか，事前に関係者と決めておく必要があります。

◆出欠の確認をする。

◎参加者が多い場合は，会場前に受付を設置し，そこでコートや荷物を預かったり，配布資料を渡す。また，同時に上司の指示で作成した会議参加者リストに基づいて出欠を確認する。

◎会議の開催時間が迫ってきても，会場に現れない参加予定者に対しては，電話を入れてこちらへ向かっているかどうかを確認する。

◎定刻になったら，出欠状況を上司に報告する。

◆会場の管理をする。

◎会場内の冷暖房の温度の調節や換気の管理をする。

◎預かったコートや荷物は紛失や取り違えがないように確実に保管する。

◎電話の取り次ぎは必ずメモでし，小声でも口頭ではしない。

◆お茶や食事の接待をする。

◎事前に上司と打ち合わせた計画に基づいて，お茶や食事のサービスをする。

◎会場が議論で熱中しているときは食事の時間になってもすぐに出さず，上司に「食事の時間だがどのようにするか」とメモを入れて指示を待つ。

◎お茶は会場の様子を見て回数を増やしたりする気遣いが必要。

会議後の仕事

会議が終了したら以下のように，参加者を見送り，会場の後片付けをします。

◆参加者への対応。

◎車で帰る人の配車の手配をして，預かったものを確実に渡す。

◎会議中に受けた伝言を正確に伝える。

◆会場の後片付け。

◎机を元通りにして備品やコップなどを片付ける。

◎照明・冷暖房などのスイッチを切って戸締まりをする。

◆管理者への対応。

◎管理者に会議の終了を報告し，必要なら経費の精算をする。

SELF STUDY

過去問題を研究し
理解を深めよう！

POINT 出題 CHECK

「会議」では，上司に会議の準備を指示されたときに「確認しておくこと」がよく問われるが，確認事項を押さえておけば解ける問題である。また，会議の通知文に記載する項目についても同様にポイントを押さえておきたい。そのほか，会議についての心得などが出題されるが，会議で補佐するときにすべきことを心得ていれば解ける問題ばかりである。

✻ 上司への確認事項

社内会議を開くので準備するようにと指示され確認したことである。

○　①使用会議室に希望はあるか。

○　②途中で出すお茶はどのようにするか。

×　③席順を決めておくか。

③社内会議であれば，職位に従って自然と決まっていくものなので，あらかじめ席順を決める必要はなく，上司に確認しなくてよい。

✻ 通知文

上司主催の社内会議の開催通知文を作成するように指示された。

○　①議題。

○　②会議名。

×　③通知文作成者名。

③通知文の作成者名を記載しても意味がない。

✻ 会議についての心得

社外の人を招いて行う上司主催の会議のときに行っていることである。

○　①開始時刻になっても来ない人にはこちらへ向かっているかどうか確認の電話を入れている。

×　②会議の終了予定時刻が近くなったら，そのことを上司にメモで知らせている。

②会議を早く終える，または長引かせるかは参加者の都合を聞いて上司の裁量で決めること。秘書が口出しすべき問題ではない。

CHALLENGE 実問題

1 難易度 ★★☆☆☆

秘書Aは上司から，「社外の人を招いて会議を開くので会場の手配をするように」と指示された。そこでAは日時を確認した後，次のことを尋ねた。中から不適当と思われるものを一つ選びなさい。

1）近くのMホテルではどうか。
2）出席者は何人くらいになるか。
3）予約はいつごろするのがよいか。
4）飲み物のサービスに希望はあるか。
5）テーブルはどのような配置にするか。

2 難易度 ★★★☆☆

秘書Aは上司（部長）から，「急なことだが，今から部内会議を行いたいので準備するように」と言われた。次はこのときAが上司に確認したことである。中から不適当と思われるものを一つ選びなさい。

1）資料のコピーなど準備するものはあるか。
2）声をかけるのはいつものメンバーでよいか。
3）会議中の来客や電話の対応はどのようにするか。
4）時間はどのくらいか，お茶は用意した方がよいか。
5）出席できない人がいたら，直接部長に申し出るように言えばよいか。

【解答・解説】1＝3）会議のための会場手配となると，ホテルや会館などを当たることになる。このような予約は一般的に先着順に受け付けるものなので，早いに越したことはない。従って，予約はいつごろするのがよいかと確認するのは不適当ということである。
2＝5）部内会議の準備には，出欠を上司に報告することも含まれる。従って，欠席の連絡はAが受けて上司に伝えないといけない。直接部長に申し出るように言えばよいかと確認するなどは不適当ということである。

文書の作成

Lesson 1 社内文書

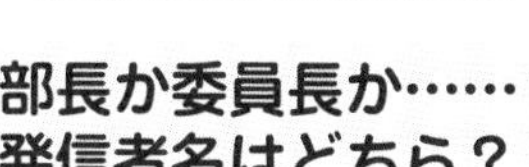

部長か委員長か……
発信者名はどちら？

▶秘書Aは，上司(製造部長)から，資源リサイクル委員会の開催通知文を作成するように指示されました。上司は資源リサイクル委員会の委員長です。この場合，発信者名はどのように書けばよいのでしょうか。

対処例 ○△×?…

「資源リサイクル委員会委員長」とするのが正解です。

スタディ !!

Aの上司が製造部長であっても，作成するのは資源リサイクル委員会の文書ですから，製造部長は関係ありません。また，委員会の開催通知ですから，発信者は委員長になります。従って，発信者名は「資源リサイクル委員会委員長」が適当となります。

社内文書作成上の基礎知識

会社の正式な文書を「ビジネス文書」と呼びますが，ビジネス文書には「社内文書」と「社外文書」があります。社内文書は，案内文や通知文など，社内でやりとりする文書のこと，社外文書は，商取引に関して対外的にやりとりする文書のことです。

社内文書はあくまでも社内での意思伝達を目的としているものなので，簡潔にまとめて迅速に伝えることが要求されます。秘書は，さまざまなビジネス文書を作成することになりますが，まず社内文書の作成の仕方をしっかり身に付けておくことが大切です。

●社内文書の作成上の留意点

社内文書を作成するときには以下のことに留意します。

◆文章は短く，簡潔に書く。

◎社内用の文書なので，礼儀は最小限とする。

◎主語と述語を明確にし，要点を押さえて書く。

◎箇条書きをうまく利用する。

◆社内文書は横書きが原則。

ビジネス文書は基本的に横書きを用いる。縦書きにするのは，「招待状」など，社外文書の中でも「社交文書」と呼ばれるものだけである。

横書きを用いる理由は以下のことによる。

◎国際的である。

◎英語などで書きやすい。

◎パソコンなどで扱いやすい。

◆「頭語」や「結語」および「あいさつ」は省略する。

◎頭語は「拝啓」，「前略」など手紙文の最初に書く語，結語は「敬具」，「草々」など文章の終わりに書く語。

◎あいさつは「向暑の候，ますますご隆盛のこととお喜び申し上げます」などと頭語に続けて書く文のこと。

◎文末は必ず「以上」で締めくくる。

◆「です・ます」体を用い，丁寧な言い回しは最小限にとどめる。

◎「～いたします」は「～します」に，「～でございます」は「～です」，「お願い申し上げます」は「お願いします」などとし，できるだけ簡潔にする。

◆フォーム化する。

◎社内文書の形式をパソコンなどに保存して，いつでも呼び出せるようにしておくと，速く処理できる。

◎よく利用する文書は，必要な欄に書き込めば済むようにしておく。

●数字の表記に留意する

ビジネス文書では，基本的に「算用数字」を用いますが，漢数字を使うケースもあるので注意します。

◆算用数字を使う。

算用数字は，「1，2，3……」などと表記する数字のことで，アラビア数字，洋数字などともいう。

◎番号，金額，数量などを表記するときに使う。

◎金額・数量を書くときは，「1,200,000（円）」などのように，3桁(けた)ごとに区切りの「コンマ（，）」を入れる。

◆漢数字を使う場合。

漢数字は「一，二，三」などと表記する数字のことで，和数字ともいう。基本的には縦書きの文書に用いるが，以下のようなケースでは，横書きの文書でも漢数字を用いる。

◎「九州」，「四国」，「三宮」，「二条城」などの固有名詞。

◎「二，三日」，「数十人」，「五百人強」など概数(がいすう)を表記する場合。

◎「一言二言(ひとことふたこと)」，「二人一組(ふたりひとくみ)」，「三(み)つ子」，「五(いつ)つ星」など「ひと，ふた，み」などと読む場合。

◎「一致団結」，「二人三脚」，「三文判」，「四方八方」，「五里霧中」，「七転び八起き」などの成語。

◎「一部の者」，「第一印象」，「二の次」，「第三者」，「四季」など数量的意味合いが薄れている場合。

◆算用数字と漢数字を組み合わせる場合。

◎「5万」，「7億4000万」など単位が大きいと分かりにくい場合は，「兆，億，万」などの漢数字を利用する。

社内文書の種類

社内文書にはどのようなものがあるか，よく用いられる文書の種類や意味を理解しておくことが大切です。また，基本的な社内文書の形式を理解し，形式に沿って作成できるようにしておきましょう。

社内文書の種類

社内文書には，以下のようなものがあります。

◆「稟議書(りんぎしょ)」とは，決裁や承認を仰(あお)ぐための文書。

担当者が案を作成して関係者に回覧し，その件に決裁権限を持つ上位者の承認・決裁をもらうことを稟議といい，その文書を稟議書という。具体的には，「～してよろしいでしょうか」，「～することをお願いします」と伺いを立てる文書のことで，起案書，回議書ともいう。

◆「報告書」とは，結果や経過，事実などを報告する文書。

出張した成果や経過などを報告する「出張報告書」，調査したことの事実関係や明らかになったことを報告する「調査報告書」，研修を受けて習得したことを報告する「研修参加報告書」，研修を実施した成果を報告する「研修実施報告書」など，さまざまな報告書がある。定期的な報告書としては，「営業日報」，「営業月報」などがある。

◆「通知文」とは，経営幹部が，関係する社員に命令や指示を伝えるための文書。会社の上層部で決定したことを伝える文書だが，命令や指示の他に，規定に近い文書や単なる案内文もこれに含まれる場合がある。

◆「案内文」とは，「お知らせ」や「案内」など情報を伝えるための文書。研修会の参加を呼びかけたり，健康診断の案内をするときなどの文書。社員の便宜を図るためのもので，強制力はない。

●社内文書の形式

社内文書の基本的な形式は，次ページを参照してください。以下は，各項目を補足的に解説したものです。

①「文書番号」は「総務部発○○号」など，文書の出どころと番号を表記する。文書番号は保存・整理するために付けるので，その必要がないものには付けない。

②「発信日付」は，一般的には「令和」などの元(年)号を用いる。元(年)号は「令○年○月○日」や「R. ○年○月○日」，のように「令和」を「令」「R.」などと略する場合がある。西暦を使う場合は，「○○○○年○月○日」と記す。いずれも「年」を省略して月日だけを書くようなことはしない。

③「受信者名」は，「○○部長殿」，「○○課長殿」と役職名だけを書き，氏名は記入しない。同じ文書を多数の人に出すときは，対象となる人に応じて「課長各位」，「係長各位」，「社員各位」，「関係者各位」あるいは単に「各位」とする。

④「発信者名」も「営業課長」，「総務部長」などの役職名で出す。また，総務部長が業務改善委員会の委員長として，委員会を開催する場合は，「業務改善委員会委員長」とする。その場合，総務部長の役職名は併記しないので注意する。

⑤「標題」は，何の文書であるかすぐ分かるものにする。また，「接遇研修会の開催（案内）」など標題の横に，文書の性質が分かるようなもの，例えば「案内」，「お願い」，「通知」などの言葉を入れておく。

⑥「本文」には，「来る○月○日に，講師○○先生を迎えて～」といった具体的なことは書かないで，「下記の要領で接遇研修会を開きます。ぜひご参加ください」などと簡潔にまとめ，具体的な内容は「記」の中に箇条書きで書く。

⑦「記」は中央に書き，次の行から「1. 開催日時，2. 開催場所……」などと番号を付けて具体的な内容を記す。

⑧「追記」は，「ただし，既に受講した人は含まれません」とか「会場には駐車場はないので，車でお越しの方はご注意ください」などのただし書きや注意事項を付け加えるときなどに入れる。

⑨「添付資料」があるときに，どのような資料を同封したかを書く。例えば，「会場までの地図」や「講師略歴」など。

⑩「以上」は，文書内容が終了したという結びを示す言葉なので，社内文書では必ず書かなければならない。また，最後に書く言葉だからといって，担当者名の後に書くようなことはしない。

⑪「担当者名（連絡先）」は，内容についての問い合わせがあるときのために書くので，電話（内線）番号や電子メールのアドレスなど，連絡先を書いておく。発信者と担当者は違うので注意する。文書内容の責任者は発信者であり，担当者はあくまでも文書内容に関する仕事の担当というだけである。

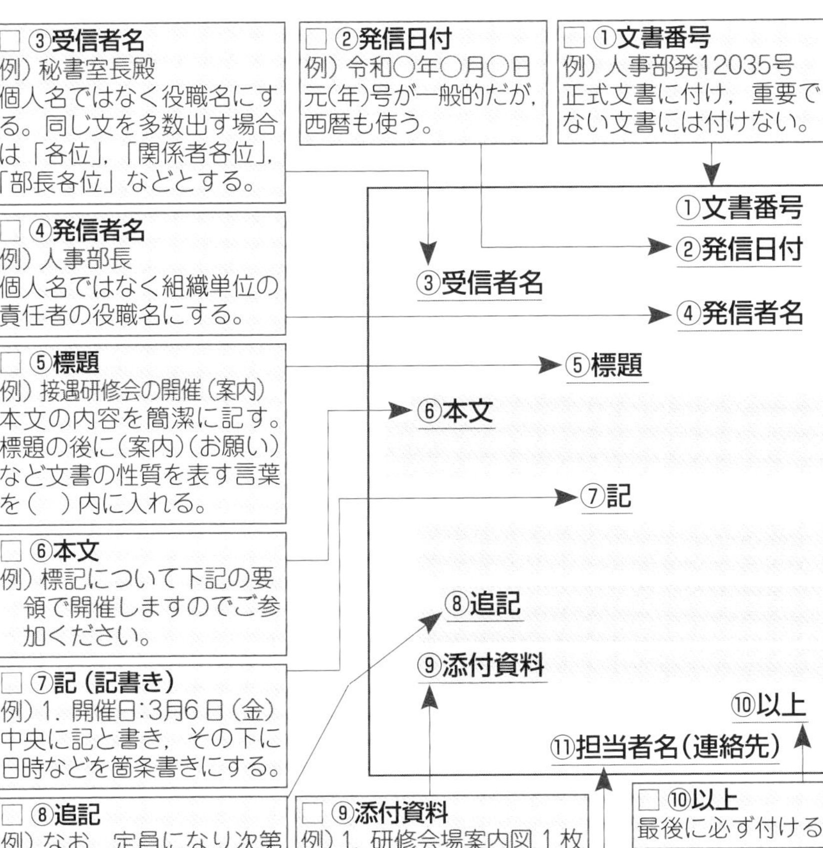

□ ③受信者名
例）秘書室長殿
個人名ではなく役職名にする。同じ文を多数出す場合は「各位」,「関係者各位」,「部長各位」などとする。
□ ②発信日付
例）令和○年○月○日
元（年）号が一般的だが，西暦も使う。
□ ①文書番号
例）人事部発12035号
正式文書に付け，重要でない文書には付けない。
□ ④発信者名
例）人事部長
個人名ではなく組織単位の責任者の役職名にする。
□ ⑤標題
例）接遇研修会の開催（案内）
本文の内容を簡潔に記す。標題の後に（案内）（お願い）など文書の性質を表す言葉を（　）内に入れる。
□ ⑥本文
例）標記について下記の要領で開催しますのでご参加ください。
□ ⑦記（記書き）
例）1. 開催日:3月6日（金）
中央に記と書き，その下に日時などを箇条書きにする。
□ ⑧追記
例）なお，定員になり次第申し込みを締め切ります。
注意事項や補足する事項を書く。
□ ⑨添付資料
例）1. 研修会場案内図 1 枚
図表や地図など，資料があればその名称と枚数などを記す。
□ ⑩以上
最後に必ず付ける。
□ ⑪担当者名（連絡先）
部署，氏名，連絡先を書く。
①文書番号
②発信日付
③受信者名
④発信者名
⑤標題
⑥本文
⑦記
⑧追記
⑨添付資料
⑩以上
⑪担当者名（連絡先）

SELF STUDY

過去問題を研究し
理解を深めよう！

POINT 出題 CHECK

「社内文書」では，作成上の基礎知識として，横書きのときの数字の扱いや文書作成の基本問題が出される。文書形式に関しては，各項目の書き方や留意点を押さえておけば解ける問題である。

社内文書作成上の基礎知識 ①

数字についての基本知識として先輩から教わったことである。

○　①パーセントなどの小数点は，「.」(ピリオド) を書く。

×　②「一」，「二」，「三」の漢数字は，縦書き文書以外には使わない。

○　③桁数（けたすう）が多い数字は，読みやすいように区切りの「,」(コンマ) を打つ。

②「一関・二重橋」などの固有名詞，「一般」など数量的意味合いが薄い場合，「二，三人」などの概数は横書き文書でも漢数字を用いる。

社内文書作成上の基礎知識 ②

カタカナ部分を，横書き文書の場合の本来の数字の書き方にして書け。

①日にち：ニサン日

②人数　：数ジュウ人

③時刻　：ジュウイチ時

④金額　：センヨンヒャク円

①二，三　②十　③11　④1,400

社内文書の形式

社内文書の書き方について述べたものである。

○　①発信日は，年月日だけでなく元（年）号も書く。

×　②「以上」は，担当者名とその連絡先の下に書く。

○　③文体は「です・ます」体で，文章は簡潔に書く。

×　④担当者名は，記名して押印する。

②「以上」はこれで文書が終わりという意味なので文書の最後に書くが，担当者名とその連絡先を書くときは，「以上」をその前に書くのが決まり。
④担当者が押印したりしない。

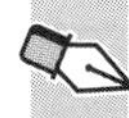

CHALLENGE 実問題

1　難易度 ★★☆☆☆

次は社内文書の書き方について述べたものである。下線部分に入る言葉を答えなさい。

1）用件は1文書に1件とし，内容が分かる ＿＿＿＿＿＿ を付ける。
2）伝達事項を簡潔に伝えるため，日時や場所などは ＿＿＿＿＿＿ にする。
3）発信者名は職名だけでよい。例えば，山田総務部長が発信するなら，＿＿＿＿＿＿ と書く。

2　難易度 ★★★☆☆

次は秘書Aの，上司名で発信する社内文書の書き方である。中から不適当と思われるものを一つ選びなさい。

1）箇条書きを用いて簡潔に書いた。
2）発信日は年号と年月日を書いた。
3）あいさつを省き「前略」と書いた。
4）用件の最後には「以上」と書いた。
5）担当者名として所属部署と自分の名前を書いた。

【解答・解説】1＝1）　標題･タイトル　2）　箇条書き　3）　総務部長
2＝3）社内文書は会社内で交わされる文書だから，最初のあいさつは書かない。「前略」とは，最初に書くべきあいさつの言葉を省略したという意味。従って，3)は不適当ということである。

Lesson 2 社外文書

手紙の頭語と結語，返信なら何を使う？

▶秘書Aは，上司から「清書して出しておくように」と取引先宛ての文書を預かりました。見ると先方から来た手紙の返事でしたが，上司は急いでいたのか頭語（とうご）と結語（けつご）が書いてありません。Aはどのような頭語と結語を書けばよいのでしょうか。

対処例 ○△×?…

先方から来た手紙の返事なので頭語は「拝復」とし，結語は「敬具」にします。

スタディ

頭語と結語は対になっているので注意します。往信のときの頭語「拝啓」に対しては，結語は「敬具」とし，「謹啓」としたら「敬白」か「敬具」，「前略」に対しては「草々」とします。また，返信の場合は，頭語は「拝復」，結語は「敬具」を用います。

社外文書と慣用表現

社外文書は社内文書と違って，顧客や取引先に出すものなので，適切な頭語や結語，あいさつ文を入れて丁寧な文書にします。

社外文書の作成に際しては，文書の基本スタイルとともに「頭語と結語の組み合わせ」，「時候のあいさつ」をしっかりマスターしておきます。また，「前文」，「主文」，「末文」でよく使われる慣用表現を身に付け，それらをうまく使いこなして簡単な社外文書が作成できるようにしておきましょう。

会話では使用しない言葉も多く，最初は戸惑うかもしれませんが，パターンが決まっているので慣れてしまえば楽に書けるようになります。

社外文書の基本スタイル

社外文書の基本形式は，社内文書の形式とほぼ同じですが，社内文書の「本文部分」が，①あいさつを述べる「前文」，②用件を述べる「主文」，③最後にあいさつを述べて文章を締めくくる「末文」に分かれます。

そして，前文の最初に「頭語」を書き，末文の最後に「結語」を書いて本文を締めくくります。

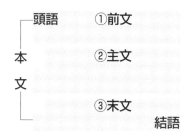

頭語　①前文

本文　②主文

③末文　結語

頭語と結語の組み合わせ

頭語と結語の組み合わせは，以下のようになります。

◆往信の場合の「頭語と結語」の組み合わせ。

◎頭語を「拝啓」にし，結語を「敬具」にするのが基本。

◎特に丁重にする場合は，頭語を「謹啓」にし，結語は「敬白」または「敬具」にする。

◎急ぎのときは頭語を「前略」にして結語を「草々」にするか，頭語を「冠省(かんしょう)」にして結語を「不一(ふいつ)」にする。

◎事務的な文書の場合は，頭語を書かないで，「以上」で締めくくる。

◆返信の場合の「頭語と結語」の組み合わせ。

◎頭語を「拝復」とし，結語を「敬具」にする。

時候のあいさつ

時候のあいさつは以下のようになっていますが，「冷夏」や「暖冬」あるいは「長梅雨(つゆ)」などで，そのときにふさわしくない場合があります。その場合は，「このごろ」という意味の「時下」を使うとよいでしょう。例えば，「拝啓　時下（ますますご発展のこととお喜び申し上げます)」，「拝啓　時下（ますますご清祥のこととお喜び申し上げます)」などと使います。

月	時候のあいさつ	月	時候のあいさつ
1月	厳寒の候／厳冬の候	7月	盛夏の候／猛暑の候
2月	向春の候／余寒の候	8月	残暑の候
3月	早春の候	9月	新秋の候／初秋の候
4月	陽春の候／春暖の候	10月	秋冷の候／紅葉の候
5月	新緑の候	11月	霜降の候／晩秋の候
6月	初夏の候／梅雨の候	12月	歳晩の候／初冬の候

前文に用いる慣用表現

前文は，用件に入る前の「あいさつ文」です。文の頭に（1字空けずに）「頭語」を書いた後，1字空けて時候のあいさつとともに相手の繁栄や健康を祝い喜ぶ言葉を続けて終わります。

前文は次のようなものです。

①会社の場合

拝啓　向春の候，貴社ますますご発展のことと，お喜び申し上げます。平素は格別のご高配を賜りまことにありがとうございます。

②個人の場合

拝啓　秋冷の候，ますますご清祥のこととお喜び申し上げます。

前文で使われる言葉としては，以下のようなものがあります。

- ◆「ご発展」，「ご隆盛」は会社に用いる。「会社の繁栄（を祝い喜んでいます）」という意味で使う。
- ◆「ご清祥（せいしょう）」，「ご健勝」，「ご清栄（せいえい）」は個人宛てに用いる。「あなたが健康であること（を祝い喜んでいます）」という意味。
- ◆「平素は」は「日ごろは」の意味。「格別のご高配」は「特別な配慮」の意味。

主文に用いる慣用表現

主文は，本来の用件部分になります。1字落として，「さて」で書き出します。

主文は次のようなものです。

さて，早速ですが，このたび当社では標記について，下記の要領で実施することになりました。つきましては，ご多忙中のところ恐縮ではございますが，万障（ばんしょう）お繰（く）り合わせの上，ご来駕（らいが）賜（たまわ）りたく伏（ふ）してお願い申し上げます。

主文で使われる言葉としては，以下のようなものがあります。

- ◆「早速ですが」はすぐ用件に入るときの決まり文句。
- ◆「標記について」，「上記について」は『新製品発表会』などと文書に標題を付けた場合に用いる。標題を付けなかった場合は，「さて，当社では『新製品発表会』を下記の要領で実施することになりました」などとする。
- ◆「ついては」，「つきましては」は「そこで」という意味。「そこで～してほしい」，「だから～してください」と文章をつなげるときに用いる。
- ◆「ご多忙中のところ恐縮ではございますが」はこのような場合の決まり文句。ほかに「ご多忙中申し訳ございませんが」「お忙しいとは存じますが」など。

◆「万障お繰り合わせの上」は「いろいろ差し支え（万障）はあろうが，何とか都合を付けて（繰り合わせの上）」という意味。

◆「ご来駕」は「来訪」の尊敬語で，「来ていただく」の意味。「ご来臨（らいりん）」（「出席」の尊敬語）を用いるのもよい。

◆「～賜りたく」は「～いただきたく」と同じで，相手に何かをしてほしいときに，丁寧さを表すために用いる。

◆「伏して」は「ひれ伏して」，「平身低頭して」の意味で，相手に強くお願いするときに用いる。「ぜひとも」，「ひとえに」，「切に」なども同じ。「ひとえに」は「ひたすらに」，「切に」は「心から強く思って」の意味。

末文に用いる慣用表現

末文は本文を締めくくる「あいさつ文」で，1字空けて書き出します。「敬具」などの結語はその行の末尾に書きますが，もし文章が末尾まできたときは，次の行の末尾に結語を書きます。

末文は次のようなものです。

まずは，略儀ながら，書中をもってお願い申し上げます。　　　　敬具

末文で使われる言葉としては，以下のようなものがあります。

◆「まずは」は末文の書き出しの決まり文句。

◆「取りあえず」は「差し当たって」，「一応」の意味。「取り急ぎ」は他のことは省いて用件だけを伝えるというときに用いる。

◆「ごあいさつかたがた」は「あいさつついでに」，「あいさつを兼ねて」の意味。

◆「略儀ながら」は「正式ではないが」，「簡単だが」の意味で，必ず「書中をもって」や「書面をもって」と続く。つまり，「本来は出向くのが正式なのだが，それを略して文書で」という意味。

社外文書と敬語表現

社外文書でよく使われる敬語表現には，以下のようなものがあります。

丁寧表現

丁寧表現とは，相手を敬うために丁寧な表現をすることです。「である」体を「です·ます」体にしたり，さらに丁寧な表現を用いて「～でございます」にします。

尊敬表現

尊敬表現とは，相手を敬うときに用いる表現法です。

◆相手方を呼ぶ場合。

◎相手方を呼ぶ場合は「○○様」，「○○様方」などとする。

◎相手方の会社は「御社」，「貴社」などと呼ぶ。また，相手方の意見や考えは「ご高見」，「ご高説」，「貴意」などという。

謙譲表現

謙譲表現とは，自分がへりくだることにより間接的に相手を敬う表現法です。

◆自分側を呼ぶ場合。

◎自分や自分たちを呼ぶ場合は「私」，「私ども」などとする。

◎自分の会社は「弊社」，「小社」などと呼ぶ。また，自分の意見や考えは「卑見」，「愚案」などという。

自他の使い分け

社外文書を書くときは，以下のように自他を使い分けます。

項　目	相手方	自分側
会社・商店	貴社　御社　貴店	当社　弊社　当店　小店
官庁・団体	貴省　貴所　貴会	当省　当所　当会
場所	貴地　御地	当地
役職	貴社社長　○○部長	部長の○○（姓の呼び捨て）
人物	貴殿　貴下　各位 ご一同様	私　当方　私儀 こちら　私ども
品物	ご佳品　結構な品	粗品　寸志
手紙	ご書面　貴信	書面　愚状＊1）
気持ち	ご厚情　ご高配	微意＊2）
意見	ご高見　貴意	愚案　卑見
配慮・努力	ご配慮　ご尽力	配慮　尽力
受領	ご受納　ご査収＊3）	拝受　受領
見る	ご高覧　ご覧	拝見　拝読
会う	ご面会　ご引見	お伺い　参上

＊1）愚状＝自分の手紙をへりくだっていう言葉。
＊2）微意＝自分の意思を謙遜していう言葉。
＊3）査収＝よく調べてから受け取ること。

SELF STUDY

過去問題を研究し
理解を深めよう！

POINT 出題 CHECK

「社外文書」では，本文で使う慣用表現に関する出題が多い。選択肢から選ぶ問題より記述問題が多いので，決まり文句を覚えるだけでなく，誤字のないように注意する。頭語と結語に関しては，基本の組み合わせを覚えるとともに意味も理解しておきたい。

慣用表現 ①

カタカナ部分を漢字に直して書きなさい。

①キシャ　ますます　ごリュウセイ　のこととお喜び申し上げます。

②日ごろは　カクベツ　の　ごコウハイ　を賜りまことにありがとうございます。

③まずは　リャクギ　ながら　ショチュウ　をもって御礼申し上げます。

①貴社　隆盛　②格別　高配　③略儀　書中

慣用表現 ②

世話になった人への送り状である。下線に入る言葉を1）～6）から選びなさい。

①________盛夏の候，ますます ②________のこととお喜び申し上げます。
平素は格別のご厚情を賜り，厚く御礼申し上げます。
つきましては，日ごろの感謝の気持ちとして，別便で○○○をお送りいたしました。何とぞ ③________ください。

1）ご恵贈　2）ご健勝　3）前略　4）ご笑納　5）ご発展　6）拝啓

①6）　②2）　③4）

頭語と結語

手紙用語とその組み合わせである。

× ①拝復＝謹んで再び申し上げます。

○ ②前略＝前文のあいさつを省略させていただきます。

○ ③草々＝丁寧でない書き方で申し訳ありませんでした。

①拝復とは「謹んでお答えします」，「謹んでご返事します」の意味。

CHALLENGE 実問題

1 難易度 ★☆☆☆☆

次は手紙などで，自分側と相手側のことを言う言い方の組み合わせである。中から不適当と思われるものを一つ選びなさい。

（自分側）　（相手側）
1）私　――　貴殿
2）当社　――　小社
3）当地　――　貴地
4）粗品　――　佳品
5）愚見　――　貴見

2 難易度 ★★★☆☆

次は社外文書の一部である。下線のカタカナ部分を漢字に直しなさい。

1）ジカ(a) ますます ごケンショウ(b) のこととお喜び申し上げます。

2）時節柄，くれぐれも ごジアイ(a) のほど キネン(b) いたします。

3）まずは，リャクギ(a) ながら書中をもって オンレイ(b) 申し上げます。

【解答・解説】1＝2）「当社」は自分の会社という意味。「小社」は自分の会社を謙遜して言うときの言い方。両方とも自分側のことなので不適当。相手側のことは，「貴社」「御社」などである。
2＝1）　a　時下　　b　健勝
　　2）　a　自愛　　b　祈念
　　3）　a　略儀　　b　御礼

Lesson 3 メモの取り方・グラフの作り方

CASE STUDY
あなたならどうする？

カワダさん……聞いたことないけど……
かしこまりました……

「カワダ」さんはどのように書くの？

▶秘書Aは，上司が面談中に，取引先のS商事のK氏から電話を受け，「トウシャノ　フクオカシテンニ　カワダサント　イルノデ　デンワヲホシイ」と伝言を頼まれました。AはS商事のK氏はよく知っていますが，「カワダ」さんとは面識がなく名前を聞いたこともありません。伝言内容をメモにして上司に渡す場合，Aはどのように書けばよいのでしょうか。

対処例 ○△×?…

「S商事の福岡支店にカワダ氏といるので，電話をほしい，とのことでした」と書けばよいでしょう。

スタディ !!

伝言内容は，相手の立場で話していることを，置き換えて伝える必要があります。「当社の」は「S商事の」とします。また，「カワダ」さんの名前は漢字では分からないので「カワダ」とカタカナで書き，「さん」は，「氏」にします。

メモの種類と取り方の留意点

メモを取ることを俗(ぞく)に「メモる」などといいますが，メモとは「メモランダム(memorandum)」の略で，必要なことを忘れないように書き留めておく「覚書(おぼえがき)」や「備忘録(びぼうろく)」のことです。ちなみに，「備忘録」とは，忘れたときに備えて書き留めておくノートや手帳のことをいいます。

秘書は日常的にメモを取ることになるので，正しい取り方を身に付けておく必要があります。また，メモには「心覚えメモ」，「要約メモ」，「伝言メモ」の3種類があることを心得ておきましょう。

メモの種類

メモには以下のように3種類あり，それぞれに応じたメモの取り方があります。

◆「心覚えメモ」とは，忘れないように自分のためにするメモのこと。

◎記憶力だけに頼らず，重要なことや忘れそうなことは小まめにメモする習慣を付けておく。

◎自分のための覚書なので，断片的な書き方でもよい。

◎名刺の裏に来客の特徴や来訪日などをメモしたり，手帳などに上司から指示された仕事のポイントなどを書いておく。

◆「要約メモ」とは，報告事項や，上司の口述内容の要点を記すメモのこと。

◎自分のために取るメモだが，それを基に後で報告書などを作成することが目的なので，要点を要領よくまとめる能力が求められる。

◆「伝言メモ」とは，人に伝えるために記すメモ。

上司や来客に渡すメモなので，「正確性」や「分かりやすさ」を重視し，文字も丁寧に書かなければいけない。伝言メモには以下のようなものがある。

◎上司の留守中に受けた電話の内容や相手の伝言を伝えるメモ。メモは上司の机の上に置いておくが，上司が戻ったら口頭でも伝える。

◎上司が会議中や面談中に，電話や来客を取り次ぐときのメモ。

◎面談中の来客や会議中の参加者に，電話を取り次ぐときのメモ。

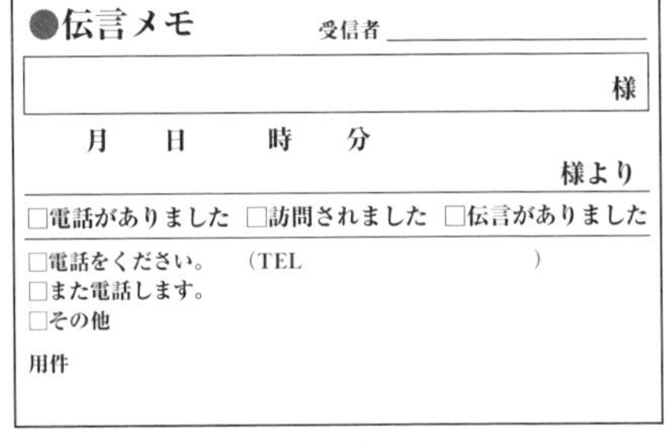

●伝言メモ　　受信者＿＿＿＿

様

月　日　時　分

様より

□電話がありました　□訪問されました　□伝言がありました

□電話をください。（TEL　　　）
□また電話します。
□その他

用件

印刷された伝言メモの帳票。

メモを取るときの留意点

人の話を聞いてメモを取る場合は，重要なことがあればメモするという態度ではなく，「話の要点は何か」を考え，自分の頭の中でポイントをつかみながら聞くようにしなければいけません。

上司の口述内容をまとめる「要約メモ」などを取る場合は，特に以下の点に留意します。

◆推測をしない。

話し手が伝えようとする要点を「正確に書くこと」に徹（てっ）する。話の流れから勝手に推測して，ある部分を不要なものと削除（さくじょ）したり，興味があるからと誇張（こちょう）して書いたりしない。

◆5W3Hを基本に要点をまとめる。

話をメモするときは，常に「いつ＝When」，「どこで＝Where」，「誰が＝Who」，「何を＝What」，「なぜ，どのような理由で＝Why」，「どのようにして＝How」，「幾つで，どのくらいの数量で＝How many」，「幾らで，どのくらいの予算で＝How much」を頭に入れ，それに照らし合わせながら要点をまとめるようにする。

◆簡略化して記入する。

話を聞きながらメモするときの要領の一つに，記号を使って書く方法がある。自分なりの記号を作成しておくとよい。

◆復唱（ふくしょう）・確認を怠（おこた）らない。

最後にメモを読み上げて相手に確認する。その際，特に「日時」や「場所」，「数量」や「金額」などの数値データ，「人名」などの固有名詞に注意する。

◆細部を補足する。

確認が終わったら，まだ記憶が新しいうちに細部を補足しておく。

グラフの作り方

秘書は上司が主催する会議のために資料を作成しますが，その中で営業実績などを棒グラフや折れ線グラフにして表したりします。ここでは，それぞれのグラフを作成する際のポイントを押さえておきましょう。

●折れ線グラフの特徴と作成上の留意点

折れ線グラフは，時間の推移によって変化する数量を表すときに用います。例えば，「10年間の自動車の生産台数」，「50年間の日本の人口の推移」などは折れ線グラフを用いて表現します。

作成上の留意点は以下の通りです。

◆基点（きてん）は原則として「0」から始め，基点とグラフが離れる場合は中断記号を用いる（図①）。

◆目盛りは，左から右へ時間が流れるようにとる。

◆折れ線の上端が数値を示すように合わせる（図②）。

◆一つのグラフの中に複数の折れ線グラフを描く場合は，「実線」，「点線」，「一点鎖（さ）線（—・—）」にしたり，色分けするなど線がはっきり区別できるように工夫する。

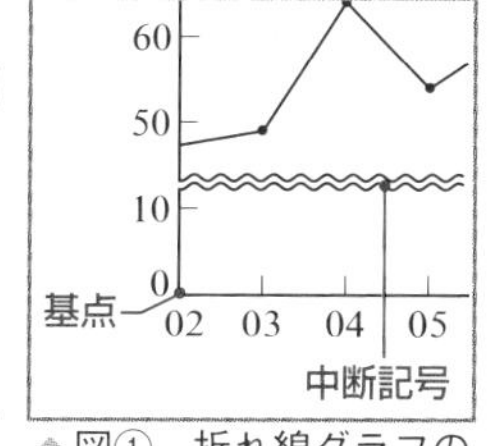

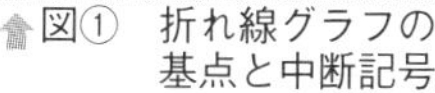
図①　折れ線グラフの基点と中断記号。

図②　数値を示す太線の突端の位置に注意。

●棒グラフの特徴と作成上の留意点

棒グラフは，棒の長さによって数量を比較するときに用います。例えば，「日本の世代別人口比較」，「主要自動車メーカー別生産台数比較」などは，棒グラフで表現します。会社でよく利用される棒グラフには「支店別売上比較」，「営業品目別売上比較」などがあります。

作成上の留意点は以下の通りです。

◆基点は原則として「0」から始める（図③）。

◆棒が極端に長くなる場合は，棒を2本にする（図④）か，中断記号を使って処理する（図⑤）。

◆各支店のテレビとクーラーの各売上高を一緒に表現するなど，同一グラフの中に複数の異なる棒グラフを作成する場合は棒を色分けするなどして区別し，少しずらして描くようにする。ただし，数値を示す先端が見やすいように，棒は常に短い方を前に出す（図⑥）。

◆各支店の「売上高」と「伸び率」を表現する場合など，要素の異なるものを一つのグラフに組み合わせて作る場合は，左右に対比させると分かりやすい（図⑦）。

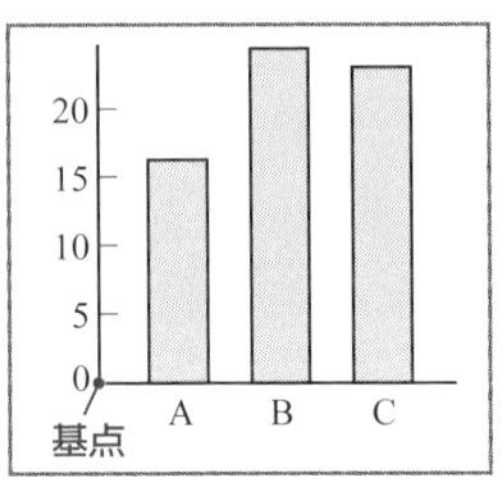

図③　棒グラフの基底。

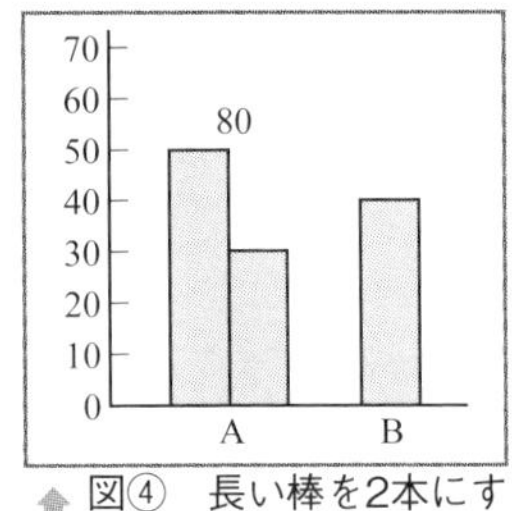

図④　長い棒を2本にする。

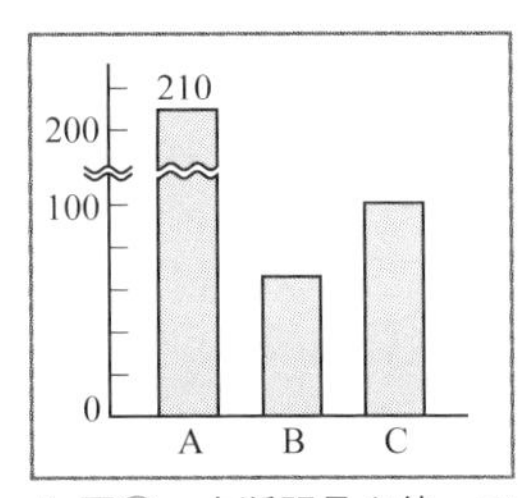

図⑤　中断記号を使って短くする。

グラフを作成するときに明記しなければならないのは，＜日本の世代別人口比較＞などの「タイトル」と「調査年月日」です。他の資料を利用して作成する場合は，「調査機関」，「引用資料（出典）」も記入します。また，目盛りの「単位」，支店名や年度などの「項目名」，基点の「0」などを忘れないように記入します。

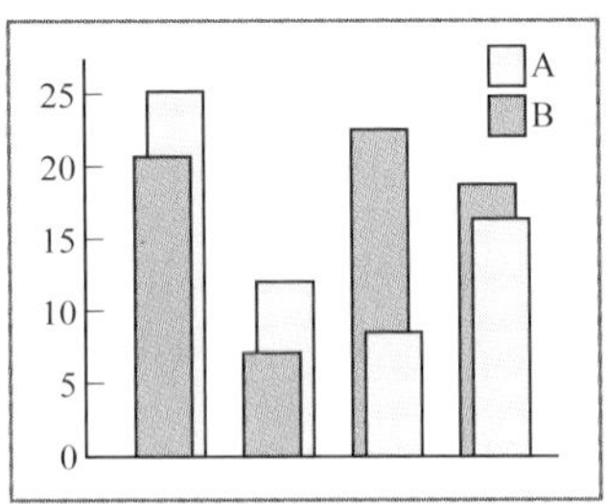

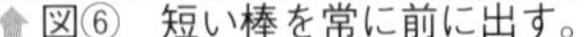
図⑥　短い棒を常に前に出す。

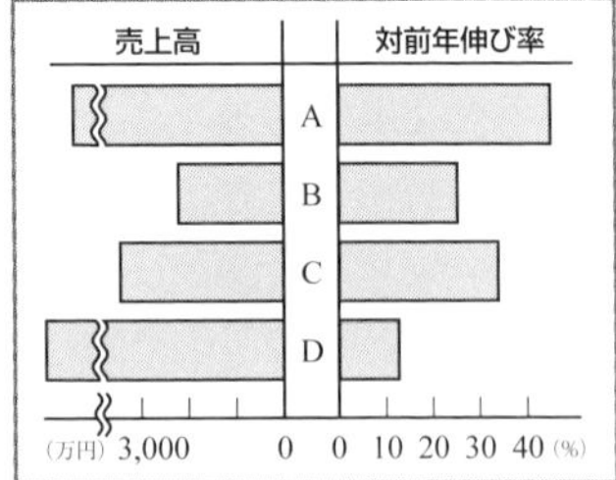

図⑦

SELF STUDY

過去問題を研究し
理解を深めよう！

POINT 出題 CHECK

「メモの取り方」についての出題はあまり多くないが，「グラフの作り方」はコンスタントに出題されている。推移による数量の変化を表すときは折れ線グラフ，数量の比較は棒グラフと適切に作成するグラフを選択することが大切。また，「タイトル」，「調査年月日」（提示されていないときは不要），「項目名」，目盛りの「単位」，基点の「0」を書き忘れないようにする。

グラフの作り方

次は令和○年4月の，年代別の社員数を示した表である。これを見やすい表にせよ。（注）定規を使わないで書いてもよい。

年代	20代	30代	40代以上
人数	20人	35人	30人

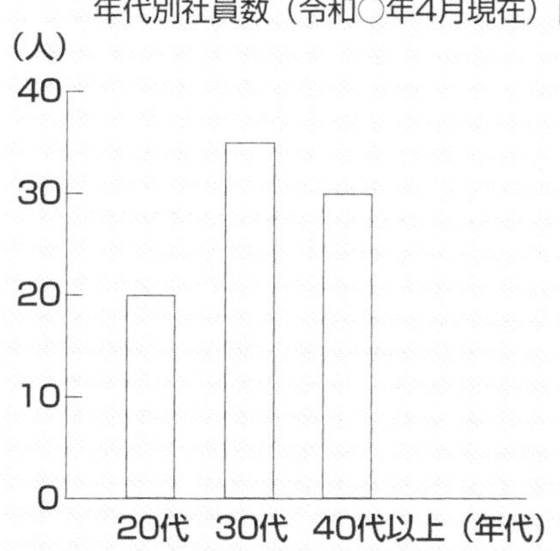

【解説】社員数を年代別に比較するのだから，分かりやすいのは棒グラフということになる。「タイトル」，「社員数の目盛りと（人）」，「各年代と（年代）」は必ず記入する。

CHALLENGE 実問題

1 難易度 ★☆☆☆☆

兼務秘書Aは，外出している課員宛ての電話を受けることがある。このような場合，「伝言メモ」にはどのようなことを書くか。「誰宛てか，誰からか，相手の連絡先」以外に箇条書きで三つ答えなさい。

2 難易度 ★★☆☆☆

次の表は，製品Xの取り扱い販売店数の推移を示したものである。これを見やすいグラフにしなさい（定規を使わないで書いてよい）。

年度	2017	2018	2019	2020
販売店数	55店	110店	180店	160店

【解答例・解説】1＝〔解答例〕
1．どのような用件か
2．いつかかってきたか
3．誰が受けたか・Aの名前
解答例の他に，「折り返し電話をする必要があるか」などもよい。
2＝右図参照。

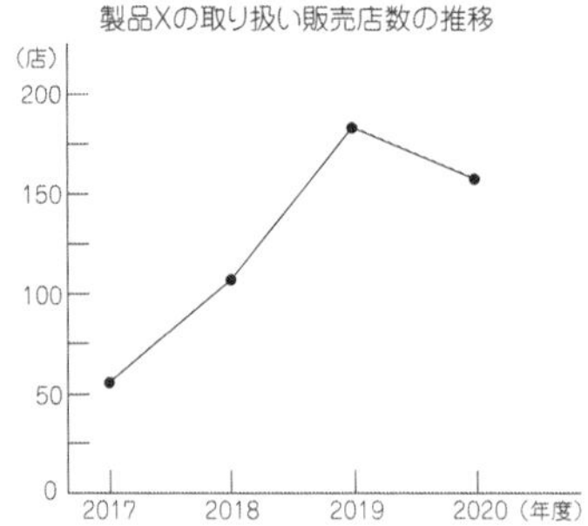

SECTION 3

文書の取り扱い

Lesson 1 受信・発信業務と関連知識

**「親展」に気付かず
開封してしまった!!**

▶秘書Aは，受信文書の整理中，上司に来た「親展」の封筒をうっかり開けてしまいました。しかし，中身には触れていません。このような場合，Aはこの封書をどのようにして上司に渡したらよいのでしょうか。

対処例 ○△×?…

開けてしまった封筒は元に戻せませんから，クリップで封をして，謝って渡せばよいでしょう。

スタディ

「親展」とは，名宛て人が開封することを求める言葉です。従って，開封してしまったことをまず上司に謝らなければなりません。また，「親展」を開封してしまったのですから，クリップで留めるなど，形だけでも封をして渡すのがよいでしょう。

ビジネス文書の受信・発信

秘書は社外から郵便などで送られてきた文書を受け取って，上司に渡したり，また，上司が出す文書を社外に発送したりしなければなりません。受・発信業務に必要な知識を身に付けておくことが大切です。

●受信文書の取り扱い

毎日上司宛てにさまざまな文書が届きます。それらの文書は，大きく「業務用の文書」と「私信文書」に分けることができます。業務用の文書とは，業務に関わる文書のこと，私信文書とは，上司宛ての個人的な手紙のことです。秘書はそれらを分類して上司に渡すことになりますが，その手順と処理の仕方は次のようになります。

①最初に，「業務用の文書」，「私信文書」，どちらか分からない「不明文書」に大別する。

◎私信文書と不明文書は開封せずに上司に渡す。

◎封筒に差出人の社名が書いてないものは私信と見なす。

②次に，「業務用の文書」を「書留」，「親展」，「その他」に分類する。

◎「書留」，「親展」は開封しないで上司に渡す。「書留」は受信簿に記録してから渡す。

◎「『秘』扱い文書」も開封しないで渡すが，通常，そうした文書は「親展」にして出すことになっている。

③残った「その他」の文書は開封し，以下の要領で上司に渡す。

業務用の文書は「速達」や「至急」と書かれていても渡す前に開封する。

◎請求書や見積書などは各項目ごとに検算し，間違いがないか確認する。

◎「請求書在中」など，同封物があることが書かれた文書の場合は，表示されている同封物が入っているかどうか確認する。

◎返信文書の場合は，こちらが出した往信文書の控えを添付する。

◎要約が必要な文書は要点をメモしたり，重要な箇所にアンダーラインを引いておく。

◎封筒は文書の後ろにクリップで留めておく。

◎急ぎの文書，重要文書を上にして渡す。上司が出張中などで，受信文書がたまったときも，書類の発信日付に関係なく，急ぎの文書や重要文書から先に目を通せるようにしておく。

◎上司に渡す必要のないダイレクトメールや広告類は処分する。

●発信文書の取り扱い

上司が出す文書は，秘書が宛名書きをし，切手を貼って出すことになります。親展や儀礼的な文書には，封じ目に「〆」印を書くか，封印を押します。封をするときは，ホチキスなどで留めずにしっかりのり付けしなければいけません。

また，発送業務を文書課などがまとめて処理するシステムになっている場合は，文書課に依頼します。

発送依頼の仕方は，一般に以下のようになっています。

◆文書をそのまま渡し，後の処理を任せる。

◆文書を封筒に入れて，宛名書きと封をして渡す。

◆文書を封筒に入れて封をし，宛名書きと切手貼りをして渡す。

「秘」扱い文書の取り扱い

「秘」扱い文書は重要な文書なので，紛失したり盗難にあったりしないように厳重に管理する必要があります。

社内外での取り扱いについては，以下のことに留意します。

◆社内で取り扱うときの留意点。

◎個人宛てに渡す場合は，封筒に「親展」と書いて渡す。封筒に「秘」の印を打ったりして中に「秘」扱い文書があることをわざわざ知らせるようなことをしてはいけない。

◎他部署に渡すときは，文書受渡簿に文書名と相手先を記入する。それを「秘」扱い文書と一緒に持参して，渡したときに相手から受領印をもらう。

◎配布するときは各文書に通し番号を入れ，配布先と通し番号を記録する。

◎コピーを取る場合は，必要な枚数だけ取る。ミスコピーはシュレッダー（文書細断機）で処理する。またコピー時には，人目に触れないように注意する。

◎ファイルして保存するときは一般の文書とは別にし，鍵のかかるキャビネットや耐火金庫などで管理する。

◎廃棄するときは，シュレッダーにかけて確実に処分する。手で破いてごみ箱に捨てるようなことはしない。

◆社外に発送するときの留意点。

◎必ず二重封筒にし，「親展」と記して発送する。内側の封筒には「秘」の印を押し，それが外から見えないようにさらに別の封筒でカバーする。また，受発信簿に記録することを忘れないようにする。

◎郵送する場合は，一般書留あるいは簡易書留にする。発送後すぐ相手に電話し，「秘」扱い文書を送ったことを伝えておく。

その他文書の取り扱い

文書を扱うときは以下のようなことにも留意します。

◆ファクスで送受信するときの留意点。

◎文書を急ぎで送る場合は，事前に相手に電話でその件を伝えてから送るようにする。

◎文字が小さい場合は拡大コピーしてから，文字が薄いものは濃いめにコピーしてから送信する。

◎受信した文書の文字が小さくて見にくいときには，拡大コピーしてから上司に渡す。

◎上司が留守のときに受信した上司宛ての文書は，他の受信文書と同様に上司の机の上に置いておく。

◆文書に印鑑を押す場合の留意点。

◎社印を文書に押すときには，かすれて押されないように，印肉の付き具合に注意する。印肉の付き加減を見るために，事前に別の紙で何度かテストしてみるとよい。

◎四角の社印が曲がって押されると見苦しいので，定規を当てて押すなど工夫する。

◎何枚もの文書に押す場合は，同じ位置に押す。

◎印を押した後，印肉が乾きにくいときは吸い取り紙で軽く押して余分な印肉を取り去るようにする。

用紙のサイズ

用紙サイズの違うものを統一してコピーする場合など，用紙のサイズについての知識があると便利です。用紙のサイズには，基本的にはA判とB判があり，よく使う用紙はA4判です。A4判を二つ折りにしたのがA5判，それを二つ折りにしたのがA6判，A4判を2倍の大きさにしたものがA3判，その倍がA2判という関係になっています。B判も同じ関係になります。

用紙と列番号の関係

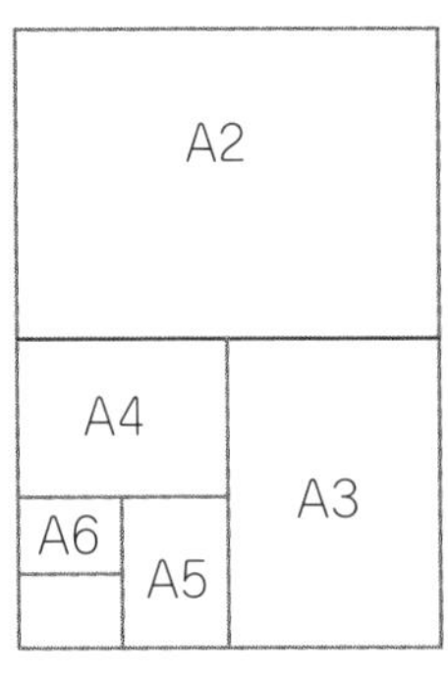

用紙の寸法

B判		A判	
列番号	寸法（mm）	列番号	寸法（mm）
B0	1,030×1,456	A0	841×1,189
B1	728×1,030	A1	594×841
B2	515×728	A2	420×594
B3	364×515	A3	297×420
B4	257×364	A4	210×297
B5	182×257	A5	148×210
B6	128×182	A6	105×148

SELF STUDY

過去問題を研究し理解を深めよう！

POINT 出題 CHECK

「受信・発信業務と関連知識」では，受信文書の取り扱いに関する問題が中心に出題される。基本を学習しておけば問題ないが，ファクスでの送受信や印鑑の押し方など，目先を変えた問題も出されるので注意する。

次のような間違えやすい問題に注意しよう!!

- **速達は開封しないですぐ渡す→×急ぎなのですぐ上司に渡さなければいけない（速達でも業務用の文書は開封してから渡さないといけません）**
- **現金書留は中を確認して，受信簿に記入して渡す→×幾ら入っているか確認したり受信簿に記録するのはよいことだ（現金書留は開封してはいけません）**

受信文書の取り扱い

上司宛ての受信業務で行っていることである。

○　①私信か業務用の文書か分からないものは，開封せずに渡している。

○　②現金書留は受信簿に記入し，開封せずに渡している。

×　③私信か業務用の文書かは，宛名が手書きかどうかで判断している。

③手書きかどうかだけで私信か業務用の文書か判断してはいけない。

ファクスでの送受信

日ごろファクスでのやりとりで行っていることである。

○　①文字が薄いものは濃いめにコピーし直して送信している。

×　②受信したとき上司が不在のときは，送った人に電話で，どうすればよいか尋ねている。

②ファクスは郵便と同じなので，送られてきたものは受け取っておけばよく，わざわざ相手に聞くようなことではない。

印鑑の押し方

文書20枚に社印を押すように指示されたが，初めてなので先輩に尋ねた。

×　①押印した後には，印肉の乾き具合を確認し，乾いていないものはドライヤーで乾かすこと。

①ドライヤーを当てると急に乾いて部分的に縮んでしまうので不適当。

CHALLENGE 実問題

1 難易度 ★★★☆☆

次は秘書Aが，ファクスで文書を送信するときに心がけていることである。中から不適当と思われるものを一つ選びなさい。

1）文字が小さい文書は，拡大コピーをしてから送信している。
2）日付や受取人名などを記入した送信状を添えて送信している。
3）急ぎの文書は，相手に電話でそのことを連絡してから送信している。
4）秘文書を送るときは，送信状に取り扱いに注意するよう書き添えている。
5）返事をもらいたいときは，相手に電話をしてから送信するか，または後で電話をしている。

2 難易度 ★★★★☆

次は秘書Aが郵便物に関して行ったことである。中から不適当と思われるものを一つ選びなさい。

1）上司宛ての郵便物に速達があったので，他の郵便物の上に重ねて渡した。
2）取引先から上司宛てに請求書が届いたので，上司に見せてから経理担当者に渡した。
3）別の部署に異動した社員宛ての郵便物だったが業務関係だったので，今の担当者に渡した。
4）上司が関心のないＤＭが定期的に送られてくるので，送付を止めてくれるよう差出人に連絡した。
5）上司に頼まれて出欠の返信はがきを出すとき，私信のようだったので見えないように封筒に入れて送った。

【解答・解説】1＝4）ファクスで秘文書を送れば，他の人の目に触れる可能性がある。従って，送信状に取り扱いに注意するよう書き添えたとしても不適当ということである。
2＝5）返信はがきは必要なことを書いてそのまま出すもの。従って，上司から特に指示がなければ，私信だとしても封筒に入れる必要はないということである。

Lesson 2 郵便の知識

2024年1月現在

宛名の敬称は，どこにどう書くの？

▶秘書Aは先輩秘書から，下の宛名が書いてあるはがきを渡され，出しておくようにと言われました。見ると宛て名に敬称がないので書くことにしましたが，この場合どこにどのような敬称を書けばよいのでしょうか。

〒169-0075　新宿区高田馬場×丁目×番×号
公益財団法人実務技能検定協会
秘書技能検定部
解答速報係

対処例 ○△×?…

「解答速報係」と書いてある後に，団体や会社宛てに用いる敬称，「御中」を付けます。

スタディ

この場合，解答速報係宛てに送るので，敬称はそのすぐ後に書くことになります。また，解答速報係の特定の人宛てではなく，「協会の中でそれを担当している人」に宛てるので「御中」にします。

はがきと封書の知識

秘書として扱うことの多い「はがき（往復はがきを含む）」や「封書」の知識を身に付けておきます。

また，往復はがきを受け取ったときの返信用はがきの書き方，縦書き式や横書き式の表書きの書き方など，実務をスムーズに処理していくために心得ておきたい基本をマスターします。

●はがきの知識

はがきについては以下のような基本知識を心得ておきます。

◆はがきの種類。

◎日本郵便が販売するはがきには，料額印面（切手に相当する部分）が印刷してある「通常はがき」，「往復はがき」がある。

◎上記以外には，切手を貼って出す一般の「私製はがき」，「私製往復はがき」がある。

◎はがきは，第二種郵便物に分類される。

◆はがきの通信面の利用範囲。

◎通常ははがきの裏面に通信文を書く。

◎はがきの表面も，下半分など宛名が分かる範囲なら書くことができる。

◎はがきのサイズを超えない範囲で，合計の重さが6g以内であれば，薄い紙やシールなどを貼ることができる。ただし，貼り付けるものは，はがきに密着していることが必要。

◆往復はがきの「返信用はがき」の書き方。

◎返信用はがきの表面の「株式会社 中谷商会　行」となっている「行」を二重線で消し，「御中」とする（図①）。

◎返信用はがきの裏面の「御出席」，「御欠席」の該当しないものを二重線で消す。例えば，出席する場合には，「御欠席」を二重線で消し，「御出席」の「御」，「御住所」の「御」，「御芳名」の「御芳」を二重線で消す（図②）。「出席」は丸で囲んでも囲まなくてもよい。

◎出欠どちらの場合も，「喜んで出席させていただきます」「残念ですが出張のため」などと一言添える。

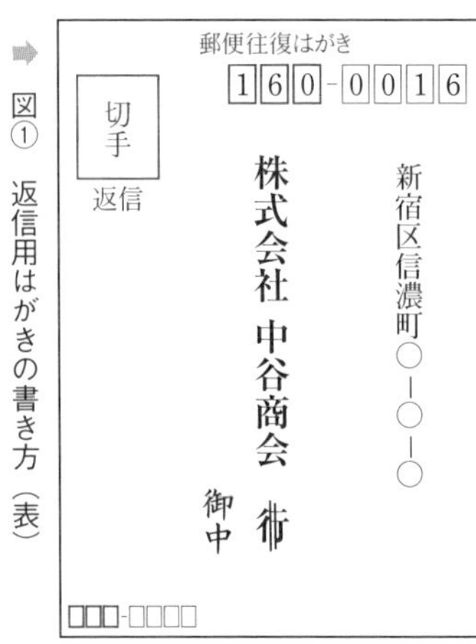

➡図① 返信用はがきの書き方（表）

➡図② 返信用はがきの書き方（裏）

●封書の知識

封書については，関連知識として，定形・定形外郵便物，郵便書簡など，第一種郵便物（手紙・封書）の知識と，封筒の表書きの書き方を心得ておきましょう。

◆第一種郵便物の種類。

- ◎第一種郵便物には，定形郵便物，定形外郵便物，郵便書簡がある。
- ◎定形郵便物は，長さ14～23.5cm，幅9～12cm，厚さ1cm以内，重量50g以内の郵便物。その範囲を超えたものが定形外郵便物になる。
- ◎郵便書簡は，「ミニレター」といい，はがきの3倍の通信文を書くスペースがある封筒兼用の便箋である。表面には、はがきと同様に料額印面が印刷してあるので切手を貼る必要はない。写真など薄い物は同封することができるが、重さが25ｇを超えると定形外扱いとなり，定形外郵便物の料金が必要となる。

◆封筒の表書きの書き方。

- ◎縦書きと横書きの2種類がある。
- ◎縦書きの場合には図③のように宛名を書く。
- ◎横書きの場合には，封筒を縦位置に置く縦長式（図④）と横位置に置く横長式（図⑤）があり，横長式では，切手を貼る位置が右上にくるように封筒を置くことがポイント。
- ◎切手の下は消印のスペース用に空けておく。

横長式では，切手を貼る位置が右上にくるように置くのですね!!

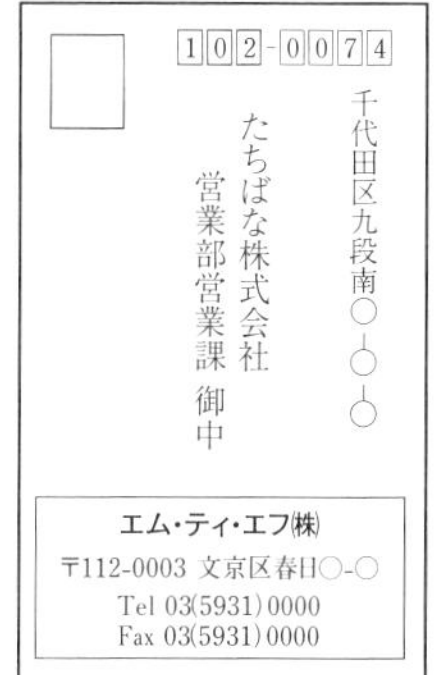

図③　縦書き。

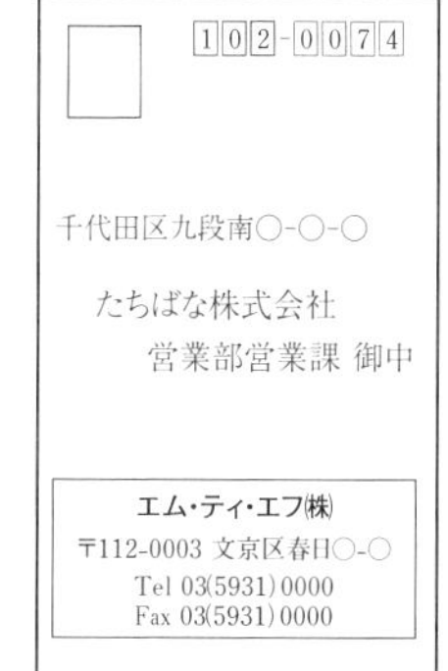

図④　横書き（縦長式）。

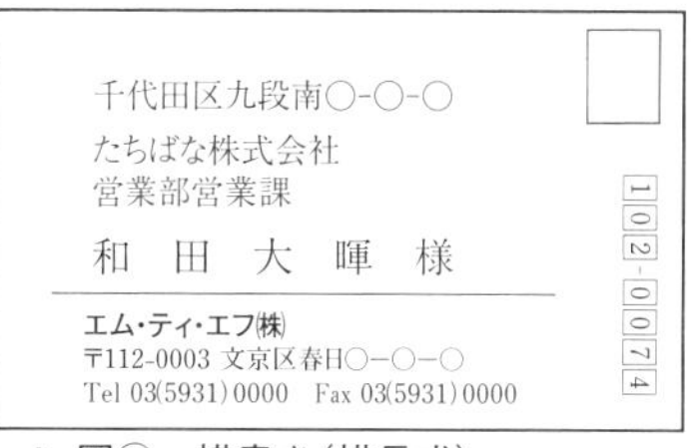

図⑤　横書き（横長式）。

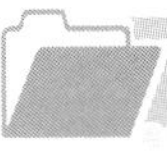

郵便小包と特殊取扱郵便物

重量があるものやかさばるものを送る方法や，よく利用する速達や書留などの特殊取扱郵便物に関する知識も心得ておきます。

●郵便小包の知識

郵便小包とは，第一種郵便では送れないようなもの，定型外郵便で送れば割高になる重量があるものやかさばるものを送るときに利用します。

郵便小包には「ゆうパック」の名で呼ばれる一般小包，冊子などを送るときに利用する「ゆうメール」，信書と荷物を同時に送れる「レターパック」などがあります。

郵便小包を利用するときは以下の点に留意します。

◆「ゆうパック」は，大きさは，長さ・幅・厚さの合計が1.7m以内で，重さが25kgまでの荷物を送るときに利用する。信書は同封できないが，簡単なあいさつ状や請求書は同封できる。

◆「ゆうメール」は，重さ1kgまでの冊子（本，カタログ，カレンダーなどの印刷物やDVD）を，ゆうパックより安い料金で送ることが出来る。中身が確認できるように封筒の一部を開封しなければならない。ポストに投函できる。

◆「レターパック」はA4判が入る大きさの専用封筒を使用する。4kg以内。信書の同封が可能なので，礼状を添えた贈り物や業務用サンプルの発送に便利。

●特殊取扱郵便物の知識

郵便物を以下のような特殊取扱郵便物として送ることができます。その場合は，通常の料金に特殊取扱料金が加算されます。

◆速達扱いにする。

郵便物を早く送りたいときは，「速達」扱いにする。

◎郵便物の右上部（横長式の場合は右側下部）に赤線を引くか，赤で「速達」と記入する。

◆書留扱いにする。

重要なものを送る場合は，書留を利用する。郵便物を引き受けたときと配達した際の記録が残るので，確実に届けることができる。また，万が一事故などで届かなかった場合は，損害賠償が受けられる。

◎書留には，「現金書留」，「一般書留」，「簡易書留」の3種類がある。

◎「現金書留」は，現金を送るときに利用する。専用の封筒を購入してその中に現金を入れるが，紙幣だけでなく硬貨も送ることができる。封筒の中には，現金のほか通信文なども入れられる。

◎「一般書留」は手形や小切手，商品券など，現金以外の高額な有価証券を送るときに利用する。

◎「簡易書留」は「秘」扱い文書や生原稿・重要文書や5万円以下の有価証券などの送付に利用する。

◆書留は3種類とも速達にすることができる。

◆その他の特殊取扱について。

書留（「簡易書留」を除く）扱いにしたときのみ，以下の特殊取扱を利用できる。

◎「引受時刻証明」の利用。郵便物を差し出した時刻を証明するもの。

◎「配達証明」の利用。郵便物を配達した年月日を証明するもの。

◎「内容証明」の利用。どういう内容の文書を差し出したかを証明するもの。

大量郵便物の発送

郵便物を大量に送る場合は，以下のような郵便制度を利用すると便利で料金も割安になります。

◆料金別納郵便。

料金が同じ郵便物を，同時に10通以上（一般小包は1個からでもよい）出すときに利用する。

◎事前に右図のような表示をしておくと，切手を貼る手間が省ける。

◎料金はまとめて窓口で支払う。

新宿北局
料金別納
郵便

◆料金後納郵便。

毎月50通以上の郵便物を出す場合に利用できる。

◎事前に取扱事業所の承認を受けて，スタンプを押すか印刷しておく（右図）。料金は翌月末日までに現金で納付することになっている。

新宿北局
料金後納
郵便

◆料金受取人払。

アンケートなどで，相手側に料金負担をかけずに返信をもらいたいときに利用する。

◎利用する際は，あらかじめ取扱事業所の承認を受けて，右図のような表示をしておく。

◎受取人は返信を受けた分だけの郵便料金を支払う。

料金受取人払
新宿北局承認
903
差出有効期間
令和○年12月
15日まで

◆郵便区内特別郵便物。

同じ差出人が，同じ形・重さ・取り扱いの郵便物を同時に100通以上，同一郵便区内に出す場合に利用できる。

◎大きさ，重さに制限があり，「郵便区内特別」のスタンプを押す必要がある。

郵便に関する一般知識

これまで学んだこと以外にも，書き損じた郵便物の交換など，郵便に関する幅広い知識を押さえておくことが大切です。

◆書き損じた「はがき」，「郵便書簡」や誤って貼り付けてしまった「切手」などは，所定の手数料を払えば新しいものと交換できる。

◆往復はがきは，切り離しても使える。

◆書類を束ねても，ゆうメールとして送ることはできない。

◆切手を貼る枚数に制限はないので，重量オーバーなどで料金不足と分かったら，不足分の切手を貼ればよい。

◆料金不足の手紙類は受取人が払うことになるので，直接ポストに投函（とうかん）する場合は，料金が不足していないか正確な重量を確認する必要がある。

◆航空券やビール券，ギフト券などは有価証券なので一般書留で送る。

◆現金書留は，事故にあって届かなかった場合は，最高50万円までの実損額が補償される。

◆現金書留の封筒には，現金を入れた香典袋や祝儀袋をそのまま入れて送ることができる。

◆速達はポストに投函することができるが，書留類は郵便局に出向いて差し出し，受領証をもらわなければならない。

◆封筒に写真や請求書などを入れて，内容物を表示する場合は，「写真在中」，「請求書在中」などと書くか，内容表示用のスタンプを押す。

◆定形郵便物の最大のサイズは12cm×23.5cm（厚さは1cmまで）。書類を定形郵便物として送る場合は，厚さも考慮の上以下のように畳んで封筒に入れる。

◎A4判（21cm×29.7cm）の書類，B5判（18.2cm×25.7cm）の書類は横に三つ折りにする。

◎A5判（14.8cm×21cm）の書類は二つ折りにする。

SELF STUDY

過去問題を研究し
理解を深めよう！

POINT 出題 CHECK

「郵便知識」に関しては，返信用はがきの書き方や宛名の敬称，封筒の表書きなどについて問われるほか，郵便一般に関する問題が出される。郵便一般については多岐（たき）にわたって出題されるので，幅広い知識が求められる。日ごろから郵便知識を身に付けるようにしておきたい。それ以外は，基本的な事柄を学んでおけば解ける問題が多い。

●次のような間違えやすい問題に注意しよう!!

●定形外郵便物はポストに投函できない→×定形「外」だからできないはず（定形外郵便物でもポストに投函してよい）

✻返信用はがきの書き方

返信用はがきを渡され,「出席として出しておいてもらいたい」と言われた。どのようにすればよいか書き入れよ。

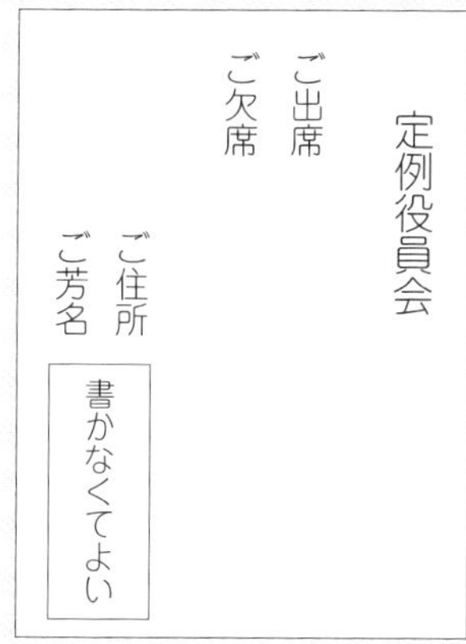

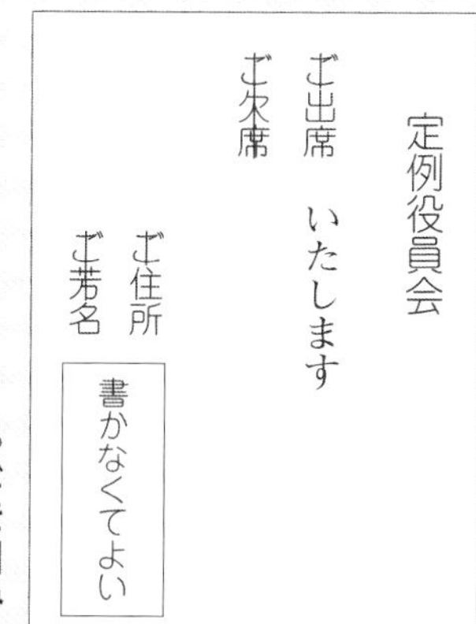

【解説】出席するのだから,「ご欠席」は全て消す。また「ご出席」の「ご」も消す。次に,「ご住所」の「ご」と,「ご芳名」の「ご芳」を消す。「芳名」は名前の尊敬語なので「芳」まで消さないといけない。「出席」の丸囲みはどちらでもよい。

❀ 宛名の敬称

宛名にM社「総務部　田中行」と印刷されてある返信用はがきの敬称はどのようにするか。

× ①「御中」を付けて，総務部御中　田中行にする。
× ②「御中」を付け「行」を消して「様」にし，総務部御中　田中様にする。
○ ③「行」を消して「様」にし，総務部　田中様にする。

③個人宛てのときは「様」にする。敬称は最後の宛名に書けばよく，その前の総務部などには付けない。最後が総務部になっていれば，個人ではないので「御中」になる。

❀ 封筒の表書き

写真を封筒に入れて送るとき，写真が入っていることを一般的にどのように表示するか。

× ①「写真封入」
× ②「写真同封」
○ ③「写真在中」
× ④「開封注意」

③「写真在中」は，中に写真が入っているので扱いに気を付けてほしいという注意書きである。「○○在中」というのは同封物を表示するときの決まり文句。

❀ 郵便一般 ①

上司から，送るようにとビール券を渡された。適切な郵送方法はどれか。

× ①現金書留
○ ②一般書留
× ③定形郵便
× ④ゆうパック

②ビール券のような金券は，記録が残る上，万一届かなかったときは補償してくれる「一般書留」で送るのがよい。

❀ 郵便一般 ②

郵便について述べたものである。

○ ①はがきも小包も「速達」で送ることができる。
× ②量が多ければ，書類も「ゆうメール」で送ることができる。
○ ③「現金書留」では，手紙を同封して現金を送ることができる。

②量が多くても書類が本になることはないので「ゆうメール」として送ることはできない。

CHALLENGE 実問題

1 難易度 ★★★☆☆

秘書Aは先輩から，次の宛名が書かれた郵便物を渡され出しておくようにと言われた。見ると宛名に敬称がないので書くことにした。このような場合，どのように書くのがよいか。下の中から適当と思われるものを一つ選びなさい。

〒169-0075　新宿区高田馬場一丁目4番15号
株式会社ＢＳサービス
総務部人事課
採用アンケート係

1）「株式会社ＢＳサービス」の後に，「御中」
2）「総務部人事課」の後に，「各位」
3）「総務部人事課」の後に，「様」
4）「採用アンケート係」の後に，「様」
5）「採用アンケート係」の後に，「御中」

2 難易度 ★★★☆☆

次は秘書Aが，文書を郵送するときに行っていることである。中から不適当と思われるものを一つ選びなさい。

1）重要文書を送るときは，送付先と送付日，送付方法を記録している。
2）切手を貼るときは，体裁を考えて少ない枚数で済むようにしている。
3）折られては困る文書を送るときは，封筒に「取扱注意」と書いている。
4）返事を急ぐ文書を送ったときは，そのことを相手に電話で連絡している。
5）郵便番号が分からないときは，インターネットで調べるようにしている。

【解答・解説】1＝5）この場合の宛先は，「採用アンケート係」である。「御中」は，その中の担当している人という意味の敬称なので，5）が適当ということになる。
2＝3）封筒に書く「取扱注意」とは，壊れやすい物などを送るとき注意を促すために書く言葉。折られては困る場合は，「折り曲げ厳禁」「二つ折り厳禁」などが一般的である。

SECTION 4

資料管理

Lesson 1 ファイリングと各種資料管理

CASE STUDY
あなたなら どうする？

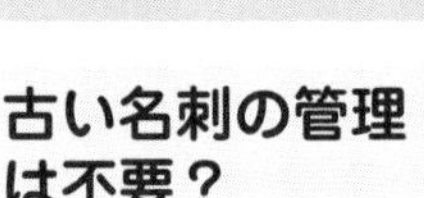
古い名刺の管理は不要？

そのような名刺整理の仕方をしては……
ダメ……ですか？

▶後輩秘書Dは，取引先のW氏から「今度，課長から部長代理になったので」と新しい名刺をもらいました。W氏が帰った後，Dが古い名刺の上に重ねてホチキスで留め，元の場所に入れたので秘書Aはそのような名刺整理の仕方をしてはいけないと注意をしました。どのようにすればよかったのでしょうか。

対処例 ○△×?…

古い名刺を廃棄して，新しい名刺を元の場所ではなく，ガイドの後ろに置くようにします(237・238ページ参照)。

スタディ 💡!!

名刺は，今の，その人の会社内での立場や役割を示すものなので，古いものは役に立ちません。従って，新しいものが1枚あればよく，受け取った名刺と古い名刺をホチキスで留めて管理するというのは，名刺の管理法として不適当です。

ファイル用具の種類

ファイリングとは，文書や資料などを留めたり，つづったりして整理しておくことです。また，資料管理とは，ファイルした資料を必要なときにいつでも取り出せるようにしておくことです。秘書は資料を適切に管理するために，さまざまなファイル用具を利用します。

資料管理に使う用具は，「留める用具」，「つづる用具」，「保管する用具」に大別することができますが，それぞれの目的別にどのようなものがあるのか，名称や特徴を知っておく必要があります。

●留める用具

書類を留める主な用具には，「クリップ」，「ホチキス」，「穴開け器」があります。それぞれの用具の特徴と使い方は以下の通りです。

◆クリップの特徴と使い方。

◎数枚の紙を仮留めしておくのに便利。小さなものでも20枚程度留められる。

◎ゼムクリップ（商標名）とも呼ばれる。

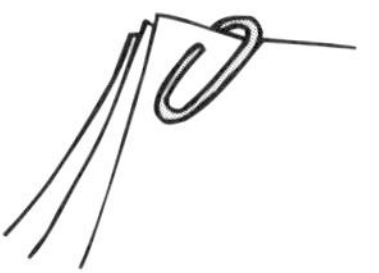

クリップ。

◆ホチキスの特徴と使い方。

◎コの字形の針を紙に通して留める。

◎片手で使える小型のものから，器具を机などに置いて紙を挟み，上から手で押して留める大型のものまである。

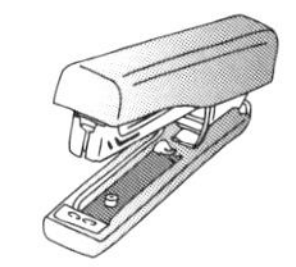

ホチキス。

◎ホチキスで書類をとじるときには以下のようにする。

・縦書きの書類は右肩をとじる。縦書きの本を読むときと同じように紙をめくることができるからである。また，紙がうまくめくれないので右端の中央でとじることはしない。

・横書きの書類は左肩をとじる。横書きの本を読むときと同じように紙をめくることができるからで，縦書きの書類同様，中央ではとじない。

めくりにくいので，端の中央でとじたりしません。

縦書き書類のとじ方。

横書き書類のとじ方。

◆穴開け器の特徴と使い方。

◎紙に，とじるための丸い穴を開ける道具。

◎よく使われるのは2穴用のもの。とじる書類の1枚目の紙を二つ折りにするなどして中心線を出し，そこを穴開け器の中心線に合わせて取っ手を押すと中心から等間隔に二つの穴が開く。

◎開いた穴にとじ具の足を差してとじる。

◎パンチとも呼ばれる。

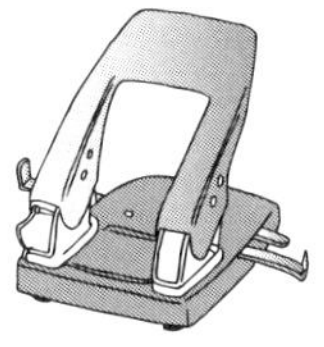

穴開け器。

つづる用具

書類などをつづる道具としてよく使われるものにファイル（書類挟み）があります。

◆ファイルの特徴と使い方。

◎多くは紙製だが，厚く丈夫に作られていて，中にとじ具が付いている。

◎かなり分厚い書類でもつづることができるが，少なくても背の厚み分だけかさばる。

ファイル。

◆フラットファイルの特徴と使い方。

◎ファイルのうち，柔らかく背の厚みがあまりないものをフラットファイルという。

◎新聞や雑誌を切り抜きして用紙に貼ったものを整理するのによく使われる。

フラットファイル。

保管する用具

書類をつづったファイルを収納するのに必要なのが保管用具です。

◆デスクトレーの特徴と使い方。

◎決裁箱ともいい，二段式になっている。一方に未決書類を入れ，もう一方に上司が決裁したものを入れる。

◎木製やプラスチック製，金属製のものなどがあり，単にトレーともいう。

◆キャビネットの特徴と使い方。

◎分類した書類を保管するための収納具。

◎バーチカル・ファイリング（次ページ参照）で用いるものを特にバーチカル・ファイリング・キャビネットという。

◆保管庫の特徴と使い方。

◎書類をつづったファイルを並べる書類棚で，途中に倒れないように仕切りがある。

◎書庫ともいう。

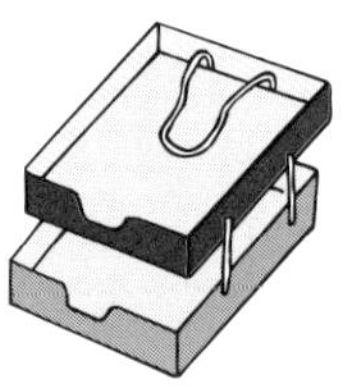

デスクトレー。

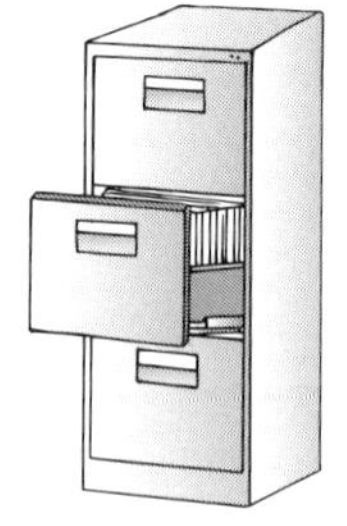

キャビネット。

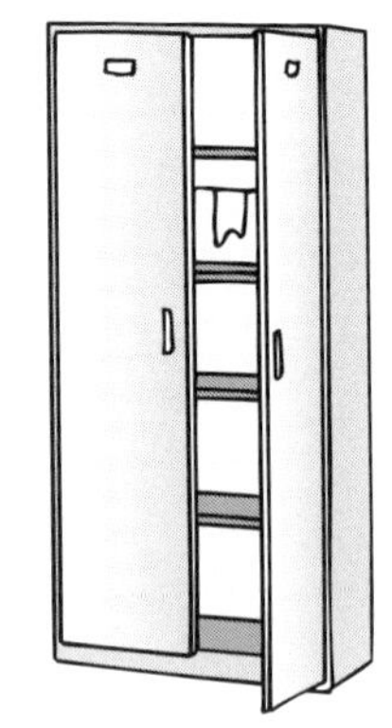

保管庫。

バーチカル・ファイリングと用具

書類をとじずに厚紙を二つ折りにしたフォルダーに挟み，キャビネットの引き出しに立てて整理する方法をバーチカル・ファイリングといいます。バーチカルとは垂直という意味です。また，直接立てないで，ハンギング・フレームという金属製のフレームにつり下げて並べる方法をハンギング式バーチカル・ファイリングといい，これらの方法を総称してキャビネット式整理法と呼びます。

この整理法の特長は以下の通りです。

◆書類に穴を開ける必要がなく，とじる手間も省ける。

◆書類の増減に対応でき，出し入れが簡単にできる。

◆とじ具がない分だけフォルダーが薄いので，かさばらない。

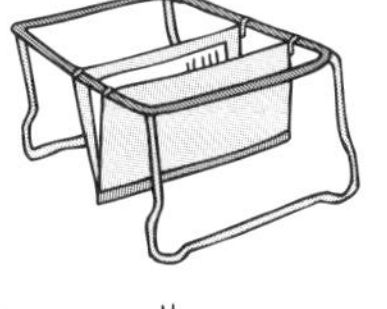

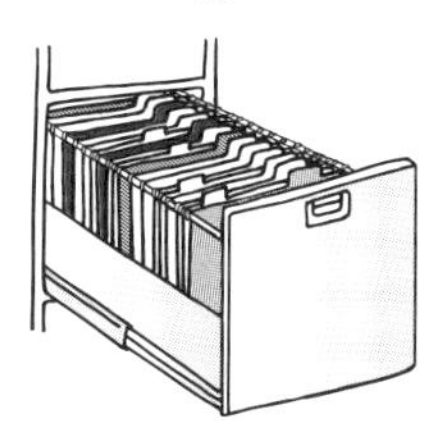

上がハンギング・フレームにハンギング・フォルダーをつり下げている図。これがキャビネットの中に設置されている（下）。

●バーチカル・ファイリングの用具

バーチカル・ファイリングで用いる主な用具は，「フォルダー」，「ガイド」，「ラベル」，「貸出ガイド」，「キャビネット」です。

◆フォルダーとは，厚紙を二つ折りにした書類挟みのこと。これを，折り目を下に向けてキャビネットに収納する。フォルダーの上部には会社名などの見出しのラベルを貼る山がついている。フォルダーには個別フォルダーと雑フォルダーがある。

◎個別フォルダーとは，例えば「赤坂物産」など特定の会社の書類だけを入れるためのフォルダーのこと。

◎雑フォルダーとは，まだ個別フォルダーを持っていない会社の書類を取り

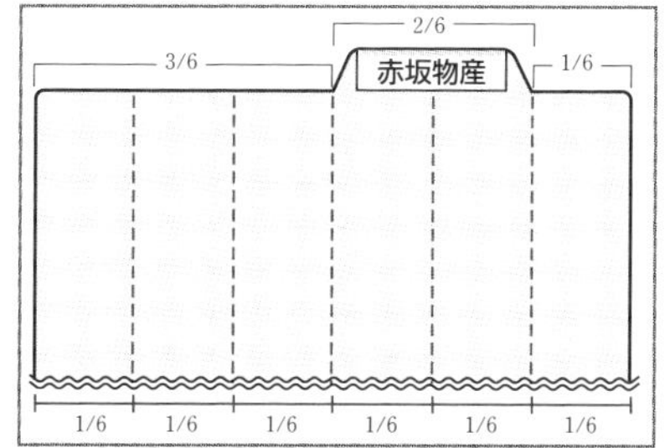

個別フォルダーの例。通常，6分割した4番目と5番目のスペース（6分の2）にフォルダー名のラベルを貼る「山」がある。

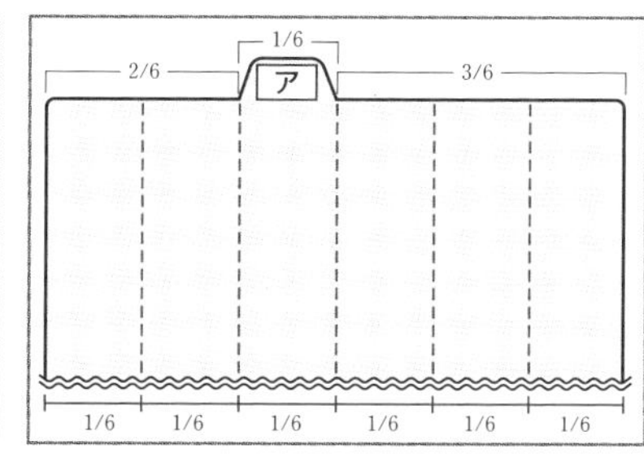

雑フォルダーの例。通常，6分割した3番目に雑フォルダーの見出しが出るようになっている。

あえず入れておくためのフォルダーで，「ア」「イ」「ウ」など分類グループごとに作成する。例えば「ア」の雑フォルダーには，「秋山企画」，「浅田広告」，「朝倉出版」などの書類を入れるが，これらの会社は個別フォルダーを作るほどの書類がないので「取りあえず雑フォルダーに保管しておく」ということで，書類が五，六通になれば個別フォルダーを作成することになる。例えば「芦田文具」から初めて手紙が来たら，「ア」の雑フォルダーに入れておく。取引が多くなり書類が増えてきたら個別フォルダーを作成し，以後，芦田文具関連の書類は全てこの個別フォルダーに入れて管理する。

◆ガイドとは，フォルダーを分類してグループごとに立てておく厚紙の見出しのことで，厚紙の上端の山に「ア」，「イ」，「ウ」などと記して分類する。

◎取り引きする会社が少ない場合は，「ア」，「カ」，「サ」，「タ」などと大まかに分類した方が実用的。

◎逆にかなり多い場合は「第2ガイド」を設け，「ア」のグループをさらに細かく分類する。

ア

「ア」のガイド例。

◆ラベルとは，個別フォルダーの社名など見出しを書いてフォルダーの山に貼る紙のこと。

ラベルの例。

◆貸出ガイドとは，書類を貸し出したときに，その書類の代わりに差しておく厚紙のガイドのこと（右端の山に「貸出」と記す）。

貸出

返却予定日	書類名

貸出ガイド例。

◆キャビネットとは，フォルダーを保管する引き出し付きの収納具。

キャビネットの引き出し。

「ア」のグループの並べ方

「ア」のグループでは，最初に「ア」のガイド，次に「赤坂物産」など複数の個別フォルダーが順次並び，最後が「ア」の雑フォルダーになります。「第2ガイド」や「貸出ガイド」は必要に応じて使用します。

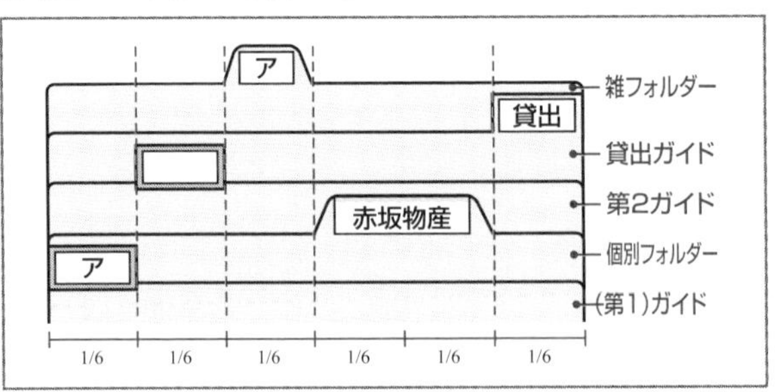

「ア」のグループの並べ方。第2ガイドは「ア」のグループをさらに分類するときに使う。

書類の整理法

書類を整理する場合は，まずどのような整理の仕方をするかを考える必要がありますが，原則は一定の基準に沿ってまとめることです。まとめ方としては，「相手先別整理」，「主題別整理」，「一件別整理」，「標題別整理」，「形式別整理」などがありますが，よく使われるのは次に示す相手先別整理と主題別整理です。

●相手先別整理

相手先別整理とは，手紙や書類などを「誰から来たものか」で分類整理する方法です。会社や個人など相手先別に分類したフォルダーにそれぞれの関係書類を入れてまとめますが，その中にはこちらが先方に発信した文書や手紙類のコピーも一緒に入れることになります。また，フォルダーのタイトルは「会田商会」，「青田工業」など相手先名になります。

相手先別に整理する場合は，五十音順やアルファベット順にまとめる方法がよく用いられます。五十音順といっても，「ア」から「ワ」までを使用する必要はなく，「ア行」，「カ行」など行ごとに分類し，その項目に該当するフォルダーが多くなったら，第2ガイドを利用してさらに細かく分類する方法もあります。例えば，「ア行」が増えたら，第2ガイドを使って「エ」のガイドを作るという方法です。要は，フォルダーがすぐ捜（さが）せるように収納できればいいのです。海外との取引が多い場合は五十音順とアルファベット順を併用（へいよう）するといいでしょう。

●主題別整理

主題別整理とは，書類や資料をテーマ別に分類する方法ですが，この方法がよく使われるカタログの分類を例にとって説明します。さまざまな会社から送られてくるカタログを相手先別に整理分類してもあまり意味がありません。カタログでこちらが必要とするのは，基本的には「プリンターを購入するなら，どの会社のものがよいか」と比較検討できる商品情報だからです。このような場合，「プリンター」という項目で分類整理されていれば，簡単に資料を取り出すことができますが，会社ごとに分類されたフォルダーから捜すとなると大変な作業になってしまいます。つまり，カタログのようなものは「パソコン」，「スキャナー」などテーマごとにまとめる主題別整理が最も適しているということになります。また，テーマを「パソコン関係」，「OA機器関係」，「事務用機器関連」などと大きなくくりで分類しておくと，複数の関連商品を捜す場合に便利です。このような主題別整理に向いているのは，カタログのほか，文献を整理する場合や新聞・雑誌の切り抜きを整理する場合です。上司が興味を持っていることや仕事に関係あるテーマをピックアップし，それに沿って収集したものを分類整理していくようにしましょう。

バーチカル・ファイリングの実際

これまで「バーチカル・ファイリング」と「書類の整理法」について学んできましたが，ここではバーチカル・ファイリングの手法を使って相手先別整理のフォルダーを五十音順に並べる具体的手順を紹介しましょう。

ここで示すのは「ア」の項目だけですが，以下の手順で「イ」以降も同じことを繰り返します。

①「ア」のガイドを先頭に置く。

◎「ア」で始まるフォルダーのガイドになる。

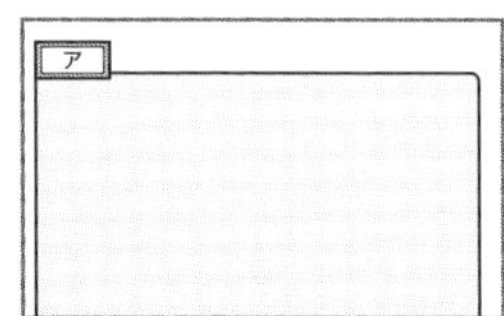

①「ア」のガイドを置く。

②「ア」で始まる個別フォルダーを順序よく並べる。

◎「会田商会」，「青田工業」，「赤坂物産」，「秋吉薬品」，「朝日酸素」などの個別フォルダーを並べていく。

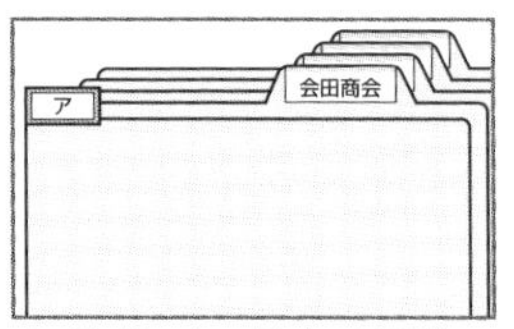

②「ア」で始まる個別フォルダーを並べる。

③「ア」の雑フォルダーを置く。

◎まだ個別フォルダーを持っていない「ア」で始まる会社名の書類を入れるフォルダーを置く。この中には「秋山企画」，「浅田広告」，「朝倉出版」などの書類が雑居している。

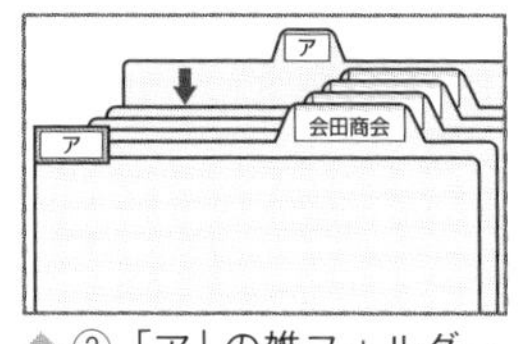

③「ア」の雑フォルダーを置く。

④「イ」のガイドを置く。

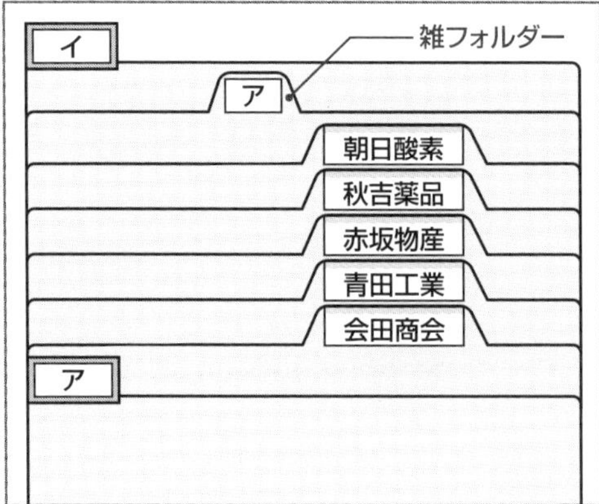

④「イ」のガイドを置く。

これで，①「ア」のガイド，②「ア」で始まる「会田商会」，「青田工業」，「赤坂物産」，「秋吉薬品」，「朝日酸素」などの個別フォルダーが並び，③「ア」の雑フォルダーが置かれて「ア」のグループが完了したことになる。続いて，④「イ」のガイドを置き，同じことを繰り返していく。

名刺の整理と分類法

名刺を整理・管理する際には，それに適した用具と分類法を選び，名刺情報を安全かつ有効に活用できるようにします。

名刺の整理・管理法

名刺を整理・管理するための用具・手法には以下のようなものがあります。

◆「名刺整理簿」を活用する。

帳簿式のもので，名刺大よりやや大きく区切ったビニールなどの透明のシートと台紙の間にポケットがあり，そこに名刺を入れていくタイプのものが一般的。一覧性があり見やすく，持ち運びもできるので整理する名刺が少ない場合は便利だが，差し替えが不便で名刺の増減に対応できない難点がある。例えば，五十音順の「ア」行のスペースがいっぱいになったときは，「カ」行以下を全部順次移動させていかなければならず，名刺が不要になったときも，順次差し替えて押し詰めていかないと歯抜け状態になってしまう。また，ポケットより大きな名刺を収納できないことも欠点。

名刺整理簿。

◆「名刺整理箱」を活用する。

細長い箱に名刺を横に立てて収納するタイプのもので，名刺を捜しやすいように，「ア」，「カ」，「サ」などのガイドで区切って整理する。長所は名刺の増減に対応できること。出し入れも楽なので，名刺の数が多い場合には便利である。ただし，一覧性がないこと，持ち運びに不便なことが難点。また，ひっくり返したら元に戻すのに手間がかかる。

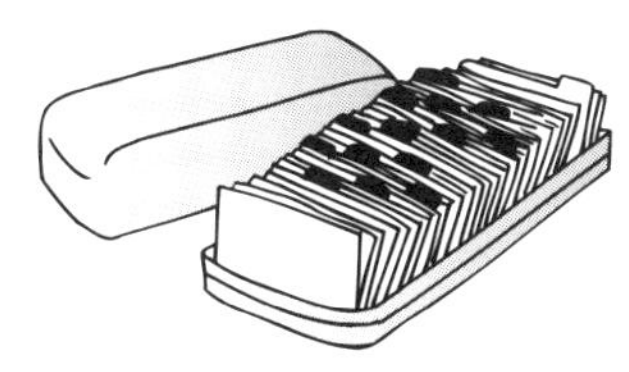

名刺整理箱。

◆「パソコン」を活用する。

名刺の増減にも対応でき，名刺データの訂正も簡単な上，検索も速いということからパソコンで管理するケースも増えてきた。便利な反面，データ化した個人情報全部を簡単にコピーされてしまうという欠点もあり，データが漏れないように厳重に管理する必要がある。

名刺の整理・管理をするときの留意点

名刺を整理するときは，以下の点に留意します。

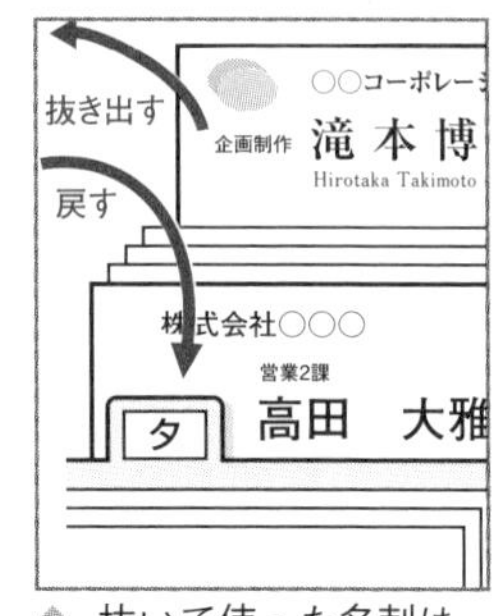

抜いて使った名刺はガイドのすぐ後ろに差す。

◆**受け取った名刺には日付や紹介者名，また「背が高く白髪」などその人の特徴をメモしてガイドのすぐ後ろに置く。**

◆**必要があって抜き出した名刺を名刺整理箱に戻すときは，元の場所ではなく，ガイドの後ろに戻す。例えば「滝本博孝」の名刺を抜き取ったら戻すときは「タ」のガイドのすぐ後ろに戻す。このようにしていくと，よく使う名刺がガイドの近くに集まるようになる。**

◆**あいさつ状や変更通知などで，昇進後の肩書や住所・電話番号などの変更を知ったら，その部分をすぐに名刺に転記し訂正しておく。また，新しい名刺をもらったら，古い名刺と差し替えておく。**

◆**年に1回は名刺を点検し，使わなくなった名刺などは廃棄する。名刺を処分するときは，そのまま捨てずに細かく破ってから廃棄する。**

◆**名刺には縦書きのものと横書きのものがあるが，区別せずに整理する。また，大きさの違う名刺だからといって，コピーして形をそろえる必要はないが，整理用具のサイズに納まらない場合は，そのような工夫も大切。**

◆**上司の私的な名刺やよく利用する飲食店の名刺などは，業務上の名刺とは別に管理するのがよい。**

名刺の分類法

名刺は，「個人名」，「会社名」，「業種別」のいずれかで分類することになりますが，選び方は「どれで捜（さが）すことが多いか」によって決めます。「個人名」や「会社名」は五十音順で分類します。

また，個人名の五十音順を採用して分類したときに，「会社名は分かるが，誰だったか名前を思い出せない」ということがでてきます。そのようなときのために，別に会社名とその関係者を書いたカードを作成して（右図），五十音順に分類しておくと便利です。個人名からも会社名からも検索することができるので，この方式をクロス索引方式といいます。

地球商事株式会社

会長	小嶋重治
社長	山下太郎
専務	野口正明
常務	大木茂樹
営業部長	橋元正年
営業課長	斉藤健二

名刺大の大きさに会社の関係者を記入して五十音順に分類する。

カタログ・雑誌の整理

各社から送られてくるカタログや定期的に購入する雑誌の整理も，秘書の仕事になります。

カタログの整理

カタログとは商品案内の小冊子のことです。整理するときは以下のような点に留意します。

- ◆**カタログは「机」，「椅子」，「棚」など商品別にまとめるのが基本。**
- ◆**薄いカタログは，ハンギング式バーチカル・ファイリングの方法を利用し，商品別の個別フォルダーを作成して整理する。**
- ◆**分厚いカタログや総合カタログは書籍のように立てて書棚などに整理する。**
- ◆**1年に1回は点検し，不要なものは処分する。新しいカタログを入手したら古いものと差し替える。ただし，自社のカタログは古くなっても保存しておく。**

雑誌の整理

定期購入している雑誌が届いたら受け入れ年月日を控えておきます。また，上司の部屋や応接室にはいつも最新の雑誌を用意しておきます。

自社の刊行物以外の保存期間は，一般誌は前年分だけ，専門誌は長くて5年とするのが一般的。

保存する必要のある雑誌はピン製本で半年分か1年分をまとめて合本(がっぽん)します。合本した背表紙に「雑誌名」，○年1月号～6月号などと「発行年と号数」を書いておきます。

雑誌・カタログの関連用語

- □ **日刊・週刊・月刊** … **日刊は毎日，週刊は毎週，月刊は毎月発行される刊行物。**
- □ **旬刊(じゅんかん)・隔月刊(かくげっかん)** … **旬刊は10日に1回，隔月刊は2カ月に1回発行される刊行物。**
- □ **季刊** …………… **年に4回発行される刊行物。**
- □ **増刊** …………… **定期刊行物が定期以外に，臨時に発行される刊行物。**
- □ **絶版** …………… **売り切れた後，印刷・販売をしていない刊行物。**
- □ **総合カタログ** … **会社の取り扱い商品を一冊にまとめたもの。**
- □ **リーフレット** … **広告や案内用などの1枚ものの印刷物。**
- □ **パンフレット** … **小冊子のこと。**
- □ **バックナンバー**　**定期刊行物の発行済みの号のこと。**
- □ **総目次** ………… **雑誌などの半年分や1年分の目次を集めたもの。**
- □ **索引(さくいん)** …………… **本に掲載された重要な語句などを抜き出し，一定の基準で配列してその語句があるページを捜しやすくしたもの。**

新聞・雑誌の切り抜きと整理

秘書は，上司が指示した記事を切り抜くほか，新聞や雑誌に目を通し，上司にとって必要と思われるテーマの記事が掲載されていたら，切り抜いて整理・保存しておきます。

●切り抜きの手順と留意点

切り抜きの手順と留意点は以下の通りです。

①切り抜く記事を囲む。

◎切り抜く記事の周囲を色鉛筆やマーカーなどで囲む。

◎新聞は記事の続きが離れている場合があるので注意する。

②データを記事の余白に記入する。

◎新聞の場合は，「紙名」，「年月日」，「朝・夕刊の別」，「(地方版の場合は) 地方版名」を記入する。

◎雑誌の場合は，「誌名」，「年月日」，「号数」，「ページ番号」を記入する。

③記事を切り抜く。

◎新聞は翌日以降，雑誌は次号が来てから切り抜く。

◎切り抜く記事が両面にある場合は片面をコピーする。

④台紙に貼る。

◎台紙はA4判に統一する。

◎原則として1枚の台紙に1記事とする。

◎テーマが同じなら複数の記事を貼ってもよい。

◎新聞の記事など，切り抜いた形が悪い場合は，読みやすいように整えて貼る。

◎コピーした記事がA4判の用紙に入れば，切り抜いて台紙に貼ったりせずそのまま利用する。

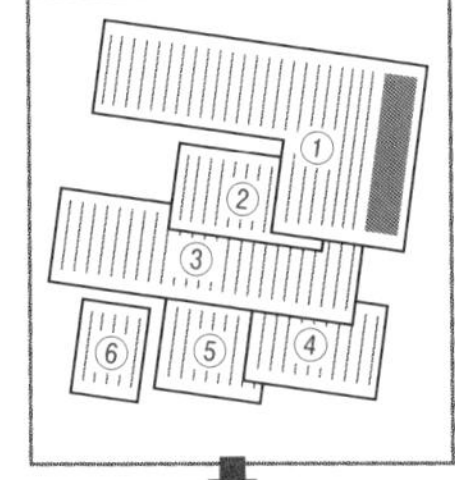

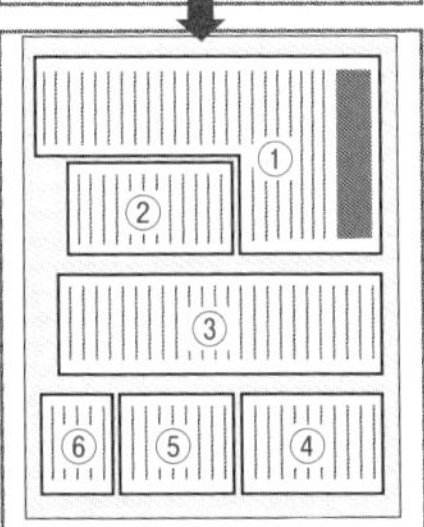

形の悪い記事は，形を整えて貼る。

●切り抜いた記事の整理

切り抜いて台紙に貼ったら，フラットファイルにつづるか，フォルダーに入れてキャビネットに保管します。

フラットファイルで整理すると，いつでも台紙をばらばらにできるので再分類するときに便利。スクラップブックは一度貼ったら変更できないのでビジネスでの切り抜きには不向き。

テーマごとに個別フォルダーを作ってキャビネットに納め，フォルダーの中に切り抜きを貼り付けた台紙を入れて整理する。

SELF STUDY

過去問題を研究し
理解を深めよう！

POINT 出題 CHECK

ファイリングに関してはバーチカル・ファイリングで使う用具についての問題が多く，ファイリングの手順に関する出題はあまりない。名刺の整理については，整理の留意点を押さえておくこと。カタログ・雑誌の整理や新聞・雑誌の切り抜きに関しては基本的なことを問う問題が多いが，関連用語もよく出題されるのでチェックしておきたい。

ファイル用具と使い方

次の「　　」内は，下のどの事務用品の説明か，適当と思われるものを選びなさい。

「厚紙を二つ折りした見出しの付いた書類挟み」

× ①ガイド
× ②キャビネット
○ ③フォルダー

①ガイドはフォルダーのグループの見出しになるもの。②キャビネットはフォルダーを保管する引き出し付きの事務用収納具。

名刺の整理 ①

名刺の整理の仕方である。

× ①使わなくなった名刺は，別にまとめて保存している。
○ ②縦書きの名刺も横書きの名刺も，区別せずに整理している。
○ ③上司の私的な名刺は，仕事上のものとは別に整理している。

①不要な名刺を保存していても意味がない。

名刺の整理 ②

名刺整理箱の名刺の整理の仕方である。

○ ①名刺整理箱から抜いた名刺は，ガイドのすぐ後ろに戻すようにする。
× ②抜いた名刺は，使った日時を記入してから元へ戻すようにする。

②抜いた名刺は，元へ戻すのではなく，ガイドの後ろに戻す。また使った日時は，特別な理由がなければ書く必要はない。

新聞・雑誌の切り抜き ①

上司に指示された新聞記事を切り抜いたりコピーしたりしたとき，記入していることである。

○ ①発行年月日。

○ ②朝刊・夕刊の別。

○ ③全国版・地方版の別。

× ④社会面・経済面の別。

④社会面や経済面というのは，記事の性格によってその面に掲載されているだけのことである。切り抜きに記入するのはその出どころを明らかにするためなので，どの面に掲載されたかは関係がない。

新聞・雑誌の切り抜き ②

新聞記事の切り抜き整理について行っていることである。

○ ①切り抜きたい箇所は，印（しるし）を付けておき，翌日，切り抜くようにしている。

× ②切り抜いた記事がたまったら，半年に1回，日を決めて破棄するようにしている。

②切り抜いた記事が不要になったら，その都度破棄すればよい。必要なものは，必要な期間保存しておかなければいけないが，切り抜き資料は期間を決めて破棄するようなものではない。

カタログ・雑誌の用語

用語とその意味の組み合わせである。

○ ①バックナンバー＝定期刊行物のすでに発行された号。

○ ②リーフレット　＝宣伝，案内，説明などのための1枚刷りの印刷物。

× ③総目次　　　　＝その雑誌の見出し，小見出しの全部を一覧できるようにしたもの。

③「総目次」とは，その雑誌の一定期間あるいは全号の目次をまとめたものである。

新聞・雑誌の用語

新聞雑誌の発行に関する用語とその意味の組み合わせである。

○ ①旬刊　＝月に3回発行されるもの。

○ ②隔日刊＝1日置きに発行されるもの。

× ③季刊　＝年2回春と秋に発行されるもの。

③「季刊」とは，各季節ごとに年4回発行されるものである。

CHALLENGE 実問題

1 難易度 ★★☆☆☆

次は秘書Aが行っている名刺整理の仕方である。中から不適当と思われるものを一つ選びなさい。

1）受け取った日付とその人の特徴などを記入してから整理している。
2）会社名から探すことが多いので，会社名の五十音順で整理している。
3）上司の私的な関係の人の名刺は，仕事上のものとは別に保管している。
4）同じ人の名刺が２枚以上あったら，受け取った順に重ねてホチキスで留めている。
5）部署や役職などの変更の知らせを受けたら，保管してある名刺をすぐに訂正している。

2 難易度 ★★★★☆

次はファイル用品とその説明である。中から不適当と思われるものを一つ選びなさい。

1）「ラベル」とは，タイトルを書いてフォルダーの山に貼る紙のこと。
2）「ファイルボックス」とは，フォルダーを収納しておく引き出し式の収納具のこと。
3）「ガイド」とは，キャビネットの中でフォルダーの区切り（分類）の役をする厚紙などのこと。
4）「フラットファイル」とは，レターファイルとも言われる，中にとじ具の付いている書類挟みのこと。
5）「持ち出しフォルダー」とは，貸し出しフォルダーとも言われ，文書を持ち出すときなどに使うフォルダーのこと。

【解答・解説】1＝4）名刺は新しいものが最新情報だから，他は不要になる。従って，受け取った順にホチキスで留めているなどは意味がなく不適当ということである。
2＝2）「ファイルボックス」とは，数冊のファイルを立てて収納する箱のことである。

SECTION 5

日程管理・オフィス管理

Lesson 1 日程管理とオフィス管理

5時から，ABCホテルの富士の間で，友人の鈴木氏の出版記念パーティーに出席するとのことなので……
予定表には……

上司の私事は，予定表にどう書くの？

▶秘書Aは後輩Dと昼食の約束をしていたので，Dの部署を訪ねたところ，日程表の書き込みをしている最中でした。上司が明日の午後5時から個人的なパーティーに出席するので，それを日程表に記しているとのこと。見ると，パーティーの名称や会場名などを詳しく書いています。このような場合，AはDにどのようなアドバイスをすればよいのでしょうか。

対処例 ○△×?…

上司の私事に関する日程は予定表ではなく秘書の手帳などに書くようにするが，予定表に書く場合は簡単な書き方をするようにと助言すればよいでしょう。

スタディ !!

上司のプライベート事項を予定表に書き入れる場合は，人物は「M氏」などイニシャルで，パーティーは「P」などの記号を用いて簡略に書き，詳しいことは秘書の手帳などに記すようにします。また，予定表のコピーを関係先に配布する場合は，上司の個人的な日程は削除してコピーするようにします。

日程管理

秘書は，上司の行動予定を的確かつ綿密に立てていくことが求められます。そのためには，一覧性のある表にして管理するのが最適です。

秘書は，上司の行動に合わせて必要な予定表の基本形式を作成し，日々のスケジュールを正確に記入していきます。また，予定の変更があれば，上司の仕事に不都合が起こらないように関係先と素早く調整します。

予定表の種類

予定表には「年間予定表」,「月間予定表」,「週間予定表」,「日々予定表」がありますが，基本的には年間で決まっている行事や定例会議などの予定から先に埋めていき，次に月間，週間，日々の各予定表の順にスケジュールを記入していくことになります。しかし，必ずしも4種類の日程表を作成しなければならないというものではありません。上司の仕事内容によっては，月間予定表と週間予定表で十分という場合もあります。事前に上司と，使用する予定表や予定表の形式などを相談するようにします。

各予定表の特徴は以下の通りです。

◆**「年間予定表」には，年間で行われる社内外の主要行事を記入する。**

◎**例えば，新年会，株主総会，定例取締役会，定例常務会，創立記念式典，夏期休暇など。**

年間予定表の例。

◆**「月間予定表」には，1カ月の行動予定を記入する。**

◎**年間行事の他に出張や会議，会合，訪問予定などの基本事項を記入する。**

◆**「週間予定表」には，1週間の確定した行動予定を時間単位で記入する。最も活用する予定表。**

◎**会議，会合，面談，出張，講演，式典などを細部まで正確に書く。**

◎**上司の私事に関しては秘書の手帳などに書き，予定表に入れる場合は記号などで簡略にする。**

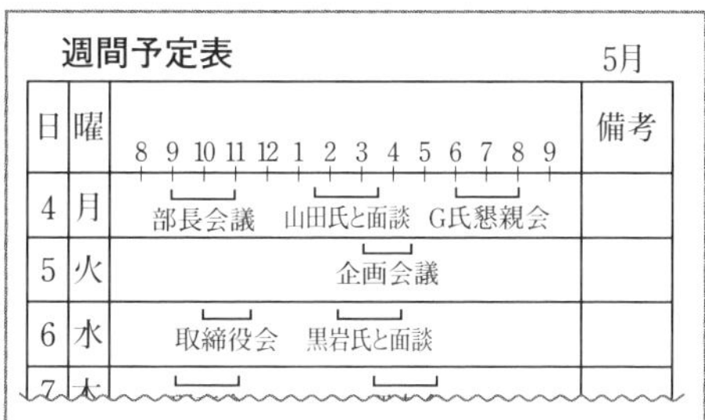

週間予定表の例。

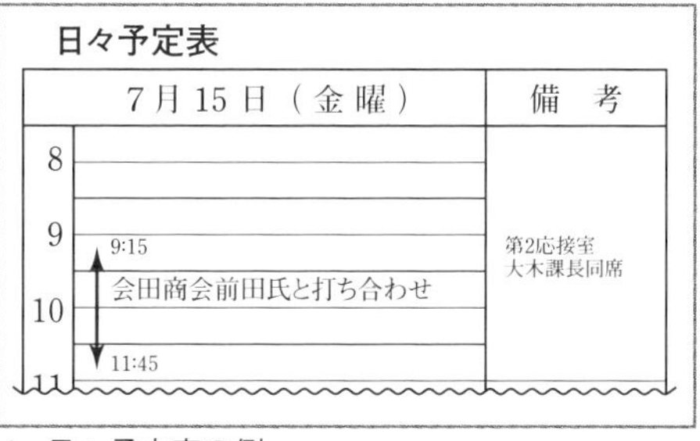

日々予定表の例。

◆**「日々予定表（日程表）」には，その日1日の上司の行動予定を分単位で記入する。備考欄は必ず設け，必要な情報が一覧できるようにしておくことが大切。**

●予定表の作成と記入要領

予定表を作成，記入する場合は，以下のようなことに留意します。

◆予定表を作成するときの留意点。

◎年間，月間，週間，日々予定表は基本的にそれぞれ1枚の用紙で作成し，一覧できるようにする。

◎日々予定表や週間予定表の時間の目盛りは，通常は午前8時から午後9時程度までに設定するが，上司の仕事の仕方に合わせて作成する。

◎日々予定表，週間予定表には備考欄を設ける。予定内容について詳細なメモが必要になる場合もあるためスペースを広く取るようにしておく。

◎土曜，日曜が休日であっても予定表には土曜，日曜の欄を設ける。

◆予定を記入する際の留意点。

◎予定表に記入する主なことは，「出張」，「会議」，「会合」，「面談」，「訪問」，「講演」，「式典」など。そのほか，採用面接や依頼原稿締切日など時間が決まっている仕事を記入する。

◎表示方法は，「簡潔」，「正確」，「見やすく」を基本とする。よく使用する言葉を記号で表記するとスペースを取らず便利。

例）会議→□　面談→○　出張→△　など。

◎予定変更の場合は，変更前の予定が分かるように二重線で消す。

◎「月間予定表は前月末まで」，「週間予定表は前週末まで」，「日々予定表は前日の終業時まで」に上司に見せて確認し，上司が了承すればコピーして上司と秘書が1部ずつ持つ。

◎上司の行動予定を知っておく必要がある関係者には「月間予定表」と「週間予定表」を配布する。その際，上司の私事は削除しておく。

●予定の変更と調整

予定の変更は以下の要領で行います。

◆行事の変更があった場合は，上司に変更を告げ上司と秘書の予定表を修正する。

◆当方の都合で予定を変更する場合は，上司の指示に従って関係者と調整し，上司と秘書の予定表を修正する。

◎面会の約束を断る場合は，先方にわびて希望の日時を二，三聞いておく。上司の意向を聞いて日時を決めたら，速やかに相手に連絡する。

◆先方の都合で予定変更を申し入れてきた場合は，上司の意向に従って先方と新しい予定を決め，上司と秘書の予定表を修正する。

◆予定が変更になったら，上司の予定表を配布していた関係者に漏れなく連絡し，予定表の修正を依頼する。

オフィス管理

オフィス管理で心得ておかなければならないことは,「机の上の整理」と「引き出しの使い方」,「事務用品の管理」,「オフィス機器の知識」,そして「環境整備の知識」と「オフィスレイアウト」です。

●机の上の整理

自分の机とともに,以下のことに留意して上司の机の上も整理しておきます。

上司の机の上の配置例。

- **◆上司の机を整理するときは,机の上の備品の配置を変えたりしない。**
- **◆上司が仕事中に机の上に広げた書類などは,上司が外出中でも勝手に整理したりしない。**
- **◆上司の机の上にある紙切れなどにはメモが書いてある場合もあるので,注意する。**

●引き出しの使い方

引き出しの使い方に特にルールなどはありませんが,どこに何を入れるか決めておき,使い終わった事務用品は必ず元に戻すようにしましょう。また,上司の机の引き出しは勝手に開けて整理してはいけません。

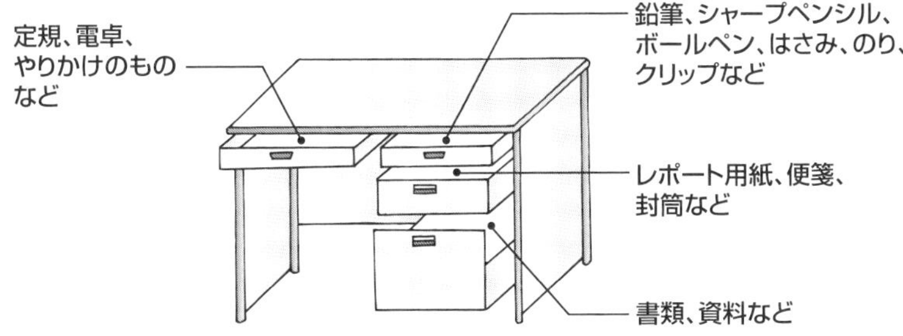

秘書の引き出しの使用例。

スタディガイド　領域：理論編　領域：実技編　テスト

●事務用品の管理

秘書は使いやすい事務用品を選んでそろえておくようにします。そのためには，一般的な事務用品の用途を知るだけでなく，新しい製品や使いやすいメーカーの製品などを研究しておくことが大切です。また，事務用品が不足したりすると仕事に支障が出てくるので，消耗品は予備を用意しておき，補充を怠らないように気を配ります。

秘書は，以下のような事務用品をそろえて管理します。

◆事務用品の種類。

◎事務用備品としては，「机」，「椅子」，「キャビネット」，「保管庫」，「トレー」，「チェックライター＊1)」，「ナンバリング＊2)」，「ホチキス」，「穴開け器（パンチ)」，「ファスナー＊3)」，「日付印」など。

◎事務用消耗品としては，「鉛筆」，「シャープペンシル」，「ボールペン」，「サインペン」，「マーカー」，「消しゴム」，「朱肉」，「スタンプ台」，「透明テープ」，「両面テープ」，「クリップ」，「のり」，「メモ用紙」，「付箋＊4)」，「ホチキスの針」，「シャープペンの芯」など。

◆事務用品の管理。

秘書は日常的に次のことを点検する。

◎上司の日付印の日付が今日の日付になっているか。

◎不足している消耗品はないか。あれば補充する。

◎故障品や破損品はないか。あれば，メーカーに修理・補修を依頼するか，総務の担当者に相談する。

●オフィス機器の知識

秘書は，オフィス機器についての知識を持ち，どの機器も一通り使いこなせるようにしておきます。機器が故障したらすぐ担当者に連絡を取りますが，ちょっとした故障や不具合は自分で直せるくらいの知識を身に付けておきましょう。よく利用する事務機器には次のようなものがあります。

◆「複写機」は一般にコピー機と呼ばれ，文書を複写する機械。

◎フルカラーで出力できるものや，数十枚を自動でコピーできるものなど多くの機能を持ったものがある。

◎コピーだけでなく，ファクス機能，スキャナー機能などを備え，パソコン

＊1）チェックライター＝金額を打刻する器具。
＊2）ナンバリング（マシーン）＝自動的に番号を印字していく器具。
＊3）ファスナー＝穴開け器で開けた文書をとじるためのファイル用具。
＊4）付箋＝原稿などに疑問点などを書いて貼り付ける小さな紙。何度も付けたり取ったりできる化学のりが付いているものがよく利用される。

と連動して使う複合機が主流になっている。

◆「ファクシミリ」は一般にファクスと呼ばれ，電話回線を通じて画像を遠隔地に送信する機械。

◎電話が通じていれば，海外でも送信可能。

◎郵送と違って文書が手元に残る利点があるが，写真原稿などを送る場合は解像度に限界があるので実物と同じというわけにはいかない。

◎相手先の番号を間違えると情報がほかに漏れることになるので，重要文書などはファクスで送らないのが原則。

◎相手がすぐ文書を見るかどうかは分からないので，急ぎの場合は前もって電話してから送信する。

◆「パソコン（パーソナルコンピューター）」は，今やあらゆるオフィスにあり，社員一人に1台，専用で利用するほど普及している。

◎ソフトがあればさまざまな作業をすることができ，文書作成ソフトや計算ソフトを利用すれば，事務で必要とされるあらゆる文書が作成できる。

◎相互にインターネットに接続していれば，電子メールでデジタルデータに加工した文書のやりとりができる。

◎インターネットを利用して多くの企業や官公庁が公開しているホームページに接続すれば，さまざまな情報を入手することができる。

◆「プリンター」は，パソコンと接続して作成した文書をプリントする機械。

◎白黒だけでなくカラープリンターも普及している。

◆「スキャナー」は，文書や画像をデジタルデータ化してパソコンに取り込む機械。

◆「プロジェクター」は，図や文字をスクリーンに映し出す機械。

◎プレゼンテーションや会議，研修会でよく利用される。

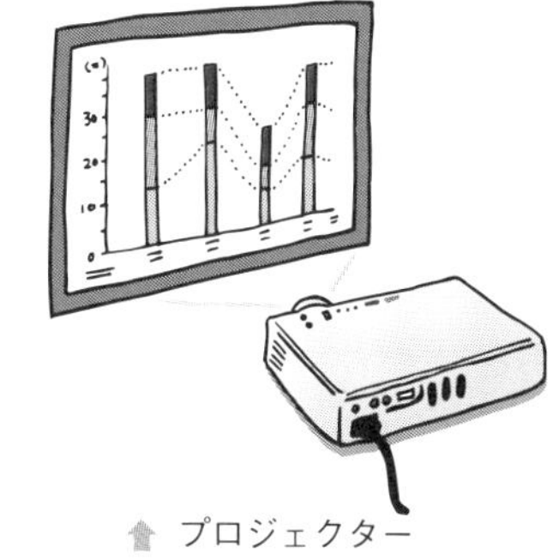

⬆ プロジェクター

◆「シュレッダー」は，文書を廃棄する際，機密を保持するために文書を細かく切り刻む機械。文書細断機ともいう。

◆「ホワイトボード」は，水性インクで文字などを書くための白地のボード。

◎会議によく利用される。

◎電子ホワイトボードもあり，そこに書いたものを縮小してプリントすることもできる。

スタディガイド
領域：理論編
領域：実技編
テスト

●環境整備の知識

秘書は「照明」や「防音」，「色彩調整」，「空気調節」，また「掃除」や「整理整頓」の基礎知識を持ち，快適な環境づくりに努めます。

◆照明に関する留意点。

◎オフィスの照明について，JIS（日本産業規格）では下表の照度を基準としている。

場　所	範　囲
事務所	1,000～500ルクス
役員室	750～300ルクス
会議室	750～300ルクス
応接室	500～200ルクス

◎照明には以下の方式がある。

直接照明	光源から直接目的物を照らす方式。オフィスの蛍光灯などが代表例。
間接照明	光源からの光を壁などに当て，その反射光で周囲を照らす方式。柔らかい印象。

◎ブラインドなどを利用して自然光を上手に取り入れる工夫も必要。

◆防音に関する留意点。

◎上司の執務室はできるだけ静かに保つよう努力する。

◎ドアの開閉時の音を消すためにドアチェック（ドアクローザー）を付ける。

◎電話の呼び出し音の音量を調節したり，適切な種類の音を選ぶ。

◎外がうるさい場合は，二重窓にしたり厚手のカーテンを用いるなどしてできるだけ外部の音が入ってこないようにする。

◆色彩調整に関する留意点。

◎応接室には，クリーム色など柔らかい雰囲気が出る色を用いる。

◎役員室や会議室には，茶やベージュなど落ち着いた雰囲気の色を用いる。

◆空気調節に関する留意点。

◎エアコンの風が直接上司や来客に当たらないように工夫する。

◎各季節に適した部屋の温度や湿度は以下の通り（省エネルギー対策を取っている場合は会社の指示に従う）。

春・秋＝気温22～23度　　夏＝気温25～28度　　冬＝気温18～20度

湿度は年間を通して50～60%にする。

※近年，省エネの観点から，照度は低く，夏の温度は高めに設定しているオフィスが多い。

◆掃除をするときの留意点。

掃除をする対象によって掃除用具や洗剤などが異なるので注意する。

◎家具は羽根ばたきでほこりを払い乾いた布でから拭きする。汚れがひどいときは家具用洗剤を使用する。

◎じゅうたんは，毎日掃除機をかける。落ちにくい染みは中性洗剤を付けて拭く。

◎ブラインドは羽根ばたきでほこりを払う。

◎応接セットの椅子は，布張りの場合はブラシで汚れを取り，革(かわ)張りの場合はから拭きする。

◎応接セットのテーブルは，使用後，水を含ませた布を固く絞って拭く。テーブルに水分が残っているようなら，その後から拭きする。また，テーブルに置いてある灰皿は，中の吸い殻(がら)を捨てて水洗いし，その後乾いた布で拭く。

◎テーブルクロスやカバーの布はクリーニング業者に依頼する。

◎置物は羽根ばたきでほこりを払うか，から拭きする。

◎観葉植物は，水を含ませた布を固く絞って葉の部分を軽く拭く。

◎油絵は，筆などでほこりを払う。

◎電話機や受話器，パソコンのキーボードやマウスは毎日から拭きする。

◆上司の執務室や応接室を整理整頓するときのチェック項目。

執務室や応接室は，常に整理整頓を心掛け，いつ来客があってもよいようにしておく。

◎机や椅子，応接セットは正しい位置にあるか。

◎ブラインドやカーテンが中途半端になっていないか。

◎掛け時計の時刻は正しいか，また日付がある時計は正しい日付と曜日になっているか。

◎部屋にかけてあるカレンダーをめくり忘れていないか。

◎くず籠にゴミが残っていないか。定位置に置いてあるか。

◎新聞や雑誌はマガジンラックに整理され，最新のものになっているか。

◎上司の机の上の備品は正しい位置にあるか。余分なものが置いてないか。

◎書棚の本やバインダーなどは整理されているか。

◎壁の絵画や飾り棚の置物が正しく置かれているか。

◎観葉植物に水をやったか。枯れ葉が植木鉢に落ちていないか。

◎テーブルの上に設置してあるライターの火は付くか。

◎灰皿はきれいになっているか。

オフィスレイアウト

部屋のレイアウトを一任されたら，まず上司の机，応接セットの配置を考え，後は動線を考慮して備品類を配置していきます。

上司の机，秘書の机，応接セットなどの配置は以下のようなことに留意します。

◆上司の机は部屋の奥の，直接入り口から見えないところに配置する。

◎秘書と同室の場合は，秘書と対面しないようにする。秘書は電話応対や来客接遇など，デスクワーク以外の仕事もするため，向き合っていると上司が落ち着いて仕事ができないからである。ついたて＊1）やパーティション＊2）を利用して部屋を仕切るなど，それぞれ独立したスペースが確保できるように工夫する。

◎手暗がりにならないように，上司が座ったとき窓が左側か後ろになるように配置する。

◆秘書の机は来客の出入りがすぐ分かるように入り口の近くに配置する。

◎キャビネットは秘書が使いやすい場所に配置する。

◆応接セットは上司の近くに置き，上司が座りやすいように配置する。

◎来客が座ったとき，秘書と向かい合わないようにする。

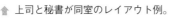

上司と秘書が同室のレイアウト例。

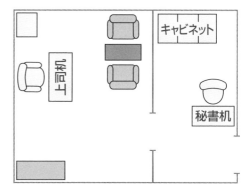

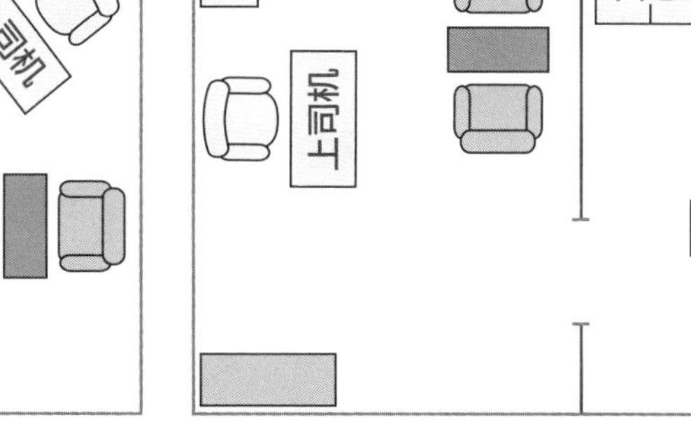

上司と秘書が別室のレイアウト例。

＊1）ついたて＝部屋に立てて仕切るための家具。
＊2）パーティション＝部屋の仕切り。

SELF STUDY

過去問題を研究し
理解を深めよう！

POINT 出題 CHECK

「日程管理」に関する出題は少ないが，関係者への連絡事務や上司の出張時に行う出張事務などが問題として出されている。「オフィス管理」では，環境整備のうち室内の整理整頓と掃除に関する出題が多い。整理整頓する際のチェックポイントや「勝手にしてはいけないこと」などを押さえておきたい。掃除については，物や場所に適した掃除の仕方をよく学習しておくこと。オフィス機器を含む備品・事務用品に関することも多く出題されるので，用具名と用途を押さえておくこと。簡単なようで意外に難しい問題もあるので注意したい。このほか，消耗品の補充についての出題もある。

関係者への連絡事務

上司から，「来週のゴルフだが，鈴木氏から返事が来ない。至急連絡して確認してほしい」と指示があった。鈴木氏は外出が多いので電子メールがよいという。以下はメールを送るに当たって上司に確認したことである。

○　①いつまでに返事がほしいかを，書き入れておこうか。
○　②念のため，上司のメールアドレスを知らせておこうか。
×　③鈴木氏がメールを見てくれないときはどうするか。

③見てくれない場合も考えられるが，そのときは連絡が取れるまで何度でも電話するのが秘書の仕事である。どうするかなどと聞いてはいけない。

出張事務

上司は出張するときはビジネスホテルを利用する。そのとき行っていることである。

○　①初めてのホテルの場合は，駅からの所要時間を尋ねる。
○　②予約を受け付けた担当者名の確認。
×　③ホテルの防災管理責任者名の確認。

③ホテルでの防災については，宿泊者自身がそのホテルで避難経路を確認したりすることである。つまり，防災担当者を確認するにしてもそれは上司がホテルで防災について尋ねるときに聞くことであって，秘書が予約時に防災管理責任者名を確認しても意味はない。

スタディガイド 領域：理論編 領域：実技編 テスト

室内の整理整頓

上司の部屋の整備で行ったことである。

○　①休日の前日，観葉植物の土はまだ乾いていなかったが，少し水やりをした。

○　②上司の外出中，書棚の書籍を点検し，不要と思われるものは書棚の端に寄せた。

×　③上司の出張中，ブロンズや陶器の置物に羽根ばたきをかけ，置く場所を入れ替えた。

③上司の部屋なので置物の位置は上司の好みで決まっている。それを勝手に変えてはいけない。

掃除

上司の部屋を掃除したときに行ったことである。

○　①革張りの応接セットは，乾いた布で拭いている。

×　②書棚の戸のガラスは，化学雑巾で拭いている。

②化学雑巾は汚れを吸着する成分を含んでいるので，透明なガラスを拭くとその成分がガラスに付着して透明度を損なう。乾いた布で拭くかガラスクリーナーを使って拭くとよい。

備品・事務用品

使ったり直したりしたことと備品の名称との組み合わせである。

○　①上司の机に日差しが当たっていたとき，当たらないように調整した日よけ＝「ブラインド」

×　②応接室で面談中の来客と上司にお茶を出したとき，いったんお盆を置いた台＝「サイドデスク」

○　③応接室のドアが閉まるとき，バタンという音がするようになったので，音がしないように直した装置＝「ドアチェック」

②説明文は「サイドテーブル」である。サイドデスクは事務机に付け足す小さな机のこと。

消耗品の補充

上司に名刺を注文するように指示され，確認したことである。

○　①用紙は前と同じものでよいか。

×　②どこに注文するか。

②総務などが担当している場合はそこに頼めばよく，そうでなければ出入りの印刷業者に頼めばよい。上司に確認するようなことではない。

CHALLENGE 実問題

1 難易度 ★★★☆☆

秘書Aの上司は出張が多い。次は留守を預かる秘書として，上司の出張について知っておくようにしている事柄である。中から不適当と思われるものを一つ選びなさい。

1）出張先で関わる人たちの所属，氏名。
2）出張先でのおおよそのスケジュール。
3）交通機関の出発・到着時刻，座席番号。
4）宿泊先のホテルを出る時間と戻る時間。
5）宿泊先ホテルの電話番号，ファクス番号。

2 難易度 ★★★☆☆

次は秘書Aが上司のスケジュールを組むときに，面会の予約をできるだけ入れないようにしている場合である。中から不適当と思われるものを一つ選びなさい。

1）業務時間外。
2）出張から戻る日。
3）外出の直前，直後。
4）昼食時間の直前，直後。
5）Aの仕事が立て込んでいるとき。

【解答・解説】1＝4）上司出張中の留守を預かる秘書は，期間中の交通，宿泊，仕事の予定に関して承知していないといけない。が，ホテルの出入り時間は，出張中とはいえ上司のプライベートな時間のこと。そこまで知っておこうとするなどは行き過ぎで不適当ということである。
2＝5）面会の予約をできるだけ入れないようにするのは，上司の負担を考慮することや来客を待たせることのないようにするため。Aは上司を手助けするのが仕事なのだから，自分の仕事の都合で予約を入れないようにするなどは不適当ということである。

模擬試験

SECTION 1 仕上げ1

SECTION 2 仕上げ2

● 試験時間　110分 ●

区分	領域	問題数	正解数	合計正解数
理論編	Ⅰ　必要とされる資質	5問		/13問
	Ⅱ　職務知識	5問		
	Ⅲ　一般知識	3問		
実技編	Ⅳ　マナー・接遇	12問 (2問が記述式)		/22問
	Ⅴ　技能	10問 (2問が記述式)		

● 評価 ●

◆理論編

【正解数】	【評価】
8問以上	クリア
7問	あと一息でクリア
6問	やや努力が必要
5問	さらに努力が必要
4問以下	かなり努力が必要

◆実技編

【正解数】	【評価】
14問 以上	クリア
12・13問	あと一息でクリア
10・11問	やや努力が必要
8・9問	さらに努力が必要
7問以下	かなり努力が必要

注）理論編，実技編それぞれが60%以上正解のときに合格になります。
合格の目安は早稲田教育出版編集部が独自に付けたものです。

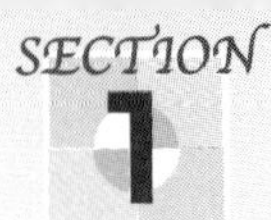

仕上げ 1

TEST

模擬試験にチャレンジし
実力を確かめてみよう!!

【必要とされる資質】

1 新人秘書Ａは社内研修で講師から，「職場では何事も時間を守ることが大切」と教えられた。次はＡが，なぜ大切か考えたことである。中から不適当と思われるものを一つ選びなさい。

1）時間を守らないと，上司に迷惑がかかるから。
2）時間を守れば，お互いが気持ちよく過ごせるから。
3）時間を守らないと，それをまねる人が出てくるから。
4）時間を守らないと，周囲から信用されなくなるから。
5）時間を守って仕事をすることで，効率も上がるから。

2 人事部長秘書Ａは他部署のＪから，「私の上司が本社に栄転するといううわさを聞いたが本当か。人事部にいるなら知っているのではないか」と言われた。Ａは上司が話しているのを耳にしているので，うすうすは知っている。このような場合，ＡはＪにどのように言うのがよいか。次の中から**適当**と思われるものを一つ選びなさい。

1）Ｊの上司のことだから，話してよいかどうかを人事部長に聞いてみようか。
2）人事のことは知っていても教えられない。自分の立場を分かってもらいたい。
3）部長秘書は人事部にいても仕事が違うので，そのようなことは知る機会がない。
4）何か根拠があってのことだろうから，うわさを聞いたのなら出どころを確かめたらどうか。
5）自分からは言えないが，うわさになっているならいずれ分かるだろうから少し待ったらどうか。

3　秘書Aは上司から,「来社している得意先の会長を空港まで見送ってもらいたい」と言われた。見送ってから会社に戻ると終業時間を過ぎてしまうので, そのまま帰宅してよいということである。このような場合Aは, 見送りを済ませた後どのようにするのがよいか。次の中から**適当**と思われるものを一つ選びなさい。

1）見送りが済んだことを電話で上司に報告してから帰宅するのがよい。
2）帰宅してよいと言われたのだから, そのまま帰宅して翌朝上司に報告すればよい。
3）そのまま帰宅してよいと言われていても, 会社に戻って上司に報告するのがよい。
4）帰宅してよいと言われたのだから, 帰宅してから上司の自宅に電話で報告するのがよい。
5）見送りが無事に済めば問題ないのだからそのまま帰宅して, 報告は翌日上司に聞かれたらすればよい。

4　新人秘書Aは, 急用ができたため午後から早退したい。初めてのことなので先輩に尋ねたところ, 上司（部長）に早退の了承を得て, 次のことをするように教えられた。中から不適当と思われるものを一つ選びなさい。

1）上司に断って, 自分（A）の代わりを誰かに頼むこと。
2）代わりを頼む人には, 早退の理由を話しておいた方がよい。
3）代わりの人を頼んだことは, 取り立てて部員には知らせなくてもよい。
4）やりとりのある他部署の秘書には, 早退を知らせておくこと。
5）連絡待ちなどの用件があるときは, 代わりの人に伝えておくこと。

5　秘書Aは上司から，「パソコンで清書しておいてもらいたい。急がない」と原稿を渡された。量が少なかったので急ぎの仕事を先にしていたところ，「まだか」と催促された。このような場合，Aは上司に謝った後，どのように言うのがよいか。次の中から**適当**と思われるものを一つ選びなさい。

1）清書が急ぐことになったのならすぐに取りかかる。
2）すぐに取りかかるので，もう少し待ってもらえないか。
3）すぐにするが，これからは指示のとき期限を言ってもらいたい。
4）急ぎの仕事を先にしていたのでまだ手を付けていないが，すぐにする。
5）急がないということだったので，急ぎの仕事を優先させていたが変わったのか。

【職務知識】

6　部長秘書Aは本部長から資料作りを頼まれた。そこへ，課長と一緒に出張中の上司から，出張が延びることになったと連絡が入った。次はそのときAが確認したことである。中から不適当(確認の必要がない)と思われるものを一つ選びなさい。

1）課長も一緒か。
2）戻るのはいつごろか。
3）自宅への連絡はどうするか。
4）宿泊しているホテルにはこちらから連絡を入れようか。
5）本部長から資料を作成するよう指示されたが，受けてよいか。

7　営業部長の兼務秘書Aは上司から，広報部に頼んである資料を急いで取りに行ってもらいたいと言われた。すぐに行こうとしたところ電話が鳴ったので出ると，取引先から上司への面会申し込みである。このような場合，Aはどのようにするのがよいか。次の中から不適当と思われるものを一つ選びなさい。

1）電話の相手に面会の希望日時を聞いておき，後で連絡すると言う。
2）電話の相手に，今手が離せないので落ち着いたら電話すると言う。
3）電話を保留にし，上司に，電話が終わったらすぐ資料を取りに行くと言う。
4）電話を保留にし，同僚に，急いで広報部に資料を取りに行ってもらいたいと頼む。
5）電話を保留にし，同僚に，電話の相手に面会の希望日時を聞いておいてもらいたいと頼む。

8　秘書Aは上司の外出中に，X社のUと名乗る人からの電話を受けた。上司が戻ったら連絡をもらいたいと言うので電話番号を尋ね，後で上司にこのことを伝えるとU氏のことは知らないと言う。このような場合，Aは上司にどのように対応したらよいか。次の中から**適当**と思われるものを一つ選びなさい。

1）よければ自分がU氏に電話して，どのような用件か確認してみようかと言う。
2）U氏は電話をもらいたいと言っていたので，とにかく電話してみてもらえないかと言う。
3）自分がU氏に電話して，上司はU氏のことを知らないと言っていたと伝えようかと言う。
4）忘れているだけかもしれないので，面識がないか名刺を探してみてもらえないかと言う。
5）U氏のことを知らないのであれば，電話する必要はないのでそのままにしておくと言う。

9 新人秘書Aの会社では，３月中に交代で三日間の休暇が取れることになった。そこでAは他部署の友人と旅行することにし，どのように休みを取ればよいか次のように考えた。中から<u>不適当</u>と思われるものを一つ選びなさい。

1）先輩に旅行のことを話し，休みの取り方について相談する。
2）友人に，休みを取る日をAに合わせられそうか聞いてみる。
3）上司に，休みを取る日にちは上司の休みに合わせた方がよいか尋ねる。
4）会社が交代で取れると決めた休暇なので，友人と相談した希望日に取る。
5）先輩の希望する日と重ならないようにして，上司に休みを取りたい日を早めに申し出る。

10 秘書Aは上司から，友人の告別式に参列することになったと言われた。ところがその時間には社内会議が予定されている。このような場合，Aはどのように対処するのがよいか。次の中から**適当**と思われるものを一つ選びなさい。

1）社内会議の担当者に事情を話して，会議は欠席することになると思うと伝えておく。
2）社内会議の担当者に事情を話して，社内会議の日時を変更してもらえないかと頼んでおく。
3）上司に，告別式の時間には社内会議が予定されているがどのようにすればよいかと尋ねる。
4）告別式の日時は変えることができないので，上司に，社内会議の日時の変更を指示してもらいたいと言う。
5）上司と社内会議の担当者に，社内会議と告別式の日時が重なったのでスケジュールを調整してもらいたいと頼む。

【一般知識】

11　次の用語の中から，人事課の仕事とは直接関係ないものを一つ選びなさい。

1）採用試験
2）社員研修
3）配置転換
4）出張精算
5）人事考課

12　次の「　　」内は下のどの用語の説明か。中から**適当**と思われるものを一つ選びなさい。

「企画や見積もりなどの概要を関係者に発表，提示すること」

1）プロモーション
2）オペレーション
3）プレゼンテーション
4）オリエンテーション
5）コンサルテーション

13　次の用語の中から，「福利厚生」には含まれないものを一つ選びなさい。

1）人事異動
2）社員食堂
3）定期健診
4）社内託児所
5）スポーツクラブの法人会員

【マナー・接遇】

14 次は秘書Aが，新人研修で職場での身だしなみについて教えられたことである。中から不適当と思われるものを一つ選びなさい。

1）女性でも男性でも時計やアクセサリーなどを選ぶときは，機能性を考えないといけない。
2）女性でも男性でも髪はきちんと手入れをして，清潔感を心がけたスタイルでないといけない。
3）靴やベルトなどは同系色でまとめるのが基本だが，男性の靴下は白にするとすっきりと見えてよい。
4）女性のスーツのボタンは全部留めるのが基本だが，男性は一番下のボタンは外しておくものである。
5）女性でも男性でもお辞儀をするときは，靴のかかとは離さずに付けた方がきちんとした印象になる。

15 秘書Aは上司（山田部長）から，「W社の松木営業部長に直接届けてもらいたい。届けることは連絡してある」と書類を渡された。次の「　　」内は，AがW社を訪問したときに言った言葉である。中から不適当と思われるものを一つ選びなさい。

1）受付で取り次いでもらうとき，「営業部長の松木様をお願いいたします」
2）座って待つようにと椅子を勧められたとき，「ありがとうございます。大丈夫です」
3）松木部長に書類を渡すとき，「山田から預かってまいりました」
4）書類を渡した後，「お確かめいただけますか」
5）最後に，「何か山田に伝えることはございますか」

16　新人秘書Aは先輩Bから,「動作や話し方にがさつなところがある」と注意された。このような場合, Aはどのようにすればよいか。次の中から**適当**と思われるものを一つ選びなさい。

1）Bにがさつと感じられたところを具体的に聞いて, どのようにすればよいか教えてもらう。
2）注意されたことを他の先輩に話して, 自分にはそんなにがさつなところがあるのかと尋ねてみる。
3）誰にでも多少はあることだろうから, 取りあえずは何もしないがまた注意されたら直すようにする。
4）注意されたことを同僚に話して, 動作や話し方に直さなければならないところがあるか意見を聞いてみる。
5）がさつとは細かいところまで気を配れないということで, 自分で直すのは無理かもしれないので気にしない。

17　次は, 秘書Aが電話応対で気を付けていることである。中から不適当と思われるものを一つ選びなさい。

1）複雑な用件のときは大筋をメモしておいて, メモを見ながら話すようにしている。
2）相手に伝える用件が幾つかあるときは, 数を先に言ってから用件に入るようにしている。
3）用件を代わりに聞いたときは, 最後に自分の名前と確かに伝えるということを言うようにしている。
4）こちらから電話をかけたときは, 今時間はよいかと相手の都合を確認してから用件に入るようにしている。
5）電話がこちらのミスで切れてしまいかけ直したときは, 切れた理由を説明してから話を続けるようにしている。

18 秘書Aの上司は予約客のF氏と面談中である。そこへ，面談に同席するはずだったG氏から「交通渋滞のため到着まであと20分ほどかかる」という連絡が入った。このような場合，G氏が遅れるということを面談中の二人にどのように伝えるのがよいか。次の中から**適当**と思われるものを一つ選びなさい。

1）G氏はF氏と一緒に来社するはずだった客なので，F氏にメモで伝える。
2）二人ともG氏を待っているのであろうから，二人に向かって口頭で伝える。
3）同じことを書いたメモを２枚用意し，上司とF氏それぞれに渡して伝える。
4）F氏と一緒に面談するはずだったとはいえ上司の客なのだから，上司にメモで伝える。
5）G氏が遅れることと，そのことをF氏にも伝えてもらいたいと書いたメモを上司に渡す。

19 秘書Aが不意の来客の応対をしているとき，面談を終えたF氏が上司と一緒にAの前を通りかかった。F氏が帰るときはいつもAがエレベーターのところまで見送っている。このような場合，Aはどのようにすればよいか。次の中から**適当**と思われるものを一つ選びなさい。

1）すぐに上司のところに行き，今応対中なのでF氏の見送りをお願いしてもよいか尋ねる。
2）すぐにF氏のところに行き，応対中なのでこちらで失礼するとわびて来客のところに戻る。
3）不意の来客であっても応対をしている最中なのだから，その場でF氏に会釈をして応対を続ける。
4）不意であっても来客に変わりはないのだから，上司たちには気付かないふりをして応対を続ける。
5）いつも見送っているのだから，応対中の来客に待ってもらってエレベーターまで見送ったらすぐに戻る。

20　秘書Aは上司から,「学生時代の恩師が亡くなった。今日の通夜に行くので用意を頼む」と言われた。次はこのときAが上司に確認したことである。中から<u>不適当</u>と思われるものを一つ選びなさい。

1）香典は幾ら包むか。
2）何時ごろまでに用意すればよいか。
3）香典の上書きはどのようにするか。
4）黒ネクタイや数珠を出しておくか。
5）香典袋に書く上司名に，肩書は付けるか。

21　次は，慶事に関する用語とその説明の組み合わせである。中から<u>不適当</u>と思われるものを一つ選びなさい。

1）祝賀　＝　めでたいことを喜び祝うこと。
2）祝電　＝　祝い事に対して打つ電報のこと。
3）祝儀　＝　祝い事のときの礼儀作法のこと。
4）祝辞　＝　式典などで述べる祝いの言葉のこと。
5）祝宴　＝　めでたいことを祝ってする宴会のこと。

22　秘書Aは上司から,「そろそろ中元の時期だが，取引先のW氏にも何か贈っておいてもらいたい」と言われた。次はこのときAが上司に確認のために言ったことである。中から**適当**と思われるものを一つ選びなさい。

1）送り先は会社でよいか。
2）上書きは「御礼」でよいか。
3）いつごろ手配をすればよいか。
4）W氏に希望の品を聞いた方がよいか。
5）受け取りの日時をW氏に確認した方がよいか。

23 秘書Aは昼食から戻ると先輩Cに呼ばれた。会議から戻った上司が，「資料のセットの仕方が間違っていた」と言っていたという。資料のセットはAが上司から指示されたものだが，Cの急ぎの仕事を手伝うことになったため後輩Bに頼んだものである。このような場合，上司のところへ謝りに行くべきなのは誰か。次の中から**適当**と思われるものを一つ選びなさい。

1）A
2）B
3）C
4）AとB
5）AとBとC

24 秘書Aは上司から，「次の支店長会議は社外で行いたいので会場を探すように」と指示された。そこでAは上司に，日時，出席予定人数の他に次のことを確認した。中から不適当と思われるものを一つ選びなさい。

1）予算はどのくらいか。
2）使用する機器はあるか。
3）会場はどの辺りにするか。
4）会議を開催する目的は何か。
5）食事や茶菓などの希望はあるか。

25 次の「　　」内は，下のどの文書の説明か。中から**適当**と思われるものを一つ選びなさい。
「担当者が案を作って関係者に回覧し承認を得て，その後，決裁権限を持つ上位者から決裁を受けるための文書」

1）理由書
2）稟議書
3）意見書
4）申告書
5）承諾書

26　次は，下の手紙文の下線部分を適切な言葉に直したものである。中から<u>不適当</u>と思われるものを一つ選びなさい。

<u>忙しいときに</u>(1)　<u>すみませんが，</u>(2)　<u>何とか都合をつけて</u>(3)　<u>出席してくれるよう</u>(4)　<u>願います。</u>(5)

1）ご多忙中
2）恐縮でございますが
3）万障お繰り合わせの上
4）ご出席してくださいますよう
5）お願い申し上げます

27　次は秘書Aが，上司宛ての郵便物のうち開封しないで上司に渡しているものである。中から<u>不適当</u>と思われるものを一つ選びなさい。

1）取引先からの書留。
2）上司の友人からの手紙。
3）業務上の文書か分からないもの。
4）封筒に「速達」と表示されているもの。
5）封筒に社名などが印刷されていないもの。

28　営業部長秘書Aのところに営業部の係長が，昨年の「取引先別販売実績表」を貸してもらいたいと言ってきた。この資料は「社外秘」である。このような場合，Aはどのように対応すればよいか。次の中から**適当**と思われるものを一つ選びなさい。

1）係長は社員なので，すぐに貸す。
2）原本は貸せないので，コピーをして貸す。
3）秘扱い文書なので，課長の許可があるか尋ねる。
4）部長の許可を取ってくると言って，待ってもらう。
5）貸し出すことはできないので，この場で見てもらう。

スタディガイド 領域：理論編 領域：実技編 テスト

29 次は，他社製品のカタログ整理の仕方について述べたものである。中から**適当**と思われるものを一つ選びなさい。

1）年度版のカタログは，古い物も年度順に並べて整理しておくとよい。
2）カタログは製品案内なので，製品別にまとめて整理しておくと使いやすい。
3）カタログの大きさはいろいろなので，大きさごとに整理しておくと使いやすい。
4）情報が古くなったカタログでも，役立つことがあるので別に保存しておくとよい。
5）カタログは紙質がよくたまると重くなるので，１年保存したら捨てると決めておくとよい。

30 秘書Ａは上司の予定を管理している。次は予定通りにいかなかった日の原因として考えたことである。中から前もって気を付けていれば防げたものを一つ選びなさい。

1）いつも長引く定例会が今回も長引いたから。
2）上司の出社が急な私用のため午後になったから。
3）来客が予約時間を間違えて30分遅く来社したから。
4）上司の知人の告別式を急に知らされて参列したから。
5）上司の外出先からの戻りが事故渋滞により遅れたから。

31 次は秘書Ａが，上司から清書を指示された原稿をパソコンで入力し終えたとき，ミスがないかチェックしたことである。中から不適当と思われるものを一つ選びなさい。

1）表現は適切か。
2）変換ミスはないか。
3）字間や行間は適切か。
4）数字に間違いはないか。
5）句読点の入力漏れはないか。

記述問題

【マナー・接遇】

32　次は秘書Aが上司（山田部長）の外出中，不意に訪れた取引先の人に言った言葉を区切って，順に番号を付けたものである。中から言葉遣いの不適切な部分を四つ（①を除く）選び，例に倣って番号と適切な言葉を答えなさい。

例　①部長の山田は

「山田部長は（①）　今（②）　外出なさって（③）　おります（④）。
今日は（⑤）　お戻りにならない（⑥）　予定でございますが（⑦），
いかがいたしましょうか（⑧）」

33　次は秘書Aが来客から名刺を受け取っている絵である。来客は不愉快そうな顔をしているが，①それはなぜか。また，②Aはどのようにすればよいか。それぞれ答えなさい。

【技能】

34 下の社内文書に，文書の形式として欠けているものがある。それを三つ答えなさい。

総発第23号

社員各位

総務部長

月例講演会の案内

月例講演会を下記の通り行いますので，出席してください。

1　日時　7月3日(火)　18:00～19:00
2　場所　本社3階研修室
3　演題　「メンタルヘルス講座」
4　講師　臨床心理士　田中和子先生

担当　総務部　高橋
（内線　111）

35 次の場合の封筒の宛名に付ける適切な敬称を（　　）内に答えなさい。

1）上司の学生時代の恩師宛てのとき
中村和夫（　　　）
2）会社名宛てのとき
○○株式会社（　　　）
3）会社名とアンケート係宛てのとき
○○株式会社　アンケート係（　　　）
4）会社名と職名，個人名宛てのとき
○○株式会社　人事部長　佐藤広子（　　　）

解答・解説

1【解　答】3)
【解　説】時間を守ることは社会人としての基本であり，その理由は 3)以外のこと。まねるような人は，個人のモラルの問題だからこの場で考えることではない。従って，筋が違っていて不適当ということである。

2【解　答】3)
【解　説】人事に関することは公表されるまで秘密にするのが原則だから，少しでも知っていそうな言い方をしてはいけない。従って，知る機会がないなどと言うのが適当ということである。

3【解　答】1)
【解　説】上司からそのまま帰宅してよいと言われていたら，その通りにしてよいことになる。が，見送りは上司から指示された仕事だから，済んだことの報告はすぐにしなければならない。従って，1）が適当ということである。

4【解　答】3)
【解　説】早退をするときは，誰に代わりを頼んだかを部員にも伝えておかないと仕事に支障が生じるかもしれない。従って，取り立てて部員には知らせなくてもよいというのは不適当である。

5【解　答】2)
【解　説】急がないと言われたとはいえ，その場で期限を確認しておけば上司に催促されることはなかったはずである。このような場合は言い訳など余計なことは言わず，すぐに取りかかると言うのがよいということである。

6【解　答】5)
【解　説】このような場合，上司に確認する必要があるのは，出張が延びることに伴う変更をどうするかなどになる。本部長から頼まれた仕事のことは出張中の上司には関係ないので，この場で確認したのは不適当ということである。

7【解　答】2)
【解　説】急いで資料を取りに行こうとしているところへ面会申し込みの電話である。その電話には，希望日時を尋ねておけば取りあえず用件は済む。それを，今手が離せないと言うなどは失礼なので不適当ということである。

8【解　答】1)
【解　説】戻ったら連絡をもらいたいと伝言を預かったが，上司はU氏を知らないと言う。このような場合は，電話を受けたAが伝言への対応をすることになる。上司が電話に出るかどうかは用件によるので，確認してみようかと言うのが適当ということである。

9【解　答】4)
【解　説】このような場合は，上司や先輩などと仕事のやりくりをして，都合をつけ合って休暇を取ることになる。それをせずに友人と相談した希望日に取るなどは，自分の都合だけを優先していて不適当ということである。

10【解　答】3)
【解　説】この場合，上司が告別式と社内会議の日時が重なっていることに気付いているかは分からない。どちらを優先するかは上司が決めることなので，重なっていることを知らせた上でどうすればよいかと尋ねるのが適切な対処ということである。

11【解　答】4)
【解　説】人事課は，従業員の採用や退職，処遇などに関することを行う部署。「出張精算」は，出張で使った費用を最終的に計算することで人事課の仕事とは直接関係ない。

12【解　答】3)

13【解　答】1)
【解　説】「福利厚生」とは，企業などが従業員の生活や健康をよりよくしようとする施策や施設などのこと。「人事異動」とは，組織の中で地位や職務，勤務地などが変わることなので，福利厚生には含まれない。

14【解　答】3)
【解　説】男性の靴下は白にするとすっきりと見えてよいというのが不適当。白の靴下はカジュアルな印象になり，ビジネスの場の雰囲気にそぐわない。スーツの色に合わせた黒や紺などが一般的である。

15【解　答】2)
【解　説】訪問先の受付で座って待つようにと椅子を勧められたときは，礼の言葉を言って座るのが，気遣ってくれた相手への礼儀である。従って，大丈夫と断るような対応は不適当ということである。

16【解　答】1)
【解　説】がさつとは，動作や話し方が周りを意識せず行っていて荒っぽいということ。自分の動作や話し方などは自分では気付きにくいものなので，注意してくれた先輩に直すところを具体的に教えてもらうのがよいということである。

17【解　答】5)
【解　説】このような場合は，電話が切れてしまったことを謝れば事は済む。切れた理由を話しても何の意味もないこと。従って，理由を説明してから話を続けるなどは不適当ということである。

18【解　答】2)
【解　説】この場合，上司もＦ氏も，Ｇ氏が到着するのを待っているのだから，面談中であってもメモで伝える必要はない。従って，二人に向かって口頭で伝えるのがよいということである。

19【解　答】3)
【解　説】不意の来客でもＡは応対中なのだから，その客を優先させないといけない。たとえ少しの時間であっても，その場を離れれば客を待たせることになる。Ｆ氏には，その場で会釈をすればよいということである。

20【解　答】5)
【解　説】香典袋の上司名に肩書を付けるのは，仕事上の関係先などに出す場合である。亡くなった恩師と上司は私的な間柄だから，肩書について確認したのは不適当ということになる。

21【解　答】3)
【解　説】「祝儀」とは，婚礼などの祝いの儀式のこと。または，そのときに贈る金品や心付け（チップ）のことである。

22【解　答】1)
【解　説】中元の送り先は，その人との関係や事情によっては自宅に送ることもある。この場合は，何か贈ってほしいということでＡは事情が分からないのだから，会社でよいかの確認は必要ということである。

23【解　答】1)
【解　説】資料のセットはＡが上司から指示された仕事だから，仕上がりの責任はＡにある。従って，実際にセットしたのがＢでも，上司のところへ謝りに行くべきなのはＡということになる。

24【解　答】4)
【解　説】会議の会場を探すために確認することは，会議を行うのに伴って必要なことになる。会議を開催する目的は，必要なことではないので不適当である。

25【解　答】2)

26【解　答】4)
【解　説】「ご出席して（ご出席する）」は謙譲語なので，相手のことに使うのは不適当。適切なのは，「ご出席くださいますよう」などになる。

27【解　答】4)
【解　説】私信，業務上の文書か分からないもの，書留，親展などは本人以外が開封してはいけない郵便物である。速達の郵便物は単に早く届くというだけで，開封してはいけないものではないので不適当である。
28【解　答】1)
【解　説】「社外秘」とは，その会社の社員以外には秘密ということ。従って，係長に秘密にする必要はないので，上司の許可なしで貸してよいことになる。なお，漏えい防止のために不要なコピーはしてはいけない。
29【解　答】2)
【解　説】他社製品のカタログを整理しておくのは，同じような製品についてメーカーによって異なる性能や価格を比較するためである。従って，製品別にまとめておくのが適当ということになる。
30【解　答】1)
【解　説】前もって気を付けていれば防げたものとは，今までの経験などから今回もそうなるかもしれないと予見できたもののこと。いつも長引く定例会はその後の時間に余裕を持たせるなどすれば，その後の予定に影響が及ぶことを防げたということである。
31【解　答】1)
【解　説】Aは上司の原稿を入力したのだから，チェックしなければならないことは，入力に関することや体裁などについてである。表現は原稿通りであればよく，適切かどうかはAの仕事外のことなので，それをチェックしたのは不適当である。
32【解　答】②　ただ今　③　外出（いた）して　⑤　本日は　⑥　戻らない
33【解　答】①　Aが椅子に座ったまま名刺を受け取っているから。
②　立ち上がって受け取る。
34【解　答】1．発信日付　2．記　3．以上
35【解　答】1）先生　2）御中　3）御中　4）様

SECTION 2 仕上げ 2

スタディガイド
領域：理論編
領域：実技編
テスト

TEST

模擬試験にチャレンジし
実力を確かめてみよう!!

【必要とされる資質】

1 秘書Aがいつもの時間に出社すると，上司は既に自席で仕事をしていた。このような場合，Aは上司にどのように対応すればよいか。次の中から不適当と思われるものを一つ選びなさい。

1）上司は既に仕事をしているので，仕事の邪魔をしないようあいさつは控える。
2）すぐに上司のところへ行き，あいさつをしてから，朝一番の予定の確認をする。
3）あいさつをしてすぐにお茶を持って行き，「何か手伝うことはないか」と尋ねる。
4）すぐに上司のところへ行き，あいさつをしてから，「何か急ぎの仕事があるか」と尋ねる。
5）自分の出社時間はいつも通りでもあいさつをしてから，「遅くなって申し訳ない」とわびる。

2 秘書Aは新人Bに簡単な仕事を指示した。Bは出来上がったと言ってすぐに持ってきたが，不注意によるミスがあった。このような場合，Bのどのようなことがミスの原因と考えられるか。次の中から不適当と思われるものを一つ選びなさい。

1）最後に見直しをしなかった。
2）時間をかけまいと急ぎ過ぎた。
3）簡単だと思って慎重にしなかった。
4）途中で進行状況の報告をしなかった。
5）指示を受けたとき早合点してしまった。

3　秘書Aの上司が昼食に出ているとき，上司がよく利用するX料理店から電話がかかってきた。「さっき上司が財布を忘れていったので，店で預かっている」ということである。このことにAはどのように対処すればよいか。次の中から不適当と思われるものを一つ選びなさい。

1）上司の携帯電話に電話をして，料理店から財布を忘れていると電話があったことを伝える。
2）部員の一人に事情を話して，上司が戻ったら伝えてもらいたいと頼んでおき，料理店に向かう。
3）上司の机上に，上司の財布をX料理店へ取りに行ってくると書いたメモを置き，すぐ受け取りに行く。
4）かかってきた電話で，上司は気が付いて店に戻るかもしれないので，しばらく預かっていてもらいたいと頼む。
5）貴重品なので上司が戻ったら自分が取りに行ってよいかを確認し，そのときちょっとした礼の品を買っていこうかと提案する。

4　秘書Aは指示された仕事の分量が多くて期限に間に合いそうもないことを上司に話したところ，後輩Cに手伝ってもらうように言われた。次はAが，Cに都合を尋ねて手伝いを頼んだとき順に言ったことである。中から不適当と思われるものを一つ選びなさい。

1）期限に間に合いそうもないと上司に話したところ，Cに手伝ってもらうように言われた。
2）仕事のやり方は，上司から指示されたことを説明するのでその通りにやってもらいたい。
3）分からない箇所は私から上司に確認するので，私に言ってもらいたい。
4）期限には間に合わせないといけないので，仕事の途中で進行状況を知らせてもらいたい。
5）仕事上の責任は，あなたの分はあなたの責任になるので慎重に行ってもらいたい。

5 営業部長秘書Aは，営業部員として配属された新人Bに仕事の仕方を指導することになった。次はAがBに教えたことである。中から不適当と思われるものを一つ選びなさい。

1）勤務時間中に手が空いたときは，周囲の人に手伝えることはないか声をかけること。
2）大量にコピーを取ったときは，コピー機に用紙がまだ残っていても補充しておくこと。
3）不在の人の内線電話が鳴ったときは，そのままにせず「○○さんの席です」などと言って出ること。
4）初めての来客を受け付けるときは，部長や担当者に取り次ぐ前に自分の名刺を渡してあいさつすること。
5）部内のことはちょっとしたことでも，分からなければ自分で判断せずに近くの先輩に教えてもらうこと。

【職務知識】

6 秘書Aの上司（営業部長）が来客と面談中に課長から，「急ぎで部長に確認してもらいたいことがある」と内線電話があった。このような場合，上司は来客中と言った後，どのように対応したらよいか。次の中から**適当**と思われるものを一つ選びなさい。

1）電話を保留にして上司のところに行き，用件を伝えて電話に出てもらう。
2）「面談中の上司にメモを入れるので，確認することを教えてもらいたい」と言う。
3）「自分に分かるかもしれないので，どのようなことか話してもらえないか」と言う。
4）「面談が終わったら上司に伝えるので，それまで待ってもらうことはできないか」と尋ねる。
5）「すぐでないと駄目か」と尋ね，すぐにということであればそのことをメモで上司に知らせる。

7　山田部長秘書Aが内線電話に出ると本部長からで,「山田部長はいるか。H社との取引の件で至急確認したいことがある」と言う。上司は外出していて1時間ほどで戻る予定である。このような場合，Aは本部長に上司の帰社予定時間を伝えてから，どのように対応すればよいか。次の中から<u>不適当</u>と思われるものを一つ選びなさい。

1)「外出中の上司に連絡した方がよいか」と尋ねる。
2)「課長でよければ電話を代わるがどうか」と尋ねる。
3)「急ぎということなら今すぐH社に問い合わせてみるが，それでよいか」と尋ねる。
4)「H社を担当している者なら事情が分かると思うが，担当者では駄目か」と尋ねる。
5)「差し当たって必要な資料があれば探してみるので，教えてもらえないか」と尋ねる。

8　秘書Aはある日，今まで自分が指示されていた仕事を，上司がCに指示しているのを見かけた。Cがその仕事をするのは初めてのはずである。このような場合，Aはどのようにするのがよいか。次の中から**適当**と思われるものを一つ選びなさい。

1) 上司は何か考えがあってCに指示したのだろうから，しばらく様子を見る。
2) Cがその仕事を終えるのを待って，Cに上司から指示された経緯を尋ねる。
3) 上司に,「今まで自分がしていた仕事なので，Cと一緒にしようか」と申し出る。
4) 上司に,「今まで自分がしていた仕事をCに指示したのはなぜか」と理由を尋ねる。
5) Cが何か聞いてくるかもしれないので,「自分の今までの仕方を教えようか」と声をかける。

9 次は新人秘書Aが，仕事の仕方について先輩から教えられたことである。中から不適当と思われるものを一つ選びなさい。

1）自分一人で判断できないことがあったときは，上司や先輩に判断を仰ぐようにすること。
2）他部署の秘書から仕事の手伝いを頼まれたときは，自分の上司に了承を得てから手伝うこと。
3）上司から複数の仕事を指示されたときは，漏れなく処理するために指示された順に行うこと。
4）上司から仕事を指示されて分からないことがあったときは，上司に確認してから取りかかること。
5）上司から指示された仕事が期限に間に合いそうもないときは，どうすればよいか上司に尋ねること。

10 部長秘書Aの上司が外出中に他部署の秘書Kが来て，「明日の部長会議の資料を作っているが間に合わないので手伝ってもらえないか」と言う。上司は１時間ほどで戻る予定で，その後は来客の予約が入っている。このような場合，Aはどのように対応すればよいか。次の中から**適当**と思われるものを一つ選びなさい。

1）今は上司が不在なので戻ったら許可をもらって手伝う，と言って１時間待ってもらう。
2）今は上司が不在で許可を得られないので他の秘書に頼んでもらえないか，と言って断る。
3）上司は１時間ほどで戻るので戻ったら中断させてもらうかもしれない，と言って自席で手伝う。
4）自席でよいならと言って手伝うが，後でKの上司からAの上司に話しておいてもらいたいと頼む。
5）１時間だけなら手伝ってもよいが手伝ったことは上司には言わないでもらいたい，と言って手伝う。

【一般知識】

11　次の用語の中から,「マーケティング」とは直接関係ないものを一つ選びなさい。

1）宣伝計画
2）製品計画
3）販売活動
4）人員計画
5）市場調査

12　次の「　　」内は下のどの役職の説明か。中から**適当**と思われるものを一つ選びなさい。

「業務の現場を直接指揮し，監督する役職」

1）専務
2）係長
3）常務
4）部長
5）本部長

13　次は用語とその意味（訳語）の組み合わせである。中から不適当と思われるものを一つ選びなさい。

1）レート　＝　割合
2）トレンド　＝　傾向
3）マージン　＝　原価
4）エコノミー　＝　経済
5）タイアップ　＝　提携

【マナー・接遇】

14　次は営業部長の兼務秘書Aが，会社の中での周囲の人との関わり方について考えたことである。中から**適当**と思われるものを一つ選びなさい。

1）同僚は姓でなく名で呼ぶ方が，職場が和気あいあいとした雰囲気になるのでよいかもしれない。
2）昼食は他部署の人と一緒に行く方が他部署のことが分かり，それを上司に話せるのでよいかもしれない。
3）出社したとき先輩が掃除などをしていたら，遅刻でなくても遅くなったと言って手伝うのがよいかもしれない。
4）同僚が忙しそうに仕事をしていたら，自分に至急の仕事があっても少しは手伝う方が人間関係のためにはよいかもしれない。
5）終業時間が過ぎて退社するときに部員が皆忙しそうにしていたら，隣の人にだけあいさつして静かに帰るのがよいかもしれない。

15　新人秘書Aは先輩から，その人と自分との間に「差」がある人と話すときは敬語を使うことと教えられた。次はこの場合の「差」とはどのようなことか，Aが考えたことである。中から不適当と思われるものを一つ選びなさい。

1）職位の差
2）能力の差
3）年齢の差
4）立場の差
5）親疎*の差

＊「親疎（しんそ）」とは，親しい人とそうでない人のこと。

16　秘書Aは上司にすぐに報告しておきたいことがあるが，内容が複雑で時間がかかりそうである。上司は今とても忙しそうにしている。このような場合，どのように報告をするのがよいか。次の中から不適当と思われるものを一つ選びなさい。

1）何についての報告かを言って,「急ぎで報告したいが都合はどうか」と尋ねる。
2）報告に必要なおおよその時間を言って，了承が得られたら要領よくまとめて報告する。
3）今時間はよいかと尋ねてから要点だけを手短に報告し，「後は文書で報告しようか」と言う。
4）今時間はよいかと尋ねてから「忙しそうなので,経過は省略する」と言って，結果だけを報告する。
5）今時間はよいかと尋ねてから取りあえず要点を報告し，「詳しい内容は後にした方がよいか」と尋ねる。

17　営業部の兼務秘書Aが5時（終業時間）少し前に電話を取ると取引先へ外出中の部員Kからで，「今終わったところなので，このまま帰宅したい」と言う。Kのすぐ上の上司は係長である。このような場合，Aはこの電話にどう対応すればよいか。次の中から**適当**と思われるものを一つ選びなさい。

1）電話を保留にし，係長にKが言ったことをそのまま伝えて指示を仰ぐ。
2）承知したと言って電話を切り，Kが直帰することを部員全員に伝える。
3）承知したと言って電話を切り，Kが直帰することを係長にだけ伝える。
4）係長に代わると言って保留にし，係長にKから電話が入っていることを伝える。
5）承知したと言って，Kの机上に伝言メモなどがないか確認してこようかと尋ねる。

18 次は秘書Ａが，来客の応対をする上で日ごろ心がけていることである。中から不適当と思われるものを一つ選びなさい。。

1）来客と話しているときには，上司がそばを通るのに気が付いても，そのまま続けている。
2）上司から断るように言われている来客には，上司の言葉をそのまま伝えるようにしている。
3）こちらの都合で急きょ来てもらった客には，初めにそのことを言ってわびるようにしている。
4）顔見知りの来客でも予約のない場合には，上司の在否を告げる前に用件を尋ねるようにしている。
5）転勤のあいさつなどの場合には，上司の仕事が立て込んでいても，すぐに取り次ぐようにしている。

19 秘書Ａの勤務する会社のビルには他に数社入っていて，５階以上のフロアをＡの会社が使っている。次は，Ａがエレベーターに乗り，操作パネルの前に立ったときに行ったことである。中から不適当と思われるものを一つ選びなさい。

1）話しながら乗ってきた二人連れの人に，「何階ですか」と尋ねた。
2）Ａの会社に出入りしている宅配業者の人に，「何階にご用でしょうか」と尋ねた。
3）外出から戻ってきた営業部長に，「８階でよろしいでしょうか」と尋ね，営業部のある８階を押した。
4）朝，エレベーターでよく一緒になる３階の会社の人に，「おはようございます」と言いながら３階を押した。
5）初めてこのビルに来た様子の人に，「お訪ねの会社名をおっしゃってください。その階を押しますので」と言った。

20　次は弔事に関する用語とその説明の組み合わせである。中から<u>不適当</u>と思われるものを一つ選びなさい。

1）香典　　＝　霊前に供える金品のこと。
2）遺族　　＝　亡くなった人の家族のこと。
3）会葬　　＝　会社が主催して行う葬儀のこと。
4）告別式　＝　故人に別れを告げる儀式のこと。
5）供花　　＝　霊前に花を供えること。またはその花のこと。

21　秘書Aは上司（営業部長）から，既に退職しているDの結婚披露宴会場に，祝電を打っておいてもらいたいと指示された。次はそのとき，Aが上司に確認したことである。中から<u>不適当</u>と思われるものを一つ選びなさい。

1）披露宴の日時と会場。
2）差出人はどのようにするか。
3）台紙は自分が選んでよいか。
4）いつごろ手配するのがよいか。
5）電文は一般的なものでよいか。

22　秘書Aは上司から，「学生時代の恩師が亡くなった。告別式に参列するので香典を用意してもらいたい」と頼まれた。告別式の形式（仏式，神式，キリスト教式など）は分からないという。このような場合，Aはどのような上書きの香典袋を用意すればよいか。次の中から**適当**と思われるものを一つ選びなさい。

1）御花料
2）御霊前
3）御榊料
4）御神前
5）御仏前

スタディガイド
領域：理論編
領域：実技編
テスト

23 次の「　　」内は，部長秘書Aがあいさつで言った言葉である。中から不適当と思われるものを一つ選びなさい。

1）出かける上司に
「お気を付けて行ってらっしゃいませ」
2）廊下で出会った取引先の人に
「こんにちは。いつもお世話になっております」
3）長時間の面談を終えて帰る客に
「お疲れさまでございました。失礼いたします」
4）上司の使いで他社を訪問したとき受付の人に
「ごめんください。お忙しいところ恐れ入ります」
5）上司に呼ばれて来た他部署の人に
「ようこそいらっしゃいました。部長がお待ちです」

24 秘書Aの上司が定例部長会議から戻ってきた。今回は上司が部長会議の当番だったため，準備はAが担当した。次はこのときAが上司に確認したことである。中から不適当と思われるものを一つ選びなさい。

1）準備に不足はなかったか。
2）次回の会議の日程はいつか。
3）次回までにしておくことはないか。
4）配布資料はすぐファイルしてよいか。
5）欠席した部長にいつ資料を届けるか。

25 次は横書き文書で漢数字を書いた例である。中から不適当と思われるものを一つ選びなさい。

1）二百五件
2）四半世紀
3）一石二鳥
4）数十万円
5）四，五日

26　S営業部長秘書Aが郵便物の仕分けをしていると，企画部に異動した前営業部長のY部長宛てに取引先T社から新製品のパンフレットが届いていた。このような場合，Aはどのようにすればよいか。次の中から**適当**と思われるものを一つ選びなさい。

1）Y部長は企画部に異動したのだから，企画部長秘書に渡す。
2）Y部長は異動して今はいないのだから，営業部内で回覧する。
3）Y部長宛てだから，Y部長にどのようにすればよいか尋ねる。
4）営業部長宛ての新製品のパンフレットだから，今の営業部長のS部長に渡す。
5）T社に連絡し，Yは異動したので現在の営業部長のS宛てに送り直してもらいたいと頼む。

27　経理部長秘書Aは上司から，取引先に領収書を送るように指示された。この領収書を封筒に入れて送るとき，領収書が入っていることを一般的にはどのように封筒に表示するか。次の中から**適当**と思われるものを一つ選びなさい。

1）領収書添付
2）領収書在中
3）領収書封入
4）領収書送付
5）領収書封印

28　次は，新聞や雑誌の発行に関する用語とその意味の組み合わせである。中から<u>不適当</u>と思われるものを一つ選びなさい。

1）日刊　＝　毎日発行すること。
2）週刊　＝　1週間ごとに発行すること。
3）隔月刊　＝　1カ月置きに発行すること。
4）旬刊　＝　毎月上旬に1回発行すること。
5）季刊　＝　季節ごとに年4回発行すること。

29 次は新人秘書Aが先輩に,「上司の部屋の環境整備はなぜ必要か」と尋ねたときに教えられたことである。中から不適当と思われるものを一つ選びなさい。

1）上司が快適に仕事ができるようにするため。
2）上司の地位にふさわしい部屋の品格を保つため。
3）秘書がきちんと仕事をしていることを示すため。
4）上司の部屋の印象は,会社の印象につながるから。
5）来客から信頼を得るためには,上司の部屋が整っていた方がよいから。」

30 次の下線部分の数え方の中から,不適当と思われるものを一つ選びなさい。

1）研修室に椅子を6脚運んでください。
2）議題を1件追加したいとのことです。
3）パンフレットは何部用意しましょうか。
4）あちらにエレベーターが2基ございます。
5）来客用のカップとソーサーを6台お借りできますか。

31 次は,パソコンで文書などを作成するときに使う,コンピューター用語とその説明の組み合わせである。中から不適当と思われるものを一つ選びなさい。

1）セル　＝　表計算ソフトのワークシートの升目のこと。
2）フォント　＝　プリンターで印字される文字の大きさのこと。
3）ソート　＝　データの集まりを一定の規則に従って並べ替えること。
4）均等割り付け　＝　文字を,行の中の指定した範囲内に均等な間隔で並べること。
5）上書き保存　＝　内容を変更したファイルを,元のファイルと置き換えて保存すること。

記述問題

【マナー・接遇】

32 次は，秘書Aが上司から書類を届けるように指示されたとき，その書類をどのようにして受け取ればよいかの説明である。①②に該当する語をそれぞれ答えなさい（②は「分かりました」以外)。

前傾姿勢で，書類は（ ① ）で，「（ ② ）。お預かりいたします」と言って受け取る。

＊「前傾姿勢」とは，体を少し前に傾けた姿勢のこと。

33 秘書Aは，取引先の部長と課長を応接室に案内した。この場合，Aはどの席にかけるように勧めればよいか。（ ）内に**適当**な番号を答えなさい。

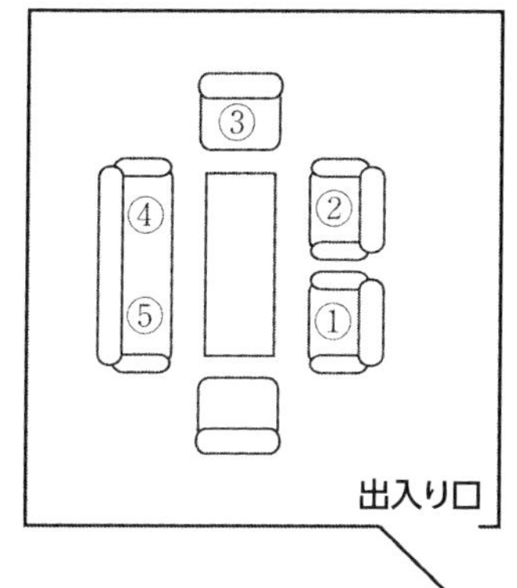

1）取引先の部長（ ）
2）取引先の課長（ ）

【技能】

34 秘書Aは上司から，「取引先の支店長のお父さまが亡くなったので弔電を打ってもらいたい」と指示された。次はそのときの電文である。下線部分の読み方を，（　　）内に平仮名で答えなさい。

「ご尊父様　の　ご逝去を悼み　謹んで　お悔やみ申し上げます」
（a：尊父様　b：逝去　c：謹　d：悔）

a（　　　　　）　b（　　　　　）
c（　　　　　）　d（　　　　　）

35 次は秘書Aが行ったことである。（　　）内に該当する郵送方法を下の枠内から選び，その番号を答えなさい（番号は重複しないようにすること）。

1）重要な契約書だったので（　　）で送った。
2）海外に住んでいる上司の知人への手紙を（　　）で送った。
3）地元で有名な菓子折りを季節のあいさつとして（　　）で送った。
4）遠方のため葬儀に参列できないので，香典と悔やみ状を（　　）で送った。

1　ゆうメール	2　料金受取人払	3　簡易書留
4　現金書留	5　エアメール	6　ゆうパック

解答・解説

1【解　答】1)
【解　説】上司が既に仕事をしていても，Aが出社したことは知らせないといけない。また，朝のあいさつは出社したときにこちらからするものなので，邪魔をしないよう控えるなどは不適当ということである。

2【解　答】4)
【解　説】この場合のようにすぐに出来上がる簡単な仕事のときは，途中で進行状況の報告はしないもの。従って，そのことが不注意によるミスの原因とは考えられないので不適当ということである。

3【解　答】5)
【解　説】このような場合，秘書はできるだけ上司の手を煩わせないようにするのがよい。従って，貴重品であっても上司に尋ねるまでもなく，すぐ取りに行くなどの対処がよいことになる。また，この程度のことで礼の品などは大げさなので不適当ということである。

4【解　答】5)
【解　説】上司から指示されたのはAだから，Cに手伝ってもらったときもその仕事の責任はAにあることになる。従って，あなたの分はあなたの責任になるなどと言ったのは不適当ということである。

5【解　答】4)
【解　説】初めての来客を受け付けるときは，名刺を預かって取り次ぐ部長や担当者に渡すのが基本である。受け付けをするAが，自分の名刺を渡してあいさつすることと教えたのは不適当ということになる。

6【解　答】5)
【解　説】上司は来客と面談中である。急ぎにも程度があるから，まずそれを課長に確認するのが先決。すぐにというなら取り次ぐことになるが，面談中の上司にはメモで知らせるのが適当な対応ということである。

7【解　答】3)
【解　説】本部長が取引の件で確認したいと言っている。このような場合，まずは内部の関係者で確認し合うのが仕事の進め方として当たり前のこと。部長が外出中であってもこの件に関わる者は他にもいるはず。H社に問い合わせることではないので不適当である。

8【解　答】1)
【解　説】今までAに指示していた仕事をCに指示したのは，上司に何か意図があってのことであろう。このような場合，Aが口を挟むことではないから，様子を見るのが適当ということになる。

9【解　答】3)
【解　説】基本的に仕事は急ぐものや重要なものが先になる。上司から複数の仕事を指示されたときは，優先順位を尋ね，それに沿って行わないといけない。従って，指示された順に行うのは不適当ということである。

10【解　答】3)
【解　説】Kが間に合わないので手伝ってもらいたいと言っているのは，明日の部長会議の資料作成だから，可能なら手伝うのが当然であろう。が，留守中の連絡や上司が戻った後の来客に備える必要があるので，3)の受け方が適切な対応ということになる。

11【解　答】4)
【解　説】「マーケティング」とは，製品やサービスが生産者から消費者に渡るまでの一切の企業活動のこと。「人員計画」とは，人材の採用や配置などに関する計画のことだから直接関係はない。

12【解　答】2)

13 【解　答】3)
【解　説】「マージン」とは，利益や販売手数料などのことである。

14 【解　答】3)
【解　説】会社での周囲との関わり方である。先輩が既に出社して掃除などをしていたら，後輩なら手伝うのが会社の人間関係としては適切な行為であろう。従ってこの場は，遅くなったと言って手伝うのが適当ということである。

15 【解　答】2)
【解　説】この場合の差とは，人の社会的な関わりから生ずる差のこと。能力は個々が持っているものなので，能力の差は社会的な関わりから生ずる差ではない。従って，敬語を使うかどうかには関係ないので不適当ということである。

16 【解　答】4)
【解　説】報告の仕方は，まず結果を言って，必要なら経過を言うのが基本である。この場合は，時間がかかりそう，上司は忙しそうという状況だから工夫が必要だが，経過が重要という報告もある。上司に，経過の必要を尋ねずに省略すると言うなどは不適当ということである。

17 【解　答】4)
【解　説】会社で社員の仕事の監督や勤怠の管理を行うのは直属の上司である。従って，仕事の報告とこのまま帰るという連絡は，係長に直接言わなければならない。また，明日の仕事について連絡の可能性もあるので，4)の対応が適当ということになる。

18 【解　答】2)
【解　説】上司がAに来客を断るように言うときは，部下に指示する言い方。そのことを来客に言う場合は，丁寧な言い方にしなければならない。従って，上司の言葉をそのまま伝えるなどは不適当ということである。

19 【解　答】5)
【解　説】操作パネルの前に立って他の人の降りる階のボタンを押してあげるときは，階を尋ねるのが一般的。会社名で階数が分かるとしても，見ず知らずの人に訪問先を尋ねるなどは，ぶしつけな行為なので不適当ということである。

20 【解　答】3)
【解　説】「会葬」とは，告別式などに参列すること。3）の説明は，「社葬」のことである。

21 【解　答】4)
【解　説】祝電（電報）は配達日を指定できるから，早めに手配しても差し支えないもの。従って，いつごろ手配するかなどは，確認することではないので不適当である。

22 【解　答】2)
【解　説】告別式の形式が分からないときは，一般的にはどの宗教にも使える「御霊前」がよいとされている。なお，「御花料」はキリスト教式，「御榊料」「御神前」は神式，「御仏前」は仏式の法事などで一般的に用いられる上書きである。

23 【解　答】5)
【解　説】「ようこそいらっしゃいました」は相手に歓迎の気持ちを伝える言葉で，お客さまなど外部の人に対する言い方である。この場合は他部署であっても社内の人なので，5）は不適当ということである。

24 【解　答】5)
【解　説】部長会議の配布資料だから，欠席した部長には会議後に届けるのが一般的である。従って，いつ届けるかを確認するようなことではないので不適当ということである。

25 【解　答】1)
【解　説】横書きの文書では，数量は原則として算用数字で書くので 1）は不適当。漢数字で書くのは，2）3）の熟語，4）5）の概数の他に，固有名詞などがある。
26 【解　答】4)
【解　説】前営業部長のＹ部長宛てであっても中身は取引先から新製品のパンフレットだから，営業部長という職に就いている人宛てに送られてきたものと解釈してよい。従って，今のＳ営業部長に渡すのが適当ということである。
27 【解　答】2)
28 【解　答】4)
【解　説】「旬刊」とは，毎月３回発行することである。。
29 【解　答】3)
【解　説】上司の部屋の環境整備は，上司が働きやすく，また，来客など社外から訪れる人によい印象を持ってもらうためにすること。秘書がきちんと仕事をしていることを示すためなどは見当違いで不適当ということである。
30 【解　答】5)
【解　説】カップとソーサーの数え方は，「客」である。
31 【解　答】2)
【解　説】「フォント」とは，書体（字体）のことである。
32 【解　答】①　両手　②　かしこまりました・承知いたしました
33 【解　答】1）④　2）⑤
【解　説】来客には，上座にかけるよう案内する。この場合，入り口から一番遠い席が上座となる。ただし，ソファー席の場合，来客が二人以上であれば④に次ぐ上位の席は，②ではなく⑤になる。
34 【解　答】a　そんぷさま　b　せいきょ　c　つつし　d　く
35 【解　答】1）３　2）５　3）６　4）４

イラスト：高崎祐子

秘書検定 3級 集中講義 改訂新版

2024年３月10日　　初 版 発 行
2024年12月10日　　第２刷発行

編　者　公益財団法人 実務技能検定協会 ©
発行者　笹森 哲夫
発行所　早稲田教育出版

〒169-0075 東京都新宿区高田馬場一丁目4番15号
株式会社早稲田ビジネスサービス
https://www.waseda.gr.jp/
電話（03）3209-6201

落丁本・乱丁本はお取り替えいたします。
本書の無断複写は著作権法上での例外を除き禁じられています。
購入者以外によるいかなる電子複製も一切認められておりません。